철학의 대답들

10가지 주제로 본
철학사

Philosophy

철학의
대답들

케빈 페리 지음
이원석 옮김

북캠퍼스

들어가는 말

철학은 무엇일까? 철학은 활동이다. 특정 맥락에서 반성하고 인간이 자신을 발견하는 세상을 분석하는 능동적인 추구다. 또 모든 것을 의심하는 것이 철학의 특성이기도 하다. 지식이란 무엇일까? 정의는 무엇이고 사랑은 무엇일까? 삶의 의미는 무엇일까? 한마디로 철학은 교육이다.

철학은 변화의 힘이기도 하다. 현실 문제를 다루고 비판하며 결국 현실을 변화시킬 수 있다. 수많은 철학적 사유에 스민 이 요구는 현재의 상황에서 벗어나려는 인간의 욕구다. 루소가 말했듯이 "사람은 자유롭게 태어났지만 어디에서나 사슬에 매여 있다." 이는 18세기 말 막 태동한 영국과 독일 낭만주의의 구호였다. 비판과 해방은 한 끈의 양 끝이고 이 끝을 연결하는 것은 인간의 자유다.

하지만 자유는 골칫거리다. 하이데거가 말한 '서양의 고통'은 실제로는 고통의 부재다. 우리 시대의 실제 위기는 위기의 부재다. 도스토옙스키는 그런 분별없는 망각에서 우리가 행복과 체계적으로 혼동하는 새로운 시대의 영적 목적인 우매한 만족으로 마치 행복한 소[牛]의 수준으로 내려간다고 신랄하게 말한다.

철학의 역사는 몇몇 사람들의 생각처럼 오류의 역사는 아니다. 게다가 누군가의 말처럼 주장의 연속도 아니다(대체로 많은 위대한 철학자는 훌륭한 주장을 제시하는 데 다소 서투르다).

　오히려 철학의 역사는 현재를 보는 방식을 바꿀 수 있는 가능성에 관한 기록물이자 3000년 넘게 지속된 지적 유혹의 방대한 배열이다. 이는 고대 철학이 단지 옛것이 아니라는 증거이기도 하다. 고대 철학도 일련의 가능성이라는 것이다. 아리스토텔레스도 한 가능성이고 에피쿠로스도 한 가능성이다. 성 바울도 마찬가지다. 철학의 역사는 틀림없이 지성의 유혹을 강요하는, 가장 완벽하게 이용할 수 있는 다양성을 대표한다. 스피노자, 데카르트, 로크에게도 진리는 존재하고 그 진리는 모두 서로 관련이 있다. 개별적으로는 구속력이 있녀라도 전체적으로는 상호 모순직이기도 하다. 철학의 교육학적인 과제(이 책의 과제이기도 함)는 독자가 무시하거나 환원하지 않는 방식으로 그런 진리의 힘을 느낄 수 있게 하고 스스로 생각하게 하는 것이다. 쾨니스베르크의 안갯속에서 누군가 말한 것처럼 '감히 알려고 해야 한다.' 한마디로 철학의 과제는 자율성의 형성이다. 그 무엇도 이를 대신할 수 없다.

　철학의 영원한 또 다른 과제는 규범 문제를 다루어야 한다는 것이다. 우리는 철학적 규범을 제공한 고착된 특정 모델들을 비판해야 하며, 철학이라고 간주할 수 있는 것의 기록 보관소를 확장해야 한다. 이는 철학자들이 철학에서 더 나은 사료 편찬자가 되어야 함을 의미한다. 물론 현대사가, 문학사가, 예술사가에게서 역사 연구에 관해 배울 게 많다는 의미기도 하다.

　만약 연대기적으로 연구된 일련의 논문들을 규범으로 보는 일반 견해를 받아들이면 철학사는 단지 남성 철학자들의 역사에 불과하다. 하지만 전기, 학설지, 서신 교환, 메모 등의 데이터를 포함하도록 기록 보관소를 확대한다면 더 폭넓은 유산이 생길 것이다. 이는 후기 데카르트와 나란히 그가 보헤미아의 엘리자베스 여왕과 나눈 매력 넘치는 철학적 편지들을 연구하고 마샴 부인을 통해 로크를, 마담 샤틀레를 통해 볼테르를 연구하는 것 등을 의미한다.

유산이란 우리가 만드는 것이고 철학 활동을 통해 우리가 행하는 것이다. 이는 우리에게 현재를 비판적으로 직시하게 하는 용어들을 제공한다. 유산이란 말을 적절히 이해했다면, 유산은 우리 앞에 놓여 있으며 우리에게 변화와 행동을 위한 가능성을 부여한다. 발터 벤야민의 말처럼, 혁명은 과거를 향해 내딛는 '호랑이의 도약'을 요구한다.

이 책이 조망하는 수많은 유럽 철학 전통은 현재를 비판하는 수단이며 위기에 처한 현재에 관한 성찰적 깨달음을 촉진한다. 이 주장을 끝까지 관철시키기 위해 나는 역사 비평이라는 이름으로 전통의 말라가는 침전물을 서서히 축적하는 것을 방해하는 철학의 과제를 위기 생산이라고 주장한다. 역사 비평의 지평은 해방된 생활 세계일 수 있다.

이제 가능한 정신 나간 주장을 하려 하는데, 철학의 과제는 사유에서 시대를 이해한다는 헤겔의 요청일 뿐만 아니라 마르크스가 덧붙였던 시대와의 관련 방식을 변화시키는 일이라고도 생각한다. 물론 철학만으로 세계를 변화시킬 수는 없다. 하지만 철학만이 유일하게 우리에게 그러한 변화를 생각할 수 있는 개념적 원천을 제공하는 활동이다.

한편 우리는 승승장구하는 과학이 지배하는 문화 속에 살고 있다. 자연 과학의 방법론이 자신의 특수한 영역을 넘어 확장될 수 있고 인간 삶의 모든 영역을 설명할 수 있다고 믿는다. 달리 말해 인간 삶은 다윈주의 개념이든 우주론이나 물리학의 개념이든 혹은 신경학의 개념이든 상관없이 현상의 인과적인 올바른 설명으로 이해될 수 있다는 확신이다. 이제 우리는 비록 반과학적이지는 않지만 이런 유혹에 저항해야 한다. 우리는 반과학주의적임에는 틀림없다. 모든 영역에서 인간의 삶이 과학 모델에 의해서 인과적으로 설명될 수 있다는 믿음은 환상이다. 이 점에서 우리는 철학적인 기록 보관소에 접근해야 하고 베버가 제기한 설명과 이해의 구별로 돌아가야 한다. 즉 인과 가설과 해석의 요구를 구별해야 한다. 그러한 해명은 소설, 시, 영화, 그 밖의 다른 많은 표현이 성취한 것이다. 그 표현들은 비환원적 방식으로 인간 삶의 현상을 조직한다. 사회적 이해는 과학의 인과적 설명으로 환원 불가능하다.

이제 철학의 과제 중 하나는 과학주의 비평에 참여하는 것이다. 하지만 여러 방식에서 더 치명적인 것은 과학주의의 다른 이면인 반계몽주의이다. 반계몽주의란 자연 과학의 설명은 잘못된 것이고, 왠지 더욱 고도의 질서처럼 보이지만 결국 주술에 불과한 본질적으로 신비적 비술인 대안적 인과 이야기를 지지하여 자연 과학의 설명을 거부해야 한다는 생각이다. 예를 들어 수만 명의 목숨을 앗아 가는 쓰나미가 지진을 유발하는 판의 이동에 의한 것이 아니라 인간의 죄를 벌하는 신의 분노라고 하는 설명이다. 전통적인 종교에서 볼 수 있는 반계몽주의적인 설명 형식으로의 회귀를 경고하지만, 그 형식은 뉴 에이지, 영적 사이비 불교 등 다양한 형태로 활기차게 살아 움직이고 있다. 우리는 진정성, 일원화, 본래적 자아의 실현과 같은 개념들을 비판해야 한다. 또 모든 것은 다 연결되어 있다는 어리석은 확신에 대하여 그리고 다양한 문화 현상의 독특한 경향에 대하여 비판적 태도를 보여야 한다. 진정성은 후기 자본주의의 이데올로기에 불과하다.

이것이 내가 철학의 과제라고 생각한 것들이다. 즉 철학의 역사이자 여러 분야와 영역에서 온 수많은 원천인 방대한 가능성의 기록 보관소는 이데올로기 비판과 활발한 진단에 참여하기 위해서 사용되어야 한다. 그리고 그 진단과 비판은 한 문화의 현재 상태에 관한 대화를 최상으로 이끌 수 있다. 이것이 바로 철학이다.

사이먼 크리츨리

차례

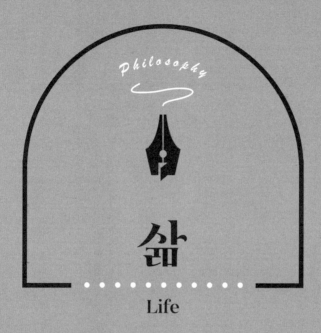

삶

Life

"비록 내가 죽어 영원히 사라질지라도 그 또한 내가 변화한 것이다.
작은 차이, 그도 차이다."

오언 플래너건

...

철학자들은 중요한 질문을 제기하는데 '삶의 의미는 무엇인가'보다 중요한 질문은 없다. 투쟁과 즐거움, 고통은 삶에 어떤 의미일까? 우주가 고독한 행성, 즉 수십억 개의 은하 중 그 중심에서 멀리 떨어져 있는 한 별에 의식 있는 창조물을 만든 목적은 무엇일까? 다윈의 진화론은 이미 우주에는 그 어떤 의도나 계획도 없다고 증명하지 않았던가? 임의성, 유리한 조건들, 유전자 복제, 적자생존은 대강 그런 세계를 압축적으로 보여 주는 게 아닌가? 인간은 유난히 복잡하고 지적인 포유류 이상의 그 무엇일까? 그리고 초월적 혹은 영적인 목적과 같은 좀 더 큰 목적이라는 것이 있다면 이를 고양이나 우리 몸에서 함께 살아가는 수많은 박테리아에 적용해서는 안 될까?

우리는 답을 간절히 원한다. 하지만 우리의 삶은 과학 기술에 압도되어 이런 기초적인 질문들을 성찰하는 일이 드물어졌다. 우리의 기량은 생화학, 신경 과학, 컴퓨터를 발전시켰고 언젠가는 인공 지능도 발전시킬 것이다. 게다가 화성 유인 탐사도 준비 중이다. 또 우리는 인공위성과 휴대폰을 만들었으며, 환경 오염과 기후 변화를 일으켰다. 그러나 무엇보다도 우리는 존재란 무엇인지, 좋은 삶이란 무엇인지, 시간과 에너지는 어떤 가치를 지니는지에 대한 귀중한 생각과 사유를 발전시켜 왔다.

왜 의미가 있어야만 하는가? '의미'는 '목적'의 등가물인가? 목적은 신의 의도와 관계가 있을까? 고대 그리스 이래로 철학자들은 인간이 독특한 본성과 기능을 가졌는지 아닌지를 알아내려 했다. 인간이 무엇인지를 이해한다면 이는 삶의 목적과 가치를 결정하는 토대를 제공해 줄 것이라고 기대했다.

기원전 6세기에서 5세기 초 그리스 철학자들은 신의 의도에 기대지 않고 우주에서 인간의 위치에 대한 생각을 발전시키기 시작했다. 이들은 서양 철학의 창시자로 소크라테스 이전에 살았기 때문에 이른바 '소크라테스 이전 철학자들'로 불린다. 하지만 철학이 확고하게 자리 잡을 수 있었던 것은 소크라테스와 그의 제자 플라톤 덕분이다. 그러나 처음 철학을 **자연주의**naturalism로 향하게 한 것은 소크라테스 이전 철학자들이었다. 자연주의란 초자연적이거나 혹은 비자연적인 힘이라기보다는 자연적 원인과 물질적 조건들이 우주의 존재를 설명한다는 견해다.

그때까지 철학은 종교적, 영적 설명에 의존했다. 사실 그리스 황금시대(기원전 500-300년경)에 이르기까지 서양 철학의 전통은 신성에 호소하지 않고는 인간 행복의 가치와 윤리, 정치에 관한 복잡한 언급을 할 수 없었다.

기원전 6세기 ● 소크라테스 이전-자연 철학자들

그리스 식민지에 거주했던 이른바 자연 철학자들은 우주와 그
잠재적인 의미를 이해하기 위해서 자연적 원인을 앞세웠다.
삶을 이해하는 데 신의 계시보다 이성의 사용을 강조했다.

기원전 510년경/ ● 헤라클레이토스와 파르메니데스
기원전 500년경
헤라클레이토스는 만물은 유전하지만 자연을 떠받치
는 신성한 질서가 있으므로 우리는 이성으로 이를
이해하려 노력해야만 한다고 주장한다. 반면 파르
메니데스는 만물은 변하지 않고 단일하다고 주장
한다. 변화는 환상일 뿐이고 사물의 진리를 이
해하려면 이성을 따라야 한다는 것이다.

피타고라스 ● 기원전 570-495년경

추상적 원리 혹은 '수數'가 모든 실재를 조직한
다. 우리는 이성과 지적인 수학의 진리를 통해
우주에서 자신의 위치를 이해하게 된다.

아테네 학당-그리스 황금시대 ● 기원전 500-300년경

소크라테스, 플라톤, 아리스토텔레스가 서양 철학의 문
제를 정립한다. 삶의 의미는 인간의 본질과 기능과 얽혀
있다. 기능은 곧 목적이다.

아리스토텔레스 ● 기원전 384-322년

인간의 기능은 덕을 갖추어 잘 사는 것이다. 잘 산다는 것은 사회
적 번영과 지적 번영을 추구하는 삶이다. 윤리학은 이런 기능을 행
하기 위해서 탁월함, 좋은 인성, 올바른 습관을 기르는 방법을 탐구
하는 학문이다.

견유학파 디오게네스 ● 기원전 412~323년

우리는 사회의 관습에서 해방되어 가능한 한 자연스럽게 살아
야 한다. 삶의 목적은 잘못된 인습과 사회 조직에서 해방된 덕
을 함양하는 것이다. 인간은 기본적으로 자연의 창조물이다.

헬레니즘 시대 ● 기원전 323~31년

그리스 스토아학파는 제논에서 시작된다. 제논은 우리
의 목적은 정념을 조절하고 덕을 갖춰 자연과 이성에
부합하는 삶을 사는 것이라고 주장한다.

기원전 4~기원후 180년 ● **로마 스토아학파**

세네카, 에픽테토스, 마르쿠스 아우렐
리우스는 로고스(이성)로 삶을 정돈하
고 삶의 방향을 잡아야 하며 로고스의 계
획에 따라 살기 위해 정념을 지배하고 냉
철함을 연마해야 한다고 가르친다.

1473~1804년 ● **계몽주의-이성의 시대**

코페르니쿠스는 태양 중심설을 증명하고 아이
작 뉴턴은 물리학의 기본 법칙을 발견한다. 철학
자 칸트는 물질세계에서 의미를 발견하는 데 목표
를 두었으며 자유, 의지, 합리성은 삶의 목적을 제공
한다.

17·18세기 ● **영국 경험주의와 공리주의**

제러미 벤담과 존 스튜어트 밀은 삶의 의미를 최대치의
행복을 최대 다수가 누리는 데 두었다. 우리는 경험 가능
한 것과 측정 가능한 것만 알 수 있다. 핵심 목표는 사는 동
안 측정 가능한 행복을 획득하는 것이다.

1844~1975년 ● **실존주의**

니체와 같은 초기 실존주의자는 삶의 궁극적 목표를 믿지 않는다.
우리는 스스로 목표를 창조해야 한다. 한나 아렌트는 사회 세계에
서의 탁월함을 강조한 아리스토텔레스와 스스로 목표를 창조해야 한
다는 실존주의 철학을 결합한다. 삶은 사회적 세계와 정치적 세계에
서 자신의 정체성을 형성하는 것이다.

플라톤

Plato | 기원전 427?–347

기원전 427년경 그리스 아테네의 유력 가문에서 태어났다. 태어날 때 이름은 아리스토클레스였으나 어깨나 이마가 넓어서였는지 플라톤(넓음)이라는 별명을 얻었다. 당시 대부분 아테네 귀족처럼 플라톤도 수학, 문법, 음악, 체육을 교육받았다. 플라톤은 소크라테스의 열렬한 젊은 추종자였다. 그는 소크라테스가 고발과 처형을 당하자 아테네 민주주의를 더 비판하게 되었다.

알프레드 화이트헤드는 서양 철학사는 플라톤 철학의 주석에 불과하다고 말했다. 실제로 플라톤의 대화편은 논리학, 언어 철학, 인식론, 윤리학, 정치학, 수사학, 종교 등에서 여러모로 유익하다. 플라톤은 추상적 개체의 존재를 사실로 상정하는 형상론(이데아론)으로 주목을 받았다. 이데아론은 경험 대상을 분류하는 데 사용되는 범주 일반을 설명하고 그 기초를 이룬다.

서양 최초로 철학 학교인 아카데메이아를 설립했다. 아카데메이아는 기원전 84년까지 유지되었다가 기원후 5세기경 로마 제국의 신플라톤주의자들에 의해 중창되지만 529년 문을 닫는다. 아테네 생활에 적응하지 못한 플라톤은 이탈리아, 시실리, 이집트 그리고 오늘날의 리비아를 여행했다. 그러다 결국 고향으로 돌아와 사망하기 전까지 아카데메이아를 운영했다. 주요 저서로 초기 대화편(기원전 399년경)인 《소크라테스의 변명》, 《에우튀프론》, 《크리톤》, 《메논》, 《파이돈》 등과 《국가》(기원전 380년경), 《향연》(기원전 370년경) 등이 있다.

■

우선 그리스부터 살펴보면 아테네 철학자 중 플라톤보다 뛰어난 철학자는 없을 것이다. 플라톤은 소크라테스의 제자다. 스승 소크라테스는 정의와 덕에 대한 지식을 요구하면 스스로 약점을 드러내는 정치인과 귀족들에게 굴욕감을 안겨 주었던 카리스마 넘치는 합리적 논쟁의 대가였다. 아테네 정치인과 귀족들은 권력을 이용해 '젊은이들을 타락시키고', '신을 무시한다'는 날조된 죄목으로 소크라테스를 법정에 세웠다. 소크라테스는 과반이 조금 넘는 숫자로 유죄가 되었지만 결과를 품위 있게 받아들였다. 당시 아테네에는 사형과 추방을 선택할 수 있는 관습이 있었다. 피고인은 판사 앞에서 판결을 바꾸기 위해 저자세로 자신을 변호할 수도 있었다. 하지만 소크라테스는 추방이나 볼꼴 사나운 비굴한 태도 대신 죽음을 선택했다. 이런 소크라테스의 영웅적 행동과 죽음에 영향을 받은 플라톤은 정치 철학에 관한 초기 저작인 《소크라테스의 변명》이라는 역작을 낳았다.

소크라테스가 실천했고 플라톤이 책으로 완성한 대화법은 (당연히) **소크라테스 대화법**Socratic Method(산파술)이다.[•] 이 방법은 외견상 정립된 주장들을 비판적으로 평가하기 위해 질문하고 대답하는 탐구 방식이다. 결국 "철학자의 역할이란 그 어떤 것도 당연하게 받아들이지 않는 것"이다. 플라톤은 《소크라테스의 변명》에서 이를 실천하는 소크라테스에 대해 서술한다. 플라톤은 소크라테스가 판사들 앞에서 "반성하지 않는 삶은 살 가치가 없다"라고 선언한 것을 인용한다. 플라톤은 이와 같은 탐구 열의를 최고 수준으로 끌어올렸다. 플라톤은 정치와 미美에서 시작하여 지식의 본성(**인식론**epistemology)과 실존하는 존재의 본성(**형이상학** metaphysics과 **존재론**ontology)에 이르기까지 모든 것을 검토했다. 어떻게 살아야 하는지 그리고 인간의 합리적인 본성으로 무엇을 추구해야 하는지도 살폈다.

그렇다면 이런 것들이 '삶의 의미'와 무슨 관계가 있을까? 반성하지 않는 삶은 살 가치가 없다면 살 만한 가치가 있는 삶은 어떤 삶일까? 더 적절히 말하면, 반성하는 삶을 영위한다는 것은 무엇일까? 반성하는 삶 대신 쾌락주의와 물질적 쾌락을 추구하는 삶은 어떨까? 둘은 양립할 수 없을까? 그렇지 않다고 생각하고 싶다. 플라톤은 모든 인간의 행동이 잘못 인도될지언정 선善을 향하고 있다고 믿었다. 그리고 선은 확실히 행복이나 쾌락의 적절한 조화를 배제하지 않는다. 하지만 행복을 뜻하는 그리스어 '에

• 소크라테스는 자신을 사유의 '산파'로 일컫는다. 단순한 질문과 대답으로 모든 인간이 잊고 있었던 타고난 지식을 끌어낼 수 있다고 생각했다. 여기서 소크라테스의 역할은 본래 알았지만 자신의 믿음에 감추어진 비논리성을 들어냄으로써 그 타고난 지식을 '상기'하도록 도와주는 대화 상대자였다.

우다이모니아eudaimonia'는 '번영'이나 '신들이 가치 있다고 여기는 삶을 사는 것' 이상을 의미한다. 따라서 플라톤이 말한 번영의 의미를 이해하기 위해서 우리는 인간 정신(영혼)에 대해 좀 더 알아야 한다.

이는 유명한 **동굴의 비유**Allegory of the Cave와 **이데아론** Theory of Forms •으로 설명할 수 있다. 플라톤은 감각으로 지각한 세계는 현혹되기 쉬운 반면, 합리적 사고로 정밀하게 검토하여 발견한 이데아들은 그렇지 않다고 믿었다. 동굴의 비유에서 플라톤은 그림자만이 존재하는 어둠 속 삶의 모습을 묘사했다. 우리는 부지불식간에 태어날 때부터 쇠사슬에 묶여 오로지 동굴 벽에 비친 그림자만 볼 수 있는 죄수다. 그러므로 동굴 밖에 진리의 더 넓은 세계가 있다는 생각을 하지 못한다. 다시 말해 우리는 환영을 실재라고 착각한다. 우리는 환영의 세계에서 웃고 울고 사랑하고 다투기도 한다. 철학자의 일은 묶인 쇠사슬을 끊고 동굴에서 나와 사물들을 좀 더 깊이 들여다보는 것이다. 비록 미약하지만 지상에 빛을 발하는 태양을 응시하여 다른 이들이 이런 행동을 하도록 영감을 주는 일이다. 그림자를 진리로 착각했을 때 우리는 변화하는 감각 표상을 실재 전체로 간주한다. 하지만 플라톤은 '고정된 구조'가 변화하는 외관에 근거를 제공하고 있다고

• 동굴의 비유는 1990년대 인기를 끌었던 영화 〈매트릭스〉를 통해 대중화된 철학적 논의로 기억에 남아 있다. 〈매트릭스〉는 삶의 깊은 목적을 우리가 살고 있는 꿈의 세계에서 깨어나 태어날 때부터 속아 온 가상 세계를 들여다보는 데 둔다. 만약 플라톤이 이 영화를 보았다면 '파란 약' 혹은 '빨간 약'에 대한 네오의 선택을 이데아(형상)를 통찰할 것인지 아니면 영원히 그림자만 볼 것인지의 선택으로 생각할 것이다.

논하면서 오로지 합리적 사고만이 이런 사실을 밝혀낸다고 주장한다.

그렇다면 고정된 구조는 무엇일까? 플라톤은 감각이 보여 주는 것, 즉 항상 성장하고, 변하고, 소멸하는 것은 사물이 아니라고 어떻게 논하고 있을까? 플라톤은 사물들을 범주에 따라 분류할 수 있다는 사실을 이해하기 위해서는 영원하고 보편적인 에이도스eidos, 즉 이데아가 존재해야만 한다고 했다. 예를 들어 하늘과 눈의 색깔이 파랑이라고 할 때, '파랑 자체'가 존재해야만 한다. '파랑 자체'라는 보편적 본질이 경험하는 모든 파랑의 예들에서 존재해야만 한다는 것이다.

이것이 이데아론(형상론)이다. 이데아론에 따르면 비물질적 형상들(오늘날 철학자들이 **보편자**universals라고 하는 것)은 동일한 성질을 나누어 가진 사물을 경험하게 하는 그 토대를 제공한다. 플라톤에게 형상들은 영원하고 무형이다. 더욱이 감각 경험이 아니라 오로지 이성으로만 그 형상들에 접근하기 때문에 우리의 정신 중 일부는 비물질적 영역에 관한 지식을 가지고 있어야만 한다. 이로부터 플라톤은 우리가 태어나기 전에 어떻게든 비물질적 세계에 존재했을 것이라고 추론한다. 정신적 삶은 가장 가치 있는 삶의 형식이다. 우리가 있었던 형상들의 영역으로 돌아갈 수 있기 때문이다.

우리는 여전히 '삶'에 관하여 이야기하고 있음을 기억하자. 이 골치 아프고 방대한 '삶'을 어떻게 설명할까? 플라톤에 따르면 우리는 두 세계, 즉 물질세계와 형상들의 비물질세계에 양다리를 걸치고 있다. 이런 믿음은 그의 **영혼 삼분법**Tripartite Theory of the Soul에 반영되어 있다. 우리는 모두 본능과 의도, 즉 목적이 있는 행동으로 이끌어 가는 '기개 넘치는' 능력을 지니고 있고, 현명한 왕처럼 정신의 왕국을 위해 가장 좋은 것이 무엇인지 아는 합리적 '실행' 능력도 갖추고 있다. 플라톤에게 좋은 삶이란 이성(지도자), 기개(군인), 욕망(노동자)의 세 부분이 조화를 이루는 것이다. 그렇지만 오직 합리적 사고만이 욕망과 기개 넘치는 혹은 방종한 영혼의 부분을 조절할 수 있다. 우리는 마음이 끌리지만 오류인 감각의 외양을 넘어 선에 대한 지식을 향하게 하는 이성의 작용으로 의미 있는 삶을 살게 된다. 여기서 선은 모든 것들의 토대를 형성하는 궁극의 보편적 형식이다. 균형 잡힌 정신만이 철학적[•] 반성을 통해 선으로 향하는 이성적인 부분이다.

> **"철학자가 왕이 되거나 이 나라의 왕이 철학을 해야 한다. 그렇지 않는 한…우리가 논의한 국가의 정치 체제는 절대 햇빛도 보지 못하고 번영도 못 할 것이다."**
>
> 《국가》 제5권

• '필로소피philosophy'(철학)는 '지혜를 사랑한다'는 뜻이다. 소크라테스와 플라톤 같은 철학자들이 이러한 용어를 사용하면서 이를 궤변sophism과 대조시켰다. 소피스트들은 아테네와 그리스 식민지의 교육자로서 귀족 청년들에게 변론과 수사학을 가르쳤다. 소피스트는 어느 쪽이든 진리만을 고집하지 않고 교활하게 논쟁하는 법을 가르치는 것으로 유명했다. 플라톤은 소피스트의 현혹적 견해보다는 진리 추구를 자신의 임무로 생각했다.

시노페의 디오게네스

Diogenes of Sinope | 기원전 400–325

시노페의 디오게네스에 관해서는 여러 사료에 남아 있는 파편적 기록에 근거한다. 이 파편적 기록에 따르면 현재 터키인 주요 상업 도시의 명문 가에서 태어난 것으로 추정된다. 나중에 추방되어 아테네로 건너가지만 그 이유에 대해서는 알려진 게 없다. 디오게네스는 당시 아테네 철학을 주도적으로 이끌어 나아간 철학자들의 학설을 받아들이지 않았다. 학설 들이 위선적이고 과도하게 이론적이라는 이유 때문이었다. 대신 디오게 네스는 이론보다 실천을 강조했다.

소크라테스의 제자이자 가혹할 정도로 금욕적 삶을 살았던 안티스테 네스를 흠모하여 모방했다. 디오게네스는 또한 플라톤의 이데아론을 조 롱한 것으로 유명했다. 참된 덕이란 사회적 관습nomos이 아니라 자연 physis에 따른 삶을 영위하고 이해하는 것이라고 믿었다. '견유주의'(냉 소주의)라 일컬어지는 그 철학은 자기 절제와 단순성을 칭송하고 가족과 시민 같은 관습적 집단을 거부했다. 이 때문에 그를 진정한 '세계 시민' 이라 부르기도 한다.

한동안 노예 생활을 한 뒤 자유를 되찾아 아테네를 떠났다. 그리고 코린트에 정착하여 그곳에서 325년(혹은 323년)까지 살았다. 디오게네스의 철학은 그리스와 로마 스토아 철학에 강력한 영향을 끼쳤으며 기원후 1세기 무렵에 다시 유행하기도 했다.

■

플라톤이 다양한 저술을 통해 이데아론을 정교하게 구성해 나아간 반면,[21] 소크라테스의 다른 추종자들은 그렇게 다작하지는 않았다. 시노페의 디오게네스도 그랬다. 소크라테스처럼 저술에 연연하지 않고 철학을 실천했다. 그는 '개kyon'[犬]를 뜻하는 '견유犬儒'(cynic)로 불리기도 했는데 관습에서 벗어난 부랑자 같은 생활 방식 때문이었다. 전해 오는 이야기에 따르면 해변에 있는 통 속에서 잠을 잤고 사회적 인습을 조롱하려 알몸으로 포효하며 도시를 돌아다녔다. 심지어 성적 욕구의 궁극적 피상성을 보여 주려고 사람들 앞에서 자위행위를 하기도 했다.

디오게네스는 구체적인 예를 들어 설교했다. 또 재산과 소유물, 부를 포기하고 금욕의 삶을 영위함으로써 자연적 행복을 얻을 수 있다고 믿었다.* 따라서 사회관계와 정치 제도들에 대한 애착은 끊어내야만 한다. 디오게네스는 더 나아가 극기와 자제로

---

* 디오게네스는 자신을 코스모폴리탄cosmopolitan(범세계주의자, 세계인)으로 부른 최초의 사람이라고 생각된다. 코스모폴리탄은 그리스어인kosmopolitês에서 유래하는데 그 뜻은 '세계 시민'이다. 디오게네스는 이 단어를 특정 도시가 아니라, 자연만이 자신에게 요구할 수 있다는 의미로 사용했을 것이다.

행복을 성취할 수 있다고 생각했다. 이와 같은 그의 견해는 다음 세대의 스토아학파에 영향을 주었다.[34]

디오게네스는 물러섬이 없었다. 그는 사람들이 극기를 추구하도록 선동하기 위해 의도적으로 사회의 반감을 산 것으로 알려져 있다. 즉 조롱과 무시를 지속했지만, 오직 이것만이 자신의 용기를 고양하는 길이었다. 사회적 규범에 대한 별난 태도이기는 하지만 말이다. 그의 철학이 세상에서 널리 실천되었다면 오늘날 그 삶은 어떤 모습일까? 그런 기이한 생활 방식을 유지할 수 있을까? 이런 일화도 전해진다. 정복자 알렉산드로스 대왕이 앉아 있는 디오게네스를 내려다보며 호기롭게 소원을 물었다. 그러자 디오게네스는 "햇빛을 가리지 마시오!"라고 대꾸했다. 우리가 디오게네스의 강인함을 찬양하는 동안 아리스토텔레스는 인간 조건에 대해 좀 더 다채롭게 설명한다. 우리가 사회적 삶의 방식을 나누어 갖기 위해 필요한 언어를 공유하려 노력하지 않는다면 과연 온전한 인간이라 할 수 있을까? 이런 문제에 디오게네스는 관심이 없었겠지만 부족 제도와 사회 제도에 참여하지 않고도 우리는 그런 확고한 자립을 유지할 수 있을까?

"개들은 오직 적들만 물지만 나는 친구들을 구하기 위해 문다."

시노페의 디오게네스

아리스토텔레스

Aristotle | 기원전 384–322

그리스 스타게이라에서 태어났다. 마케도니아 왕의 궁정 의사인 니코마코스의 아들로 태어나 생물학과 의학, 자연 철학에 깊은 관심을 두었다. 17세 때 아테네 아카데메이아에 들어가 20년간 플라톤과 함께 연구했다. 플라톤의 수제자였으며 수사학과 대화를 직접 강의하기도 했다. 플라톤이 죽은 뒤 그는 이오니아에서 야생 동식물을 연구하는 데 시간을 보내다 결국 마케도니아 필리포스 2세의 아들 알렉산드로스의 스승이 되었다. 알렉산드로스는 그 당시 알려진 수많은 세계를 정복하고 헬레니즘 시대(기원전 323–31)를 열었다.

　알렉산드로스 대왕이 즉위한 후 스승으로서의 임무가 끝나자 아리스토텔레스는 아테네로 돌아와 리케이온을 설립했고 곧 아카데메이아와 경쟁하게 되었다. 플라톤의 사유를 대부분 받아들였지만 후에 이데아론은 거부했다. 이후 아리스토텔레스는 논리학, 시학, 수사학, 정치 철학, 자연 철학, 형이상학에서 큰 진전을 거듭했다. 그는 거의 모든 글들을 리케이온에서 썼는데, 현재 우리에게 전해지는 것은 제자들이 보유했던 강의 노트의 개요서다.

알렉산드로스가 죽은 뒤 반反 마케도니아 분위기에 휩싸인 아테네인들은 아리스토텔레스를 아테네에서 추방했다. 그리고 1년 뒤 망명지인 에우보이아섬에서 생을 마감했다. 주요 저서로 《니코마코스 윤리학》, 《국가》, 《시학》, 《정치학》, 《물리학》 등이 있다.

．

플라톤의 가장 유명한 제자 아리스토텔레스는 아카데메이아에서 20년간(기원전 367-347) 공부했다. 정치학, 수사학, 비극, 시학, 형이상학, 논리학(사실 그는 논리학의 아버지로 간주된다)에서 아리스토텔레스의 연구 실적은 플라톤을 무색하게 만들 정도였다. 우리가 지금 이야기하고 있는 '좋은 삶'은 무엇으로 이루어지는지에 대한 가장 유명한 언급은 그의 아들인 니코마코스의 이름을 붙인 《니코마코스 윤리학》에서 찾을 수 있다.* 이 책에서 아리스토텔레스는 정신적인 삶이 궁극적으로 가장 가치 있는 삶이라는 플라톤의 신념을 유지했다. 하지만 플라톤과 달리 번영의 사회적, 언어적 차원을 강조했다.**

플라톤처럼 아리스토텔레스도 이성이 인간을 유일무이한 존

• 아리스토텔레스 윤리학의 인기는 오늘날에도 여전하다. 특히 영국 철학자 알래스데어 매킨타이어의 《덕의 상실》(1981)의 영향이 크다고 할 수 있다. '덕 윤리학'은 좋은 삶에 대한 개념을 바탕으로 사회적 덕과 옳은 일을 할 수 있는 능력을 강조한다. 사회적 상황은 변하므로 이에 따라 행동하는 유연성이 필요하다. 우리는 항상 무엇이 옳은지 앞서 판단할 수 없다. 그러므로 우리는 다양한 상황에 적절히 대응하기 위해 품성과 사회적 덕을 함양해야 한다.

재로 만든다고 믿었다. 탁월함(혹은 덕aretē)과 행복을 성취하길 원한다면 이성을 개발해야만 한다. 이는 이론적 사유 능력과 실천적 사유 능력을 모두 완벽하게 하는 것이다. 특히 실천적 사유 능력은 인간관계를 형성하고 사회에서 합리적으로 행동하는 데 필요하다. 가장 행복한 사람은 이론적이고 실천적인 탁월함을 유산으로 남길 수 있는 사람이다. 이것이 아리스토텔레스가 말한 '번영eudaimonia'(에우다이모니아는 '좋은'을 뜻하는 'eu'와 '정신'을 뜻하는 'daimon'의 결합어로 '번영' 혹은 '행복'을 뜻한다)의 의미다.

삶의 의미를 부여하는 것은 프로네시스phronesis, 즉 '실천 지식'이다. 프로네시스란 올바른 일을 올바른 방식과 근거로 적기에 실천하는 능력이다. 아리스토텔레스는 플라톤의 이데아론에 반대하는 대신 옳고 좋은 것이 맥락에 따라 이해되어야 한다고 주장했다. 모든 상황은 다르고 그에 따라 여러 종류의 '선善'을 요구하므로 우리는 유연하게 상황에 대처하는 법을 배우고 이러한

●● 라파엘의 유명한 그림인 〈아테네 학당〉에는 손가락으로 하늘의 이데아를 가리키는 플라톤과 구체적인 사회 세계인 땅을 가리키는 아리스토텔레스가 그려져 있다. 두 철학자의 뚜렷한 차이를 포착한 그림이다.

플라톤의 견해에 동의한다면, 소크라테스는 좋은 사람이고 플라톤이 좋은 책을 많이 썼다는 것을 알고 있으므로 우리는 이 둘을 '좋은' 사람이게 하는 어떤 본질적인 것이 있어야 함을 추론할 수 있다. 우리가 무언가를 동일시한다는 것은 그것을 한 범주에 넣는다는 것이다. 어떻게 그렇게 할 수 있을까? 플라톤에 따르면 그것의 토대가 되는 이데아를 확인함으로써 그렇게 할 수 있다.

반면에 플라톤의 견해는 일부만 옳다고 생각할 수도 있다. 모든 사물들을 '좋은 것'으로 범주화하지만 좋은 요리사는 좋은 화가나 좋은 게이머와 다른 것이다. 누군가가 무엇에 정통하다는 것은 그가 하고 있는 것이 무엇인가에 달려 있다. 좋은 사람은 올바른 일을 한다. 하지만 무엇이 이를 결정하는가? 아리스토텔레스의 대답은 인간관계가 있는 구체적 세계이다. 아리스토텔레스는 《정치학》에서 "인간은 본질적으로 정치적 동물이다. 우리가 명백히 밝힌 바와 같이 자연은 목적 없이 아무것도 만들지 않는다. 그런데 동물 중 인간만이 유일하게 언어를 구사할 수 있다"라고 주장한다.

때에 행위를 인도하는 실천적 이성을 사용해야 한다. 우리는 구체적 세계에서 실천 문제를 해결하면서 각각의 특수한 상황에서 무엇이 선인지를 파악하는 감각을 기른다. 결국 좋은 품성을 갖춰야 하는 것이다. 말하자면 좋은 품성은 '징후의 해석'을 가능하게 한다.

아리스토텔레스의 **중용론**Theory of the Golden Mean은 인간의 합리적인 자질과 본능 사이에서 '중용을 찾는' 조화 속에서 일상의 도전에 잘 대처할 수 있다는 믿음을 확고히 한다. 이를 잘 실천한다면 '신들만큼 가치 있는' 존재가 되는 것이다.

요컨대 아리스토텔레스에게 인간의 행복과 의미는 영원히 돌보아야 하는 우정, 정제된 합리적 능력 그리고 갖춰야 할 온유, 용기, 지혜와 연결된다.

> **"행복은 … 궁극적이고 자족적이며 모든 행위의 목적이다."**
>
> 〈니코마코스 윤리학〉

마르쿠스 아우렐리우스

Marcus Aurelius | 121-180

로마 황제 피우스로부터 161년 제위를 계승한 마르쿠스 아우렐리우스는 루키우스 베루스와 함께 로마를 공동 지배한다. 그러다 베루스가 재위 8년 만에 사망하자 단독 집권하게 된다. 그의 유일한 저서로 알려진 《명상록》은 체계적인 철학서라기보다는 아포리즘과 단상들로 자유롭게 엮인 책이다. 이 책의 대부분은 파르티아 전쟁(161-166)의 전선에서 쓰인 것으로 추측된다.

삶에서 행동과 덕을 중요시했다. 그리스·로마 세계에서 행동과 덕은 곧 온화함, 용기, 정의, 지혜를 의미했다. 실제로도 아우렐리우스는 명예롭고 덕 있는 황제로 기억되고 있다. 하지만 로마 기독교인들에게는 무관용의 태도를 유지했다. 로마의 다신교 전통을 고수했기 때문이다. 동시에 정교한 스토아학파의 신념을 수용했다. 스토아학파는 우주를 포용하는 것을 배워야 하는 신성한 영역으로 여겼다. 그리고 우주가 합리적 질서에 의해 운영된다고 믿었다. 따라서 아우렐리우스는 삶에서 달성 가능한 최고의 성취는 자신의 이성을 완벽하게 개발하는 것이라 생각했다.

　황제 피우스의 양자인 마르쿠스 아우렐리우스는 로마의 가장 강직하고 사색적인 통치자였다(161-180). 아우렐리우스는 전쟁과 침략자, 전염병, 정치 논쟁에 시달렸다. 철학적 일기인《명상록》에서 그는 '우리는 어떻게 살아야 하는가', '일상의 고투와 고통에 어떻게 대처해야 하는가', '올바른 일을 행하고 있는지 어떻게 알 수 있는가'와 같은 중요한 물음들을 성찰했다.

　물음에 답하기 위해 아우렐리우스는 좋은 삶의 의미에 대해 기존의 철학과 다른 견해를 제시한 스토아 철학의 관점을 채택했다. 스토아주의(그리스어 '스토아stoa'는 회랑을 말한다. 이 학파의 초기 지지자들이 회랑에서 모임을 가졌다고 한다)는 그리스 철학자 제논(기원전 332-262)에 의해서 탄생했다.

　스토아학파는 좋은 삶의 핵심은 통제할 수 없는 힘에 순응하며 어떻게 성공하는지를 배우는 데 있다고 했다. 즉 스토아학파는 평정심을 갖고 삶의 투쟁과 요구를 책임감 있게 대하는 것을 지향한다. 아우렐리우스는《명상록》에 다음과 같이 썼다.

　"몸에 속한 모든 것은 강물처럼 흘러가 버리고, 영혼에 속한 것은 모든 것이 꿈이고 안개다. 삶은 전쟁이고 여행이다. 삶에서 마지막으로 남는 것은 망각이다. 그렇다면 무엇이 우리를 이끌어

• 동양의 불교처럼 스토아주의 역시 고통을 극복하는 방법으로 평정심을 유지하면서 생각을 정화하는 데 관심을 둔다. 불교에서는 사람들이 두 가지 고통을 겪는다고 말한다. 먼저 당신은 화살에 맞으면 육체적 고통을 겪는다. 그리고 나서 당신의 걱정과 마음가짐이 두 번째 불필요한 고통을 낳는다. 불교처럼 스토아주의도 '두 번째 고통'을 멈추게 하는 자세를 기를 수 있다고 믿었다.

줄 수 있는 것인가? 오직 철학뿐이다. 철학은 내면의 신성이 침해 당하거나 해악을 입지 않게 해 주고, 목적 없이 아무것도 하지 않 게 해 주고, 거짓과 위선을 행하지 않게 해 주며⋯."

아우렐리우스는 이전의 스토아 철학자들처럼 삶이란 결정론 적 질서를 갖는다고 보았다.'[219] 인간에게는 자유와 통제력이 많 지 않기 때문이다.

로고스logos('말' 또는 '섭리'를 뜻한다)라 불리는 보편적 힘이 사 건들의 흐름을 지휘한다. 로고스는 모든 사물에 스며들어 있고 합리적인 원리에 따라서 운용된다. 모든 사건은 로고스에 의해서 알려지고 지휘된다. 그리고 통제할 수 없는 것에 맞서지 않음으 로써 자유를 누릴 수 있다. 수많은 행위에 영향을 끼치는 유해한 태도를 변화시키려 노력할 수 있지만 불가피한 것에 저항할 때 우리는 더 괴로워진다.

스토아 철학자들은 그들의 인식론에서 유해한 태도를 수정하 는 실천으로 나아갔다. 스토아 철학자들은 우리가 사물을 지각할 때 '환상phantasia'을 만드는 지각이 쏟아진다고 주장한다. 플라톤 의 동굴에 거주하는 우리는 잘못된 '가정'이나 '억견hypolepsis'에 따라 이 환상에 개념을 첨가하여 본 것을 크게 잘못 판단한다.

때로는 명백하지만 가끔 무의식적으로 사고하고 행동하는 습 관을 생각해 보라. 이 습관은 당신이 경험을 어떻게 해석하는지 알려 줄 것이다. 당신이 뉴욕에 있다고 말해 보라. 지하철의 시끄 러운 굉음과 밀고 당기며 서 있는 바쁜 도시 생활자들을 불유쾌 하다고 해석할지도 모른다. 하지만 즉각적인 지각들의 본질적인 그 어떤 것도 당신에게 그렇게 해석하라고 요구하지 않는다. 대신 좋거나 나쁘다고 판단하지 않고 그냥 소리로 받아들일 수도 있다. 우리는 해롭거나 파괴적인 마음의 습관으로 경험을 채우지 않음으로써 평화를 달성할 수 있다. 그러므로 우리는 더 중립적인 눈으로 세계를 바라보는 방식을 터득해야 하고, 현실 세계의 예측 불가능성 안에서 평정심을 찾아야 한다. 왜 이런 태도에 대부분의 생애를 게르만족과 시리아족을 피해 전염병이 만연한 전선에서 보낸 황제가 끌렸는지 알 수 있다. 스토아주의는 다른 사람과의 상호 작용을 좀 더 큰 로고스의 합리적 계획에서 각자의 역할로 상정한다. 우리는 우주 질서를 따라야 하고 자신이 전적으로 자신을 위해 만들어진 독립적인 존재가 아님을 이해해야 한다. 우리는 근본적으로 다른 사람과의 관계에 얽매여 있는 사회적 동물이다. 따라서 스토아주의는 궁극의 이타적인 철학이기도 하다.

> "너의 운명으로 할당된 것들을 받아들이고, 운명이 네게 준 사람들을 사랑하되 온 마음을 다해 사랑하라."
>
> 《명상록》

임마누엘 칸트

Immanuel Kant | 1724—1804

독일 철학자로 고향인 프로이센의 쾨니히스베르크(1945년 소련으로 이관된 독일 옛 도시)에서 생의 대부분을 보냈다. 칸트의 극단적인 규율로 쾨니히스베르크 주부들은 그의 산책에 맞춰 매일 시간을 쟀다는 이야기가 있다. 그는 평생 독신으로 지냈다.

50대 후반에 발표한 《순수이성비판》은 현재에도 철학사에서 가장 위대한 성취로 여겨진다. 이 책은 스코틀랜드 철학자 데이비드 흄이 철학에서 이끌어 낸 지식에 관한 회의주의를 극복하기 위한 것이었다. 칸트는 현실을 경험하는 방법을 제한하는 주요 법칙에 대한 지식을 우리가 가질 수 있다고 믿었다. 이 법칙 혹은 '범주'는 정신의 본성을 결정하며 심지어 물질세계를 밝히는 물리학의 실증적 법칙보다 더 기본적이다. 윤리학의 영역에서 인권을 옹호했고 이성에 의해 구성된 내재적 의무를 지닌다고 믿었다. 모든 이성적 존재는 이 보편적 원리를 공유하고 지켜야 한다. 칸트의 연구는 그의 이론에 관한 다양한 해석에서 보듯이 여전히 큰 영향력을 가지고 있다.

．

역대 가장 영향력 있는 철학자 임마누엘 칸트는 스토아주의 이면에 있는 몇몇 생각에 정교하고도 비판적인 의견을 제시했다. 칸트는 **계몽주의**enlightenment 철학자이자 **인본주의자**humanist였다. 교리에 승리한 합리성과 인간 고유의 비도구적 가치를 믿었다. 한마디로 인간은 "목적 그 자체다." 선천적 가치에 의해 양도할 수 없는 권리를 소유한다는 것이다. 이런 생각은 당시 영국의 존 로크•와 프랑스의 장 자크 루소(1712-1778)가 발전시킨 인간의 권리에 대한 담론에서 영향받았을 것이다.

자연과학이 힘을 실어 준 해방적 진보는 인간의 고유한 가치에 대한 그 시대의 믿음에 자양분을 공급해 주었다. 유럽 계몽주의는 뉴턴의 물리학뿐만 아니라 천문학의 다양한 발전으로 밝혀진 지구가 우주의 중심이 아니라는 충격적인 발견에 적잖은 영향을 받았다. 칸트는 열정적으로 이 새로운 이론을 공부했다.

난해한 《순수이성비판》(1781)은 칸트의 대표적 저서인데, 여

• 칸트는 인간이 타고난 존엄성과 절대 양도할 수 없는 권리를 가져야 한다는 데 로크와 의견을 함께했지만, 인간이 알 수 있는 유일한 것은 경험이 가르쳐 주는 것뿐이라는 견해에는 생각을 달리했다. 이와 같은 믿음을 이른바 **경험주의**empiricism이라 하는데 로크는 초기 **영국 경험주의자**British empiricists로 분류된다.

로크는 인간의 마음을 백지 혹은 '빈 석판tabula rasa'이라 했는데 그 빈 종이는 우리가 태어나자마자 경험으로 채워지기 시작한다. 우리는 그 어떤 지식도 세상에 가져오지 않는다. 우리는 오직 경험한 것만 알 뿐이다.

칸트는 어떤 개념을 실재에 부과한다고 믿었다. 이는 우리가 사물을 경험하는 방식이 애초부터 우리 안에 형성되어 있다는 뜻이다. 이와 같은 견해를 **관념론**idealism이라 부른다. 기이하게도 오늘날 인지 과학은 칸트의 일반적인 직관을 지지하는 듯하다.

기에서 그는 "이성의 사변적이고 실천적인 모든 관심은 다음 세 가지 문제로 집약된다. (1) 나는 무엇을 알 수 있을까? (2) 나는 무엇을 해야 하나? (3) 나는 무엇을 희망할 수 있는가?"라고 썼다. 칸트의 《도덕 형이상학 기초》(1785), 《실천이성비판》(1788), 《판단력비판》(1790)은 이 세 가지 문제가 어떻게 하나의 철학적 실타래로 짜여지는지 보여 준다. 삶이 나에게 무엇을 요구하는지 알기 위해서 나는 내가 알 수 있는 것을 먼저 정립해야 한다. 그리고 더 나은 미래에 대한 합리적 희망을 가지려면 나는 내가 지지하는 가치들이 타당한지 알아야 한다.

칸트는 경험에서 확실성을 얻을 수 없다고 주장했다. 경험은 오직 존재하는 것을 말해 줄 뿐 존재해야만 하는 것을 말해 주지 않기 때문이다. 더 나아가 우리는 매개를 거치지 않고 객관적 실재에 접근할 수 없다. 반면 마음은 감각을 통해 주어진 순수 데이터에 개념적 제약을 부과한다. 하지만 경험을 시도하고 전적으로 그 경험을 이해하고자 한다면 우리는 진리라고 가정해야만 하는 조건들에 대한 지식, 즉 확실하고 확고부동한 지식을 가질 수 있다. 예를 들어 우리는 시공간과 분리해서 사물을 이해할 수 없다. 또 원인이 되는 힘을 생각하지 않고서는 사물의 상호 작용을 이해할 수 없다. 시공간과 인과 관계의 관점에서 생각하는 것은 정합적이고 반복 가능한 경험을 허용한다.

칸트에 따르면 우리 자신의 마음은 오직 이와 같은 인식을 통해서만 결국 드러난다(이는 왜 그가 **관념론자**인지를 보여 주는 대목이다). 우리는 우리가 가져야 할 것을 이해하게 하는 생각의 종류들을 규정할 수 있지만, 이는 생각 밖의 세계에 대한 그 어떤 것도 드러내지 않는다. 우리는 단지 생각의 **현상**phenomenal 세계만 알고 독립된 정신 혹은 **본체적**noumenal(물자체) 세계에 접근할 수 없다.

그러므로 칸트의 물음, 즉 무엇을 해야 하는지와 무엇을 희망할 수 있는지를 사유하려면 경험을 이해하는 데 세계에 대한 인과 관계의 관점을 가져야 하듯, 도덕적인 의무감에 대한 믿음과 의도적인 행위를 이해하기 위해 자유 의지를 가정해야 한다고 믿었다. 더 나아가 우리는 욕망과 변덕에 의해서가 아니라 보편 법칙(지속적으로 모든 이에게 적용될 수 있는 법칙)에 자신을 맡기고, 합리성에 승인받음으로써 도덕적 의무가 무엇인지 알 수 있을 뿐이다.•

칸트에게 삶은 그가 '**정언 명령**categorical imperative'••이라 명한 도덕 법칙에 비춰 볼 때에만 의미가 있었다. 왜일까? 뉴턴 물리학에 영감을 받은 칸트는 결정론적 인과 법칙이 물질세계를 관장한다고 믿었으며, 우리의 심리적 욕망 역시 인과 관계에 따른 물질세계의 결과물이라고 덧붙였다. 그렇다면 우리에게는 우리의 행위를 이끄는 자유가 없다는 것인가? 칸트는 물질적 욕망에도 불구하고 우리가 합리적인 보편 법칙을 따른다면 자유를 얻을

• 칸트의 도덕 철학은 오늘날에도 여전히 대중적이며 다양한 형식들을 취하고 있다. 칸트의 도덕 철학은 **의무 윤리학**duty ethics으로 불린다. 이 윤리학의 주요 관점은 개인의 양도 불가한 권리와 합리성을 규정하는 권리는 결코 희생되어서는 안 되는데, 이 권리에 따라 행동하는 것이 사회 전체에 유익하기 때문이다. 이 견해에 따르면 우리는 원칙과 의무에 따라 행동해야만 한다.

•• - 모든 이에게 일관되게 적용할 수 있는 방식으로 타인을 대하라.

 - 타인을 단순한 수단으로 대하지 마라. 항상 자기 자신과 타인의 고유한 가치를 인정하라.

 - 모든 이를 동일한 세계 시민처럼 대하고 자신의 목적을 추구할 수 있는 다른 사람들의 권리와 일치하는 목적을 추구하라.

수 있다고 했다(이 도덕 법칙이 '정언'인 이유는 우리에게 강제적 의무를 부여하기 때문이다). 우리는 심리적으로 결정되지 않은 합리성을 발휘하여 자유를 확보한다. 합리성은 법과 같고 물질적 현실의 인과 세계나 감각의 결과물이 아니기 때문이다. 좋은 삶이란 심리적 욕망이 아니라 합리성을 통해 우리 자신에게 부과하는 보편적으로 적용 가능한 지속적인 의무에 복종하고 인도받기 위해 헌신하는 삶이다.

> "자유는 기원이 없는 유일한 선천적 권리이고
> 인간성의 힘으로 인간에 속한 것이다.
> 그리고 자유는 의지와 타자와의 협력에 의존하여 존재한다."
>
> 《윤리학 강의Lectures on Ethics》

존 스튜어트 밀

John Stuart Mill | 1806-1873

영재였다. 그의 자서전에 따르면 일곱 살 때 플라톤의 대화편 여섯 권을 독파했다고 한다. 열 살 때 라틴어를 읽었다. 아버지 제임스 밀은 유명한 역사학자이자 정치 이론가, 경제학자였다. 밀 부자의 친구인 제러미 벤담은 밀의 윤리관과 철학관에 지대한 영향을 끼쳤다.

열네 살에 프랑스에서 1년간 수학, 동물학, 논리학을 좀 더 깊이 공부했다. 스무 살에 신경 쇠약을 앓았는데 이는 과도한 공부와 아버지가 권한 식이요법 때문이라고 한다. 저명한 페미니스트인 헤리엇 테일러와 평생 지적 관계를 쌓아 간다. 그녀는 사회 및 정치 철학 연구에 좋은 협조자였다. 둘은 1851년 결혼한다.

논리학에 관한《논리학 체계A System of Logic》(1843), 진보 정치와 사회 철학에 관한《여성의 종속》(1869) 등을 저술했다. 하지만 가장 중요한 저서는 윤리서인《공리주의》(1863)다. 공리주의란 간략히 설명하면 선행이 최대 다수의 최대 행복을 산출하는 행위라는 생각에 기초한다. 밀은 또한 인권과 언론의 자유를 옹호하기도 했다.

·

존 스튜어트 밀의 아버지 제임스 밀은 법철학자 제러미 벤담
(1748-1832)이 발전시킨 **공리주의**utilitarianism를 받아들였다. 공
리주의란 최대 다수의 사람에게 가장 좋은 것을 산출하는 행위
만이 도덕적으로 옳다고 보는 견해이다. 벤담과 제임스 밀은 **쾌
락주의**hedonism˙를 두 가지로 받아들였다. 쾌락 욕구가 모든 행
위를 야기하고(**심리적 쾌락주의**psychological hedonism), 최대 다수의
사람을 위해 최대 쾌락을 산출하는 행위만이 도덕적으로 옳다고
믿었다(**쾌락적 공리주의**hedonistic utilitarianism). 개인은 자유롭게 쾌
락을 추구해야 하지만 전체 만족을 극대화하는 방식으로 행동해
야만 한다는 도덕적 구속력이 있었다.˙˙

벤담과 밀 부자가 공유한 가장 급진적 견해는 쾌락, 테러, 고

• '쾌락주의'라고 해서 쾌락을 거침없이 추구하는 것은 아니다. 어떤 일을 할 만한 가치 있는 것으
로 만드는 것은 그 일을 행하는 사람에게 그 일이 제공하는 쾌락임을 말할 뿐이다. 그런 일은 바느
질, 독서, 소설 쓰기 아니면 치즈 케이크 먹기 등일 수 있다. 이 모든 것이 직관적으로 보이는 것처
럼, 현대 사회 과학은 즐거움을 가져오는 일들만 추구한다는 것은 맞지 않는다고 말한다. 우리에게
는 꼭 해야만 한다고 느끼기 때문에 행하는 많은 일이 있다.

•• 공리주의는 오늘날에도 익숙한 이론이다. 공리주의적 계산은 보통 의료 정책과 의료 윤리, 정
부 및 사회 정책에 적용된다. 경제 비용과 비용 편익 분석에서 공리주의적 셈법을 발견하기도 한
다. 하지만 윤리적 공리주의와 혼동해서는 안 된다. 윤리적 공리주의는 언급했듯이 최대 다수의 사
람에게 가장 좋은 것을 산출하는 데 초점을 맞추고 있지만, 비용 편익 분석은 대개 주주들에게 재
정상 가장 이익이 되는 결과를 산출하기 위한 것이다.
공리주의는 여러 분파들로 발전했다. 벤담과 밀의 공리주의는 **고전 공리주의**classical-utilitarianism
혹은 **행위 공리주의**act-utilitarianism로 알려져 있는데, 궁극적으로 선과 쾌락을 동일시한다. 따라서
최대 다수의 행복을 만드는 모든 행위는 도덕적으로 선하다. **규칙 공리주의**rule-utilitarianism는 사
회를 위한 최선을 산출하는 특정 '규칙'과 규범, 법률의 준수를 강조한다.

통을 느낄 수 있는 생명체는 어떠한 학대도 당해서는 안 된다는 것이다. 이들은 일찍부터 동물의 권리를 옹호하는 입장이었다. 비록 벤담은 육식이 순수 행복을 증가시키고 순수 고통을 최소화한다며 육식을 정당화했지만 말이다. 벤담과 밀 부자는 동물들을 공정하게 대우하는 데 동물들의 이성적 사고 능력의 부족이 문제되는 것은 아니라고 믿었다.

존 스튜어트 밀은 여성의 권리를 옹호하며 자유주의의 횃불을 밝혔다. 1865년부터 1868년까지 의회에 진출한 밀은 1867년 개혁 법안을 위한 여성 참정권 청원서를 제출하기도 했다. 칸트처럼 자유를 소중하게 여겼고 개인은 자신의 신체와 정신을 주도하는 권리를 갖는다고 믿었다. 밀은 결혼한 철학자이자 여성 권리 옹호자인 헤리엇 테일러와 20년간 지적 관계를 유지했다. 테일러는 남편과 사별한 뒤 밀과 결혼했고, 그의 중요한 저술들을 진척시키는 데 중심 역할을 했다.

밀은 칸트의 관념론적이고, 반反쾌락주적이고, 반행복주의적인 도덕 법칙에 저항했다. 좋은 삶은 사회적, 지적으로 번영하는 것이라고 한 아리스토텔레스와 무조건적인 선으로 간주되는 유일한 것은 선의지이며 그것은 결코 행복의 욕구로 환원될 수 없다고 한 칸트를 떠올려 보자. 밀은 우리가 욕망에 의해 움직인다는 사실을 받아들였다.

쾌락 계산법 Hedonic Calculus으로 알려진 그 유명한 쾌락 결정 공식을 만든 벤담과 달리 밀은 특정 행위가 얼마나 강렬하고 얼마나 지속될지를 따져 최대 쾌락을 산출하는 계산법을 믿지 않았다. 게다가 밀은 공리주의가 쾌락에 초점을 두고 있어 '돼지' 같다고 주장하는 사람들에게 반론을 제시하기도 했다. 밀은 초콜릿을 먹거나 볼링을 할 때 느끼는 쾌락과 셰익스피어를 읽을 때 느끼는 쾌락이 같지 않다고 보았다. 밀은 "행복한 돼지보다 불만족스러워하는 인간이 더 낫다. 이를테면 만족한 바보가 되느니 불만을 느끼는 소크라테스가 되는 편이 낫다"라고 주장했다. 이에 따라 밀은 '상위 쾌락'과 '하위 쾌락'을 구분했다.

어떻게 상위 쾌락과 하위 쾌락을 구분할 수 있을까? 밀에 따르면 오직 두 쾌락을 모두 경험한 '판단 능력이 있는 사람'에게 맡길 수밖에 없다. 하지만 판단 능력이 있는 사람을 어떻게 찾을 수 있는지가 불분명하다. 이러한 판단 능력이 있는 사람은 그가 탐닉하는 쾌락의 종류에 의해서 결정될 수 없다. 판단자에게는 이미 어떤 쾌락이 상위이고 하위인지 결정되어 있음을 가정하고 있기 때문이다. 판단자는 때때로 셰익스피어보다 볼링을 더 즐겁게 느끼지 않을까? 이런저런 이론적인 이슈와 무관하게 밀은 공리주의의 신봉자로 남아 있다. 공리주의는 밀과 벤담의 공동 관심사인 법과 정치 영역에서 특히 유용한 이론이었다. 밀은 생각하는 삶이 무엇보다도 가치 있다는 데 동의했지만 좋은 삶을 보다 더 실천적 조건하에 두었다. 좋은 삶이란 우리가 세상의 불의와 고통, 편견을 없애기 위해 노력할 때 가능한 것이다. 스토아학파도 고통을 다루는 데 초점을 두었지만 밀과 공리주의자들은 전체 사회의 행복을 최대화하는 제도를 만드는 데 초점을 두었으며 내적인 혹은 정신적인 평화에는 관심이 없었다.

"양성을 둘러싼 사회적 관계, 즉 한 성性이 다른 성에
법적으로 종속되어 있는 상태를 만들어 낸 원리는 인간 사회의 발전을
가로막는 중대한 장애물이다."

〈여성의 종속〉

"인간은 욕구에 따라 사는 동물보다는 뛰어난 능력을 소유하고 있어
일단 그런 능력을 인식하게 되면 그것의 발휘와 거리가 먼
그 어떤 것도 행복으로 간주하지 않는다."

〈공리주의〉

프리드리히 니체

Friedrich Nietzsche | 1844-1900

루터교 목사의 아들로 태어나 젊은 시절에는 음악, 시, 언어를 공부했다. 스물네 살에 바젤 대학의 교수가 되었고 불어, 그리스어, 라틴어, 히브리어에 능통했다. 하지만 10년 뒤 극심한 편두통으로 교수직에서 물러났다. 편두통은 그의 아버지도 고통받았던 문제였다. 휴식 기간을 얼마 안 되는 연금으로 방랑하며 보냈는데 계절에 따라 이탈리아와 알프스를 여행했다. 니체는 특정 고도와 기후가 편두통을 야기할 수 있다고 생각했다.

니체는 철학에 더하여 평생 음악과 예술에 감사함을 느꼈다. 철학적 견해차로 헤어지기 전까지 리하르트 바그너와 우정을 나누었다. 니체는 유럽 실존주의의 선구자로 여겨지며 인간이 자연에 주관적 법칙을 부과한다는 견해를 위해 논쟁했다. 현실을 순수하게 비인칭적, 객관적으로 기술할 수 있다는 잘못된 가정에서 우리의 관점을 해방시킬 수 있다고 논했다. 그가 보기에 유럽 문화는 기독교 도덕에 의해 병들어 있었다. 유럽 문화의 '건강'을 되찾기 위해서 '권력 의지'와 투쟁의 관점에서 세계를 이해해야 한다고 피력했다.

1889년 정신 이상으로 고통받으며 자신의 저술에 관한 모든 기억을 잃은 것으로 생각된다. 마지막까지 누이 엘리자베스가 그를 돌보았다.

■

루터교 목사의 아들로 태어난 니체는 고전학자로 스물네 살에 고대 언어를 연구하는 문헌학 교수가 되었다. 《비극의 탄생》 (1872)은 그가 교수로 있으면서 세상에 내놓은 유일한 책이다. 스물일곱 살에 건강 악화와 만성 편두통 때문에 교수직에서 은퇴한 후, 나머지 생을 연금으로 살았다. 학교를 나와 니체는 알프스, 이탈리아, 독일을 여행하며 활발한 저술 활동을 했다.•

신기원을 이룬 저작들인 《차라투스트라는 이렇게 말했다》 (1883)와 《선악의 저편》(1886)에서 니체는 플라톤의 이데아,•21 칸트의 본체적 혹은 '실재' 세계•38와 같은 형이상학적 가정에서 벗어나 자유롭고 ('반동적'이기보다는) 능동적인 철학을 발전시키는 것을 목표로 했다. 견유학파처럼 니체는 관습적 도덕에 사로잡히기를 거부했고 소크라테스와 플라톤의 '진리' 추구에도 정교한 맹공을 퍼부었다.

• 니체는 어렸을 때 수영과 피아노에 푹 빠져 있었다. 또 그는 비바크를 즐겼고 은퇴 후에는 여름이면 가끔 스위스 알프스를 가로질러 하이킹을 했다. 하이킹을 하며 아이디어를 발전시켜 명저를 남기기도 했다. 삶의 마지막을 향하고 있을 때 니체는 정신 이상으로 고통받았고 누이가 마지막까지 그를 지켜 주었다. 그녀는 니체의 많은 미출간 원고를 '편집하며' 그의 수많은 아이디어를 민족주의적이고 게르만을 지지하는 내용으로 바꾸었다. 그래서 종종 니체의 저술들이 원조 나치주의자 것으로 왜곡되곤 한다.

니체는 분명 **실존주의**existentialism의 아버지다. 인간에게는 주어진 본질이 없으므로 자유롭게 스스로 선택한 실천을 통해 자신의 정체성을 공들여 만들어야 한다는 견해가 실존주의다.•

니체의 저술은 좋은 삶에 대한 문제를 중심에 놓는다. 니체는 인간 정신의 건강과 창조성에 골몰했기 때문이다. 유럽인의 정신이 플라톤적 형이상학에서 비롯한 독단적 관습과 기독교적 관습에 짓눌리고 있다고 생각했다. 사실 니체는 심지어 밀의 공리주의도 일종의 궁극적인 진리를 제공하는 보편적이고 도덕적인 원리에 대한 엄격한 신앙에 사로잡혀 있다고 믿었다. 이를테면 실재의 본질이나 선을 포함하는 비현실적인 영역을 더 이상 믿을 수 없다는 주장인 것이다. 이는 곧 "신은 죽었다"라는 니체의 선언이기도 하다.

그렇다면 니체가 만연한 교조주의를 '치료'하기 위해 제시한 것은 무엇일까? 니체는 한마디로 '쾌활한 철학'[《즐거운 학문》(1882) 또는 《게이 학문》으로 알려진 책]을 발전시키기를 희망했다. 이는 '엄격하게 고정되고 억압적인 도덕규범'에 호소하지 않고 자신의 운명을 만드는 창조적 능력을 촉진하려는 철학이다. 니체는 진리가 맥락, 상황, 인간의 발명과 분리될 수 없다고 믿었던 **관점주의자**perspectivalist다. 선의 고정된 견해에 헌신하는 자기 기만

• 알고 있듯이 실존주의는 덴마크 철학자 쇠렌 키르케고르(1813-1855)의 저서에서 출발했다. 키르케고르는 신에 대한 비교조적 주장을 유지하면서도 일종의 '맹신'에 가까운 태도를 취하는 부조리를 강조했다. 니체를 통해 그리고 이후 장 폴 사르트르'72와 알베르 카뮈'342를 통해 실존주의는 무신론을 연상시키게 된다. 신성한 우주의 질서 없이 인간은 스스로 자신의 본질을 만들어 가야 한다는 것이다.

적 삶이란 '원한'을 지니고 사는 것인데, 이는 자신의 창조적 충동을 충분히 표현할 수 없다는 사실을 위장하는 것이다. 창조하고자 하는 이 충동을 니체는 **권력 의지**will to power라고 명명했다. 가장 건강한 삶은 궁극의 진리 없이 살아갈 자유를 억압하거나 두려워하지 않는 삶이다. 그리고 그런 삶을 영위할 수 있는 인간을 니체는 **위버멘쉬**Übermensch, 즉 '초인'이라 불렀다.

니체에게 철학과 기독교의 역사는 인간 기억의 핵심에 존재하는 질병 혹은 '노예 도덕'을 적나라하게 드러낸다. 형이상학이나 교조주의에 얽매여서는 안 된다는 더 용감하고 더 '능동적인' 삶의 방식에 대한 니체의 사상은 견유학파의 야만성이나 애국적 민족주의의 광적인 태도와 전혀 관계가 없다. 대신 자유로운 사상가들이 궁극의 토대가 없는 관점에서 '쾌활하게' 추구하는 창조적 가능성과 관계를 맺고 있다.

> "모든 고귀한 도덕이 자기 자신을 당당하게 긍정하는 것에서
> 생겨나는 것이라면, 노예 도덕은 처음부터
> '밖에 있는 것', '다른 것', '자기가 아닌 것'을 부정한다."
>
> 《도덕의 계보》

한나 아렌트

Hannah Arendt | 1906-1975

독일 하노버의 세속적 유대인 집안에서 태어났다. 1922년 베를린 대학에서 고전과 기독교 신학을 공부했다. 1924년 마르부르크 대학에 진학하여 공부하던 중 스승이던 철학자 마르틴 하이데거와 연인 관계를 맺는다. 이후 칼 야스퍼스에게 가르침을 받으며 아우구스티누스의 사랑의 개념에 대한 논문을 발표하여 박사 학위를 받았다. 1933년 독일 나치의 거센 압박을 피해 파리로 갔다.

1941년 남편 하인리히 블뤼허와 함께 다시 미국으로 건너갔다. 뉴욕에서 독일 잡지인《아우프바우》에 기고하며《전체주의의 기원》(1951)을 집필한다. 또 편집자와 저널리스트로 일했고 구겐하임 재단의 지원을 받아 주요 저작, 즉《인간 조건》(1958)과《과거와 미래 사이》(1961)를 발표했다.

아렌트는 실존주의와 현상학적 분석을 정치 철학에 적용해 주목을 받았다. 가장 논란이 된《예루살렘의 아이히만》(1963)에서 나치 부역자 아돌프 아이히만을 '순수 악'이라기보다는 생각이 없는 사람이라고 주장했다. 나치 관료들에 의해 자행된 수많은 범죄는 순수 악이라기보다는 무지와 무사유가 문제였다고 하면서 '악의 평범성'이라는 말을 사용했다. 이와 같은 생각은 유대 공동체로부터 강한 비판을 받았다.

■

우리는 철학적으로 추상적 실재와 구체적인 사회적 실재 사이를 왔다 갔다 하며 삶의 의미를 조망하는 형식을 통해 철학자들이 의미와 목적을 바라보는 방식을 형성하는 몇몇 기초 개념을 포착했다. 그런데 독일 철학자 한나 아렌트는 이 개념들을 독특한 방식으로 이용했다.

아리스토텔레스처럼 아렌트는 삶의 의미를 사회적, 정치적 세계에 위치시켰다. 또한 명석하게도 니체에서 발견되는 실존주의를 재조명하여 정치적 행위에 대한 자신의 견해를 설명했다. 대표작 《인간 조건》*에서 설명하고 있듯이 아렌트에게 가장 의미 있는 행위는 정치적 행위다. 실제로 아렌트는 현대 과학이 정치적 행위praxis의 고유 영역을 과소평가한다고 주장했다. 우리는 **과학주의**scientism의 결과로서 기계적 창조물이 되었다. 과학주의

• 《인간 조건》에서 아렌트의 견해는 실존주의적 정치 철학으로 생각할 수 있다. '인간 본성'이 앞서 규정된다는 신조를 피하기 때문이다. 대신 의미 있는 사회 정치 활동을 통해 자신의 정체성을 형성한다는 점을 강조한다. 아렌트는 니체[48]의 영향을 강하게 받은 하이데거의 학생이었다. 하이데거[140]는 인간 조건의 유한성을 강조했고 '죽음을 향한 존재'를 이야기한다. 죽음은 한계가 있는 시간에서 어떻게 살아가야 할지를 결단하도록 강요한다. 독특하게도 아렌트는 이 견해를 자신의 개념인 '탄생natality'에서 종합한다. 아렌트는 하이데거가 죽음을 지나치게 너무 강조했고 새로운 삶과 관점으로 태어나는 독특한 가능성에 충분히 집중하지 못했다고 비판한다.

란 인간에 대한 단순히 물리적이고 자연주의적인 기술記述만이 인간 조건을 말할 수 있는 전부라는 견해다. 우리 인간은 생물학적 욕구 만족과 상품 소비를 강조함으로써 단지 '노동'에 시간을 쓰는 데 만족했다.

아렌트만의 고유한 방식으로 특화된 개념인 노동은 영속성이나 유산을 주장하지 않는다. 노동은 빠르게 사용되고 버려지는 물건을 생산하는 것이기 때문이다. 소비자의 생활 방식과 손잡고 함께 간다는 말이다. 인간은 '작업'할 수 있는, 즉 자연을 인공의 세계로 변형시키는 유일무이한 존재다. 우리는 상대적 영속성을 갖는 건물을 짓고 물건을 생산한다. 하지만 인간의 가장 심오한 창조성은 '행위'에서 비롯된다. 아렌트에게 행위는 본래 사회적이고 창조적인 공공 담론과 연결되어 있다. 아렌트에 따르면 행위란 자신의 견해를 공적으로 검증받는 것이고 다른 사람을 철학적 대화로 이끄는 것이다.

아렌트는 또한 '행위'를 새로운 시작이 가능하다는 의미에서 '탄생'과 연관시켜 이해했다. 생물학적인 창조물로서 인간은 물리적이고 자연적인 세계와 비축물을 공유하고 있다. 그러나 능수능란하게 사용되는 언어, 즉 우리를 공공 영역으로 들어가게 하는 언어는 집단의 정체성 형성에 독특하게 기여한다. 우리는 삶의 의미에 관한 토론과 우리가 내리는 결단에 의해서 완전한 인간성을 갖추게 된다. 따라서 '삶의 의미'는 바로 그 새로운 창출에 성실하게 그리고 무한히 전념하는 데서 생긴다. 단순히 물리적이고 과학적인 인간에 대한 기술은 '우리가 무엇인지'만 말해 줄 뿐 '우리가 누구인지'는 말해 주지 않는다.

아렌트가 보기에 인간은 명백히 다수 밖에서, 즉 타인과의 의미 있는 관계 밖에서 '행복' 혹은 '인류'를 규정할 수 없다. 노동과 소비의 영역이 아닌 공공 영역이 우리의 본질을 창조하는 장소이다. 그리고 이 영역은 늘 역동적이고 영속적인 과정이기도 하다. 더 뜻깊은 의미와 가치를 발견하기 위해 단지 생물학적 소비자의 지위가 아닌 자유로운 담론을 번영시키는 공공 영역에서의 언어 사용자로서 우리는 더 높은 능력을 아울러 지녀야 한다.

"탄생에 내재한 새로운 시작은 새로 태어난 인간이 어떤 것을 새롭게
시작할 능력, 즉 행위 능력을 가질 때만 생각할 수 있다."

《인간의 조건》

인간/자아

Man

"남자는 인간으로 정의되고 여자는 여성으로 정의된다.
여성이 인간으로서 행동할 때마다 여성은 남성을 모방한다는 말을 듣는다."

시몬 드 보부아르

···

은하계를 샅샅이 뒤져 마침내 우리와 정확히 똑같이 복제된 지성을 갖춘 생명체를 발견한다면 얼마나 지루할지 생각해 보라. 다른 생명체도 언어, 법, 예술을 가질 수 있다. 즉 인간이 아닌 인격person이 존재할 수 있다. 인격들은 서로 역사를 공유하고 언어도 사용한다. 사물을 상상하고 무엇이 아름답고 추한지 혹은 옳고 그른지 판단한다. 인격들은 법을 제정하고 자신의 실존을 숙고하기도 한다. 그 무엇도 이런 일을 하는 외계 생명체를 배제하지 않는다. 그런데도 우리 마음속에서는 인간이라는 개념과 인격이라는 개념을 분별하기가 어렵다.

이 개념의 역사는 우리가 창조를 점한다고 믿는 특별한 위치와 관련 있다. 르네상스와 기독교는 인간을 맨 꼭대기에 올려놓았다. 그리고 무신론자들도 우리가 다른 종과 비교하여 특별한 종류의 지성을 가지고 있음을 부정하지 않을 것이다.

하지만 지성으로 충분할까? 지성적인 기계는 어떨까? 그 기계는 인격일까? 몸에 컴퓨터를 심고 다른 기구를 장착한 인간은 어떤가?

또 다른 문제가 있다. 우리가 영혼을 지녔기에 특별하다는 것이다. 많은 철학자는 영혼에 관한 일종의 설을 믿었다. 플라톤은 인간을 지적이고 물질적인 신체에 내재하는 불멸의 영혼이라고 생각했다. 그의 제자 아리스토텔레스는 정신을 믿었다. 그 정신은 악기에서 나오는 음악처럼 몸에서 유래하는 것이라고 생각했다. 수학자이자 철학자인 르네 데카르트는 물질과 비물질, 특히 신체와 정신을 구별했다. 이를 **이원론**dualism이라 하는데, 우리는 본질적으로 사고하는 사물이기에 비물질적인 영혼을 가지고 있음이 분명하다고 추론했다. 오직 물질적 사물들만 퇴락하고 분해되므로 비물질적인 영혼은 반드시 불멸한다는 것이다.

　다른 계몽주의 사상가'[38]에게 영혼의 존재 증명과 관계없이 우리를 인간이게 하는 것은 합리성과 자유 의지이며, 이는 우리가 우리의 행동에 책임이 있다는 것을 의미한다. 우리는 합리적인 인격이라면 누구나 받아들일 수 있는 법을 제정할 수 있고 이는 **인권**human rights에 의해 표현되는 특수한 존엄성을 우리에게 부여한다.

17-18세기경 ● 유럽 계몽주의-이성의 시대
　　　　　　　　계몽주의 사상가는 신체를 복잡한 기계로 본다. 초기 영국 경험
　　　　　　　　주의자 토머스 홉스는 모든 지식은 측정 가능한 경험에서 나
　　　　　　　　온다고 보고, 인간을 기본적으로 복잡한 물질적 존재로 생각
　　　　　　　　한다.

1596-1650년경 ● 데카르트
　　　　　　　　자연에는 두 가지 기본적인 사물이 존재한다. 즉 물질
　　　　　　　　적 사물과 사고하는 사물/정신이다. 우리는 육체적 존
　　　　　　　　재이고 사고하는 정신이다. 우리는 물리적 감각이
　　　　　　　　아니라 논리와 이성으로 자신에 관한 진리를 포착
　　　　　　　　할 수 있다.

스피노자 ● 1632-1677년경

우리는 유일하고, 무한하고, 편재하는
힘의 표현이자 외연, 즉 '신 혹은 자연'이
다. 이 힘은 표현의 무한한 양상을 소유한
다. 그리고 물질적인 것과 정신적인 것은 바
로 유일한 실체인 일자의 다양한 양상이다.

페미니즘과 실존주의 ● 19-20세기

시몬 드 보부아르는 페미니즘의 두 번째 거대한
물결을 일으킨다. 우리는 자기 해석적인 존재이고
'여성'과 '남성'에 대한 개념을 형성한다. 여성은 전
통적인 남성적 가치를 지닌 용어들로 규정될 필요가
없는 자신의 고유한 존엄을 가진다.
장 폴 사르트르는 자신의 스승인 마르틴 하이데거의 영
향을 받아 인간에게는 본성 혹은 본질이 없다고 주장한
다. 우리는 본질적으로 물질적이지도 않고 사고하는 사물
도 아니다. 우리는 우리가 존재하는 문화에서 본성을 창조
한다. 우리는 자기 해석적 존재인 것이다.

구조주의와 푸코 ● 20세기

인간의 특별한 사유 내용은 역사적, 문화적 구조의 산물이라 한
니체의 사상에 영향을 받은 푸코는 '인간'은 역사적 용어에 불과하
다고 주장한다. 의미는 오직 그 용어를 산출한 역사적 구조와 상관
된다는 것이다. 심지어 우리가 어떤 본질을 갖는다는 믿음조차도 역
사적 편견에 불과하다.

포스트모더니즘 · 20세기 후반
- - - - - - - -

자본주의의 진보적 형식들로 움직이는 세계에서 장 프랑수아
리오타르(1924-1998) 등의 프랑스 사상가는 진보와 보편적
진리와 같은 개념에 심하게 회의적으로 변한다. 포스트모던
은 초월적 진리나 보편적 가치를 믿지 않는다.

찰스 테일러 · 1931년-
- - - - - -

테일러는 포스트모던의 상대주의적 세계에서 의미와
정체성에 대한 이해를 발전시킨다. 자기 정체성을 발
전시키는 데 필요한 가치와 책무의 역할을 강조한
다. 좀 더 큰 외부 선에 대한 공유된 생각은 우리의
삶에 상대적인 것 이상의 의미를 제공한다.

1980년대 · 사이버펑크
- - - - - -

과학적 허구와 문학, 특히 필립 K. 딕
(1928-1982)과 윌리엄 깁슨(1948-)의 소설
들은 디스토피아로 재현된 미래상을 보여
준다. 이들의 소설에서는 기술과 인공 지능,
디지털 미디어들이 기계와 인간 사이의 경계를
흐릿하게 만든다.

20세기 후반-21세기 · 포스트휴머니즘
- - - - - - - - -

인간을 합리적인 존재로 보는 그리스와 계몽주의의
견해 그리고 인간은 영혼이라는 유대 기독교의 견해는
디지털 기술 문명에서는 결코 이해되지 않는다. 우리는
더 이상 기술만 사용하지 않는다. 기술을 컴퓨터 및 디지
털 미디어와 통합하여 사용한다. 우리는 이미 융합되었다.

21세기 · 트랜스휴머니즘
- - - - -

지금 우리는 기술 향상으로 자신의 신체를 바꿀 능력을 갖게 되
어 전 지구적 규모로 세상을 바꾸고 있다. 이제 인간종에게는 외
부적 위협뿐만 아니라 우리가 만든 기술로부터 받는 위협에도 직
면해 있다. 그렇다고 기술을 배제할 수 없다. 인간의 가치와 사회
구조를 이와 같은 변화의 관점에서 다시 생각해야 한다.

토머스 홉스

Thomas Hobbes | 1588-1679

'사회 계약론' 또는 '계약론'을 옹호한 초기 영국 철학자다. 인간이 자연법에 의해 지배받는다고 믿었다. 사회적, 정치적 법률은 인간의 타고난 이기심과 잔인한 본능의 완화를 목표로 제정된 관습이라고 생각했다. 즉 사회와 정부의 간섭이 없다면 그리고 '칼의 법'이 없다면 인간은 자연 상태에 머물러 '만인의 만인에 대한 투쟁'이 일어날 것이다.

홉스는 당시 의회와 모든 국민이 크게 반대한 찰스 1세를 지지하기 위해《법의 원리The Elements of Law》(1640)를 쓰고 프랑스 파리로 망명했다. 왕에 대한 적개심이 커지면서 영국 시민전쟁(1642-1651)이 발생했고 결국 찰스 1세는 처형(1649)되었다. 파리에서《시민론》(1642)과 그 유명한 책《리바이어던》(1651)을 내놓았다.《리바이어던》에서 그는 오직 절대 주권자에게 권력을 양도해야만 사회가 '자연 상태', 즉 인간의 이기심과 부족 중심주의가 지배하는 폭력적이고 잔인한 인간 실존의 고립 상태에서 벗어날 수 있다고 주장했다. 정치 철학 외에도 기하학, 탄도학, 광학의 발전에도 기여했다.

．

　토머스 홉스는 《리바이어던》 외에도 주로 정치 철학자로 잘 알려진 인물이다.• 홉스는 세상의 모든 것은 물질적이라고 주장했다. 이것이 바로 우주가 단지 하나의 일반적 종류로 이루어졌다는 **일원론**monism이다. 홉스에게 인간은 복잡한 생물학적 기계였다. 인간은 '신체적 생기'를 지니는데 그 생기는 공간적 차원의 신체를 통해 순환되는 측정 가능한 물리적인 것이라고 홉스는 묘사한다. 이런 '생기'는 감각 기관으로부터 정보를 받으며 우리의 생각, 느낌, 의도를 설명한다. 따라서 생기는 신비로운 비물질적 실재가 아니라 과학으로 설명 가능한 사물이다. 홉스와 함께 인간은 자연물이 된다.

　자연 과학에 관한 홉스의 지식은 자연 과학이 물리적 우주를 충분히 설명할 수 있으리라는 낙관주의에 박차를 가했던 반면 신에 대해서는 약간의 여지를 남겨 두었다. 하지만 이는 기독교의 압도적인 영향 아래 있던 영국에 대한 말치레였을 것이다. 영국에서 신의 존재를 부정한다는 것은 왕따가 되거나 정부와 종교 단체와 마찰로 그들과의 관계가 악화되는 것을 의미했기 때문이

• 홉스는 어린 나이에 고아가 되었다. 옥스퍼드 대학에서 학위를 받은 홉스는 데본셔 백작의 집에서 가정 교사로 일했다. 홉스는 백작의 아들을 가르치며 시대를 선도하는 과학자와 사상가들을 만났다. 여행 중에는 프랜시스 베이컨, 르네 데카르트, 갈릴레오 갈릴레이 등과 어울리기도 했다. 91세까지 산 홉스는 인간 사회를 보는 비관적 견해로 유명하다. 갈등을 조정하는 정부나 왕 같은 '리바이어던'에 의한 권력이 없다면 인간은 '자연 상태'로 되돌아갈 이기적인 존재라고 했다. 그리고 홉스는 '자연 상태'에서 우리의 삶은 '고독하고 빈곤하고 잔인하고 짧을 것'이라고 했다.

다. 어쨌든 홉스는 **경험주의자**였다. 모든 지식은 궁극적으로 감각 경험에서 온다고 믿었다. 신은 감각에 의해서 경험될 수 없으므로 신앙의 영역이지 합리적인 지식의 영역이 아니라고 추론했다.

"모든 사람을 공포에 떨게 하는 공공의 힘이 없는 상태에서 사는 한,
인간은 누구나 전쟁 상태에 놓이게 된다."

《리바이어던》

닉 보스트롬

Nick Bostrom | 1973-

스웨덴 스톡홀름 대학에서 이론 물리학과 철학을 공부했다. 킹스 칼리지 런던에서는 계산 신경 과학을 공부했고 2000년 런던 정치 경제 대학에서 박사 학위를 받았다. 현재 옥스퍼드 대학 철학과 교수이자 인류 미래 연구소 창립 소장이다. 옥스퍼드 대학과 스탠퍼드 대학의 협업 기관인 전략적 인공 지능 연구 센터 센터장도 맡고 있다. 정부와 세계화 기구에서 컨설팅과 정책 자문을 하고 있다.

특히 생명 공학과 의학, 정보 통신 기술과 관련하여 인간의 정체성에 관심을 가져 왔다. 주요 저서로 《슈퍼인텔리전스Superintelligence: Paths, Dangers, Strategies》(2014) 등이 있다.

▪

스웨덴 철학자 닉 보스트롬은 트랜스휴머니즘의 관점을 수용하며 우리의 유한성의 한계를 넘어 집단 이성의 힘을 증가시키는 포스트휴머니즘의 경로를 추적하는 연구 활동을 활발히 진행 중이다. 인간이라는 종은 세계적 재앙으로 '실존적 위기'에 직면해 있으며 첨단 과학 기술은 그와 같은 위기에서 우리를 보호하거나 사태를 악화시킬 수 있다고 주장한다.

인간을 보호하는 첨단 과학 기술에 관심이 큰 보스트롬은 특히 유전자 변형에 의한 초지능적 인간이 만들어질 것이라는 낙관적 예측을 하고 있다. 다만 '현상 유지 편향'에 사로잡힌 인간이 이런 전도유망한 기술 발전에 저항하고 있다고 한다. 그리고 저항은 당연하다고 말한다. 우리는 생존에 중요한 패턴과 규칙에 의존하도록 진화했기 때문이다. 즉 우리는 안정성을 더 선호한다는 뜻이다.

그런 편향을 가까스로 극복하더라도 우리는 기술의 해악을 과연 누가 판단할 수 있을지를 반드시 물어야 한다. 물리학자, 공학자, 신경 과학자가 근본적으로 가치 윤리학적 측면에서 판단할 자격이 있을까?

"대자연이 진짜 부모였다면 아마 아동 학대와 살인으로 감옥에 있었을 것이다."

〈포스트휴먼의 존엄성 방어In Defense of Posthuman Dignity〉

르네 데카르트

René Descartes | 1596-1650

근대 철학의 단초를 마련한 데카르트의 철학은 인식론에 집중했다. 가톨
릭 집안에서 태어나 예수회 학교에 입학하여 수학과 철학뿐만 아니라 장
미십자회의 신비 철학(로마 가톨릭의 교리를 넘어 경험주의와 합리성을 높이
평가하는 교리)에 관심을 갖기도 했다. 결국 장미십자회의 신비 철학에 흥
미를 잃고 과학과 철학이 우리에게 합리적이고 확실한 지식을 줄 수 있
다고 낙관하게 되었다. 물질과 정신의 속성이 어떻게 상호 관계되는가라
는 이른바 '정신과 신체 문제'를 체계적으로 언급한 최초의 철학자였다.
해석 기하학을 발명하고 광학에서 빛의 굴절 법칙을 발견했다.

수학, 과학, 펜싱, 댄싱, 음악, 시 등을 공부할 정도로 왕성하게 삶을
꾸려 나아갔다. 더 나아가 의학을 공부했고 1616년에는 법학 학위를 받
기도 했다. 유명 철학자와 과학자들의 친구였다. 50대에는 스웨덴 크리
스티나 여왕의 개인 교사로 스웨덴으로 갔다. 여왕은 그에게 과학 아카데
미를 조직하고 자신의 철학 공부를 맡아 달라고 요청했다. 하지만 53세
에 폐렴으로 스웨덴 여왕의 궁정에서 유명을 달리했다. 주요 저서로《방

법서설》(1637),《성찰》(1641),《철학의 원리》(1644) 등이 있다.

■

    홉스와 달리 르네 데카르트는 **이원론자**dualist였다. 세계는 정신과 물질이라는 두 가지 실체로 이루어져 있다고 생각했다. 정신은 비공간적이고 연장성을 지니지 않지만, 물질은 공간을 차지하고 연장성을 지닌다. 홉스가 신체를 복잡한 기계라고 봤다면 데카르트는 영혼 같은 정신이 인간 본성과 동일하다는 저 오랜 전통을 지지했다.

    이원론을 채택한 직관적인 동기는 단지 복잡한 물질적 사물들이 인간과 같은 수준의 지성, 의도, 자기 인식을 보여 주지 않는 것 같다는 사실이다. 하지만 더 강력한 이유는 뉴런의 작동에 관한 이야기를 감정, 사유, 의도에 관한 심리적인 이야기로 옮기기가 쉽지 않다는 것이다. 여전히 문제는 신체가 정신을 '형성한다'는 가정을 왜 하지 못하느냐다. 어쨌든 뇌가 악화되면 정신도 악화된다. 더욱이 뛰어난 수학자이자 과학자였다면서 데카르트는 왜 비물질적인 '도깨비 같은' 영혼을 믿었을까?•

    이 질문에 답하기 위해서 우선 데카르트의 철학 방법론을 알아야 한다. 데카르트는 **합리주의자**rationalist이다. 이성만이 지식의 진정한 원천이자 토대라고 믿었다. 감각 지각은 거짓으로 판

• 데카르트는 비물질적인 영혼이 솔방울샘(뇌 깊은 곳에서 수면을 조절하는 멜라토닌을 만드는 솔방울 모양의 내분비 기관)을 통해 신체와 통합된다고 믿었다. 이 솔방울샘이 모든 분리된 감각 지각들을 조직하고 이를 영혼이 해석하는 데 이용하게 하는 기능이 있다고 생각했다.

명될지도 모르는 우연한 사실만을 제공하기 때문에 데카르트는 합리적 원리로 보편적이고 필연적인 진리를 추구했다. 수학 법칙이나 기하학의 공리처럼 합리적 원리의 확실성은 언급한 원리에 대한 '명석판명clear and distinct'한 관념들을 사고자가 소유함으로써 확인될 수 있다.

그렇다면 세계에 관한 명석판명한 관념을 어디에서 얻을 수 있을까? 이 질문에 답하려고 데카르트는 그 유명한 방법적 회의를 채용한다. 즉 근거를 갖춘 기초적 진리를 확정하기 위해서는 모든 것에 회의적인 태도를 취해야만 한다. 당연한 것으로 여겨지는 모든 지식에 의문을 품어야 한다. 당신이 지금 읽고 있는 책이나 듣고 있는 소리가 진짜라고 곧바로 생각하지 마라. 지금 이 책을 넘기고 있는 당신의 손조차도 완전히 허구일 수 있다. 감각은 여러 번 당신을 속여 왔기 때문이다. 어떻게 감각이 속이지 않는다고 확신할 수 있는가?

회의적 관점을 체계적으로 적용함으로써 데카르트는 의심할 수 없는 유일한 진실에 도달했다. 만약 당신이 안다고 생각하고 있는 세계가 환상이라면, 당신은 적어도 이를 생각하고 있다는 것을 알고 있다. 심지어 당신의 생각이 모두 틀렸다 해도 당신이 이 생각을 하고 있다는 것은 사실이다. 데카르트는 가정하지 않고 대신 논리적 필연성에서 '나는 생각한다. 고로 나는 존재한다'(라틴어로 '코기토 에르고 숨cogito ergo sum')를 주장했다.

사고 작용은 실재 세계에서 감지할 수 있는 그런 종류의 일이 아니다. 오늘날 우리가 무언가를 생각하거나 특정한 기억을 떠올릴 때 뇌의 어떤 부분이 '가동하는지' 볼 수 있는 것은 사실이지만, 이는 자신의 관점에서 경험을 기술하는 것과 다르다. 예를 들어 나는 당신에게 아이스크림에 관해 아는 존재하는 모든 것을, 그리고 그것을 맛볼 때 관련되는 모든 물질적 메커니즘을 말해 줄 수 있지만, '실제로' 맛보지 않고는 딸기 아이스크림이 어떤 맛인지 당신은 여전히 알지 못할 것이다.•

데카르트는 하나의 확고부동한 진리를 손에 쥐고 우리가 알고 있는 세계가 존재한다는 것을 증명하려 했다. 그 첫 번째로 신의 존재를 증명하고자 했다. 데카르트에 따르면 신은 완벽하므로 결코 우리를 속이지 않을 것이다. 4는 2로 나눌 수 있는 수라고 생각했을 때 갖게 되는 관념처럼, 데카르트는 완벽한 존재에 관한 명석판명한 관념을 소유하고 있다고 믿었다. 그리고 이 관념처럼 완벽한 존재라는 관념은 확실히 인식할 수 있는 속성을 갖는다. 따라서 데카르트는 신의 실존을 그런 속성 중 하나라고 추론했다. 실존은 존재하지 않는 것보다 더 좋은 것이기 때문이다. 그러므로 실존은 일종의 완벽함이다.

> **"선한 마음을 소유하는 것으로 충분하지 않다.**
> **그것을 잘 사용하는 것이 중요하다."**
>
> 《방법서설》

• 주체는 존재할까? 정신 철학은 **정신과 신체 문제Mind-Body Problem**로 알려진 의식 문제를 탐구한다. 현대 철학자들은 데카르트의 이원론에 동의하지 않지만 데이비드 차머스(1966-)와 같은 호주 철학자는 뇌의 물질적 사실들이 주관적 경험의 사실들로 완벽하게 옮겨진다고 믿지 않는다. 그는 이를 '의식의 어려운 문제'라고 했다. 대니얼 데닛(1942-) 같은 철학자는 차머스의 주장에 동의하지 않는다. 이 '어려운 문제'는 단지 이전의 사고방식이 남긴 지적 잔재일 뿐이라고 생각한다. 데닛에게 뇌에 관한 복잡한 사실은 간략하게 설명될 수 있다. 과학적 사실이 오래된 편견을 대체한다. 아이스크림을 먹는 우리의 '경험'은 일종의 정보를 뇌가 연산하는 것과 같다.

장 폴 사르트르

Jean-Paul Sartre | 1905–1980

파리에서 태어나 1924년부터 1929년까지 파리 고등사범학교에서 철학을 공부했다. 프랑스 전역에서 교편을 잡았다. 독일 베를린에 있는 프랑스 연구원에서 공부를 지속했는데 그곳에서 에드문트 후설과 마르틴 하이데거의 현상학에 깊은 영향을 받았다. 제2차 세계 대전 당시 독일 수용소에서 하이데거의 저술을 연구했고, 전쟁 중에《존재와 무》를 발표했다.

사르트르 이전부터 실존주의의 등장은 이미 예견된 것이다. 사르트르는 소설과 연극이라는 독특한 방식을 통해 실존주의를 대중화시키고 발전시켰다. 실존주의 인식을 사색하는 많은 논문을 쓰기도 했는데, 인간은 본유의 목적 없이 태어나므로 자신의 선택과 관계 정립을 통해 스스로 발전해야만 한다고 했다. 우리는 자유와 선택을 받아들여야 하며 상황을 '인간의 본성' 탓으로 돌려서는 안 된다고 주장했다.

사르트르는 생의 마지막까지 정치 활동을 활발히 했다. 1950년대와 1960년대에 구소련과 쿠바를 여행했고 마르크스 사상을 장려했다. 또 다양한 평화 운동을 지지했다. 구소련의 헝가리와 체코 침공을 비난했으며, 결국 1977년 마르크스주의와 결별을 선언했다. 주요 저서로 《구토》 (1938), 《존재와 무》(1943), 《닫힌 방》(1944), 《실존주의는 휴머니즘이 다》(1946) 등이 있다.

∎

　지금까지 인간에게는 고정된 본질이 있다고 주장하는 철학자들을 소개했다. 우리는 본질적으로 사유하는 존재이거나 물질적인 존재다. 즉 신체를 가진 영혼이거나 복잡한 생물학적 기계다. 하지만 둘 다 아니라면 무엇일까?

　전통 철학은 먼저 인간 존재의 '가치'를 이해하기 위해서 인간 존재의 본질을 이해하려 한다. 한 노트북이 다른 노트북보다 더 나은 이유가 무엇인지와 같은 문제를 생각해 보자. 어떤 용도로 사용하느냐, 즉 사용 목적에 달려 있지 않을까? 마찬가지로 로스앤젤레스에서 샌프란시스코로 가능한 한 빨리 가는 것이 당신에게 중요하다면, 비행기가 버스보다 낫지 않을까? 한 대상의 가치는 주어진 목적과 그 목적에 맞게 얼마나 잘 사용되는가에 달려 있다. '실존'은 그 기능 혹은 '본질'에 의존한다. 하지만 인간에 대해서 프랑스 철학자이자 소설가인 장 폴 사르트르는 이 순서를 뒤엎는다. 즉 **실존은 본질에 앞선다.** 우리는 고정된 목적을 갖지 않는다. 이러한 사유 방식이 **실존주의**이다.

　실존주의자는 인간이 특정한 설계에 따른 신의 창조물이 아니며 특정한 일을 하도록 설계되지 않았다고 믿는다. 우리는 본질적으로 자신이 선택한 실천을 통하여 그리고 자신을 해석하는 방식을 통하여 자신의 목적을 자유롭게 구성할 수 있다. 자신을 물질적 대상으로서 해석하는 것은 단지 하나의 가능성일 뿐이며 '정신' 혹은 '사유하는 존재'로 해석하는 것 역시 그러한 가능성 중 하나다. 지속적인 한 가지는 해석이다. 비록 명백하게는 아니더라도 일하는 '방식'이 당신이 자신을 어떻게 보고 있는지에 대해 무언가를 말해 줄 뿐이다.

사르트르와 같은 실존주의자에 따르면 우리는 가끔 이런 자유에서 비롯되는 책임감을 회피한다. 우리는 누가 되고 싶은지 그리고 어떤 일에 전념해야 하는지에 대한 어려운 결정을 피하려고 한다. 사회 규범에 아무런 성찰 없이 순응함으로써 그렇게 한다. 그러나 우리가 자유와 그에 따르는 책임감을 완전히 받아들일 때 비로소 '진실성'을 획득하는데, 이는 삶을 가치 있게 하는 규범을 채택할 때 취하는 능동적인 역할을 의미한다. 우리는 자신의 창조자다. 무엇을 하든 간에 우리가 해야 한다고 생각하는 것에 대한 기투다. 우리는 이 사실을 인정할 때 진실하게 된다. 이를 무시하거나 회피하면 '잘못된 믿음'에 따라 살게 된다. 우리는 자유로 무엇을 하고 싶은지 결정하여 자유의 무게를 견뎌야 한다. 그리하여 고정된 규정들을 포함하는 신의 설계에 대한 인식을 배제함으로써 사르트르는 자신의 본질에 스스로 책임지라고 우리를 북돋운다.

사르트르는 매우 공적인 지성의 삶을 유지했다. 저널리스트이자 극작가였으며 자기 목소리를 내는 사회주의자였다. 지적이고 낭만적인 파트너였던 시몬 드 보부아르와 함께 실존주의를 대중화하는 데 이바지했다. 사르트르는 또한 유명한 실존주의 작가 알베르트 카뮈와 오랫동안 지적인 관계를 쌓았다. 공식적으로 공산당에 가입하지는 않았지만 자본주의의 착취에 대해 적극적으로 목소리를 높여 비판했다.

"실존주의의 첫 번째 효과는
모든 사람이 있는 그대로 자신을 받아들이고 실존에 대한
전적인 책임을 자신의 어깨 위에 올려놓은 것이다."

《실존주의는 휴머니즘이다》

시몬 드 보부아르

Simone de Beauvoir | 1908-1986

《모호성의 윤리학The Ethics of Ambiguity》(1947)과 페미니즘의 고전 《제2의 성》(1949)으로 실존주의 철학을 발전시켰다. "여자는 태어나는 것이 아니라 만들어진다"라는 유명한 말을 했다. 보부아르는 사회·문화적으로 '여성'이 되는 것이 무엇을 의미하는지 논했다. 그리고 우리는 실존적 자유를 받아들여야 하며 한 인격에게 실존적 자유가 무엇을 의미하는지 다시 생각해야 한다고 주장했다.

1925년 수학에서 바칼로레아를 통과하고 가톨릭 학교에서 수학을, 생트 마리 학교에서 문학과 언어를 공부했다. 1927년 파리 소르본 대학에서 철학을 공부하기 시작했다. 소르본 대학에서 철학사, 일반 철학, 그리스어, 논리학에서 자격을 취득했다. 유명한 철학자 모리스 메를로 퐁티(1908-1961)와 언어학자 클로드 레비 스트로스(1908-2009)와는 동갑내기 친구였다. 스물한 살의 나이에 최연소로 철학 교수 시험에 합격해 철학 교사가 되었다.

보부아르의 저술은 철학과 문학, 현대 페미니즘 사상에 깊은 영향을 끼쳤다. 평생 독신으로 지냈지만 대학 시절에 만나 경쟁했던 실존주의 철학자 장 폴 사르트르와 거의 50년 동안 낭만적이고 지적인 관계를 유지했다.

·

철학자이자 소설가인 시몬 드 보부아르는 실존주의·[72]를 더욱 발전시켰고, 페미니즘의 새로운 물결에 자신의 견해를 피력했다. 보부아르가 채택한 실존주의에 따르면 생물학적 본질은 인간의 한계를 규정하지만 정체성까지는 결정하지 못한다. 즉 인간은 스스로 정체성을 만들어야 한다. 예를 들어 우리는 남자나 여자로 태어나지만 남성성과 여성성 자체는 사회적 산물이다. 사회적, 정치적 제도들이 성性 해석에 동기를 부여하지만 그와 같은 해석은 정체성과 가치를 책임지는 결정적이고 실존적인 선택을 통해 바뀔 수 있다. 보부아르는 '진실성'에 관한 실존주의의 견해를 수용하고 여성이 남성 중심적 가치에 규정되지 않는 독자적인 여성성에 대한 인식을 만들어 진실성에 도달할 수 있다고 주장했다.

중요 저서인 《제2의 성》·에서 보부아르는 기존의 철학적, 사회적 전통은 역사적으로 인간이 되는 것이 무엇을 의미하는지에 대한 남성 중심적 관점을 반영한 것이라고 주장했다. 인간은 남

• 《제2의 성》은 20세기 페미니즘의 가장 중요한 책이다. 이 책에 기술된 성에 관한 실존주의적 해석은 여성 운동 내부에서 일어난 획기적인 혁신이었다. 《제2의 성》은 바티칸의 금서 목록에 올라 있다.

성성으로 정의되고 여성은 '다른 것'으로 표현된다. 남성 주도의 세계는 여성성을 권한을 박탈당한 수동성으로 묘사하고 여성은 전통적으로 그렇게 널리 퍼져 있는 태도를 그대로 수용했다. 여성들은 존중받기 위해서 스스로를 남성적 용어로 규정해야 한다고 믿었다.

이와 같은 견해는 페미니즘 운동의 첫 번째 물결에서[메리 울스턴크래프트의《여성의 권리 옹호》(1792)와 밀의《여성의 종속》(1869)을 통해서] 옹호되었다. 페미니즘 운동의 첫 번째 물결은 양성 간의 전체 평등을 주장한다. 즉 여성은 남성처럼 공정하고 똑같이 취급되어야 한다는 것이다. 그러나 보부아르는 이런 전제를 잘못된 것이라고 보았다. 우리는 여성의 권위와 존엄성을 여성의 용어로 존중해야 한다. 여성은 전통적인 남성적 태도를 채택할 필요가 없고, 남성도 순전히 수동적인 용어와 '여성'을 연결해서도 안 된다.

> "살아갈 힘과 행동할 이유를 끌어내어야 하는 곳은 바로
> 우리 삶의 진짜 조건들에 대한 지식이다."
>
> 《모호성의 윤리학》

미셸 푸코

Michel Foucault | 1926-1984

프랑스 푸아티에서 유명한 외과 의사의 아들로 태어났다. 아버지는 아들이 자신과 같은 길을 가길 바랐지만 푸코는 일찍이 철학을 좋아하여 1946년 새롭게 이름을 바꾼 파리 고등사범학교에 입학했다. 이곳에서 현상학자 모리스 메를로 퐁티와 마르크스주의 정치·사회 철학자 루이 알튀세르(1918-1990) 밑에서 공부했다. 1951년 파리 고등사범학교를 졸업하고 자크 데리다와 같은 젊은 철학자를 가르치기 시작했다. 1970년 명문 콜레주 드 프랑스에 자리를 잡았다. 미국에서도 자주 강의했다.

푸코의 저서들은 통섭의 범위와 역사적이고 철학적인 폭으로 유명하다. 통섭의 범위는 역사학, 심리학, 의학, 인류학의 담론까지 넓혀졌는데, 이 추상적 담론은 많은 철학자에게 영감을 주었다. 《말과 사물》(1966)과 같은 저서들은 내용상 명백히 구조주의적이었다. 이 책들은 철학적 문제가 어떻게 등장했는지를 이해하기 위해 인간의 문화를 만든 대단히 중요한 권력 구조를 검토해야 한다고 주장했다.

1970년대와 1980년대에 저널리즘과 정치적 활동을 이어 갔으나 에

이즈로 사망했다. 주요 저서로《임상의학의 탄생》(1963),《말과 사물》(1966),《지식의 고고학》(1969),《감시와 처벌》(1975),《성의 역사》(권1, 1976) 등이 있다.

．

　실존주의자들'73/76은 인간됨이 만들어진다는 것을 인정함으로써 인간은 자유롭게 자신을 써 내려가는 저자라고 긍정적인 결론을 내렸다. 미셸 푸코는 그 그림을 더 복잡하게 만들었다. 푸코는 자연과 자아에 관한 일상적 견해는 전래된, 확인되지 않은 철학 전통을 반영한다고 주장한다. 즉 자신에 관한 관념을 형성하는 데 사용하는 개념들은 중립적이지 않고 역사 혹은 **계보** genealogy를 포함한다는 것이다. 우리는 실존적 자유를 통해 자신에 관한 오래된 견해를 취할 수 없다. 대신 우리는 담론의 패턴을 살펴야 한다. 즉 자신에 대해 말하고 기록하는 방식을 검토해야 하고, 다양한 사회적, 정치적 권력관계가 어떻게 이런 견해를 형성했는지 보여 줘야 한다. 우리의 세계관에서 일어나는 광범위한 변화는 새로운 권력 전술을 채택하여 생기는 기존 권력관계의 변화를 함축한다. 권력은 의미 구성에 항상 작동한다. 그리고 이는 한 개인의 실존적 자유보다 더 무게를 지닌다.

　푸코에 따르면 '인간'이라는 개념은 19세기에 다른 길로 접어든다. 빠르게 진화하는 과학은 인간을 객관화하는데, 이것은 역설적이게도 인간 주관성에 강박적으로 초점을 맞추도록 동기를 부여한다. 만약 '인간'이 과학적 탐구와 조작의 대상이 되는 물체나 신체라면, '영혼' 혹은 '자아'는 더 깊은 이해의 사적 대상이 된다. 《감시와 처벌》에서 푸코는 의학과 정신 의학 심지어 감옥의 구조에서 형벌의 합법적인 제도들이 인간 주관성에 초점을 맞추는 다양한 방식을 추적한다. 처벌은 한 인격의 신체에 방향을 두는 대신에 우리의 의도와 생각을 바꾸고 조정하는 데 그 목표를 둔다. 따라서 처벌은 신체보다는 '영혼'에 초점을 둔다. 이런 변화를 추적하여 푸코는 유명한 반전의 말을 마련한다. "영혼은 신체의 감옥이다."

푸코에게 '인간 문제', 즉 과학의 대상으로서 인간과 주관적 내부 사이의 관계 문제는 역사적이다. 다른 역사적 문제처럼 새로운 권력관계에 의해서, 또 그로 인해 나타나는 견해에 의해서 없어지거나 겹쳐지는 것을 의미한다. '주관성'이란 상상했던 그런 지속적인 문제가 아니다. 자신을 지각하는 근본적으로 새로운 방식은 철저하게 우리의 신체와 식생활, 건축, 기술, 생물 공학 등의 변화와 함께 생겨난다.

푸코는 철학하는 데 새로운 방법을 도입하여 그것을 '고고학'이라고 명명했다. 그의 고고학적 방법은 인공물과 건축물, 과거 인간이 뒤에 남겨 놓은 문화적 자료들에서 그 발자취를 조심스럽게 탐구함으로써 인간 활동을 연구하는 사회 과학이다. 푸코는 논리학과 순수 추상적 사고에 근거하기보다는 문화적 사실을 검토하는 좀 더 역사적인 철학적 접근이 철학 문제들과 문화적 실존의 연관 관계를 보여 준다고 믿었다. 우리는 시대를 초월한 보편적 철학 문제의 바탕이 되는 권력 구조를 이해하는 법을 배워야 한다. '인간' 그리고 '인간 본성'은 순전히 역사적인 개념들이다.

"나는 내가 무엇인지를 정확하게 아는 것이 필연적이라고
느끼지 않는다. 생활과 일에 대한 주된 관심은 애당초 당신이 아니었던
그 누군가가 될 수 있다는 것이다."

〈진리·권력·자기: 미셸 푸코와의 대담〉

• 유명한 현대 언어학자이자 철학자, 정치 활동가인 노암 촘스키(1928 -)는 인간 본성이란 역사적
권력관계의 생산물에 불과하다는 푸코의 생각은 때로 강압적인 관계에 대한 적절한 비판을 허용
하지 않는다고 주장한다. 촘스키는 우리가 취하는 정치적인 태도는 인간 본성과 인간 선의 개념을
미리 전제하고 있다고 한다. 즉 푸코의 말처럼 '인간 본성'은 우리가 어떤 점에서 없이 지낼 수 있
는 역사적 개념이라고 믿지 않는다. 인간은 보편적인 관점의 발전을 허용하는 공통된 정신적인 능
력을 공유하고 있다는 것이다. 1971년 네덜란드 텔레비전 토론 프로그램의 초청으로 이루어진 두
사람의 유명한 논쟁에서 푸코는 어떤 종류의 기초적 인간 본성이 사회적이고 역사적인 과정 밖에
존재할지도 모른다는 촘스키의 생각에 동의하지 않았다.

찰스 테일러

Charles Taylor | 1931—

실천적 로마 가톨릭 신자로 현재 캐나다 몬트리올 맥길 대학의 명예 교수로 있다. 동 대학에서 학사 학위를 받고 옥스퍼드 대학에서 수학했다. 이후 맥길 대학에서 정치학과 철학 교수로 있으면서 옥스퍼드 대학에서 사회 철학과 정치 철학을 계속해서 가르쳤다. 로즈 장학생이었고 종교에 관한 연구로 템플턴상을 받았다.

실증주의와 자연주의에 대한 비판으로 주목을 받았다. 20세기 초 실증주의와 자연주의는 과학과 논리만이 인간 조건에 관해 알 만한 가치가 있는 것을 설명할 수 있다고 믿었다. 하이데거, 가다머, 비트겐슈타인, 폴라니와 같은 철학자들에게서 영향을 받은 테일러는 사물에 대한 지식에 도달하는 방법을 설명하기 위해서 그 배경이 되는 역사적이고 문화적인 요소와 암묵적인 방법을 포함해야만 한다고 주장했다.

정치 철학에서 테일러는 공동체주의를 연상케 하는데, 비인격적이고 추상적인 원리 대신 공유된 좋은 삶에 대한 사회적 이상이 정치적이고 윤리적인 행동을 이끌어야 한다고 주장한다. 또 자아는 추상적 실재가 아니라 오히려 사회적 역할과 책무에서 우리가 떠맡은 정체성의 기능이다. 주요 저서로《자아의 원천들》(1989),《진정성의 윤리학The Ethics of Authenticity》(1991) 등이 있다.

.

인간이 내재적 혹은 보편적 본성을 지니고 있다는 생각은 앞에서 맹렬히 공격받았다. 하지만 윤리적 가치나 그 가치와 인간 본성을 보는 우리의 시선이 지니는 관계에 대해서는 언급하지 않았다. 캐나다 철학자 찰스 테일러는 도덕적 틀을 갖는 것은 우리 자신을 마음속으로 그려 보는 방법의 본질적 부분인데, 이는 대부분의 사회적 실천에 내포해 있다고 주장한다.

푸코처럼 테일러도 역사적 관점의 잠재적 변화를 무시하지 않는다. 하지만 테일러는 가치관의 근간이 되는 어떤 깊은 도덕의 원천이 존재한다고 생각한다. 헌신과 의무감 그리고 국가, 가족, 우정에 대한 자긍심 등과 같은 더 깊은 선善의 개념이 우리의 **자아 정체성**self-identities에 항상 내포해 있다고 주장한다. 더 광범위한 선에 대한 이런 암묵적 이해는 **환원적 과학주의**reductive scientism, 즉 모든 인간 활동과 가치는 자연법칙으로 환원될 수 있다는 과학주의에서 발생한 각성에 대응하고 포스트모던의 문화 상대주의를 극복할 수 있다.*

테일러는 광범위한 선의 이해를 '도덕의 원천'이라고 부른다. 그에게 도덕의 원천이란 상이한 역사적 해석들의 산물이지만 여전히 현재 우리가 누구인지 그리고 무엇이 가치 있는지에 대한 중요한 것을 반영한다. 선에 관한 다양한 이해들이 있지만 우리에게 유용한 보다 깊고 단일한 이해가 있다고 테일러는 믿는다.

테일러는 도덕적 가치의 실재와 무게로 근대적 각성이라고 믿는 것에 대응한다. 그와 같은 각성에 맞서 인간의 삶은 가치의 틀을 통해 구체화되고 도덕성은 자아 정체성의 자연스러운 탐구의 일부라고 주장한다. 서양에서는 역사적으로 더 광범위한 선의 이해에 맞춰 인간의 실천을 체계화해 왔는데, 이는 종종 기존 가치들과 충돌하지만 여전히 이상적인 기준을 설정한다. 따라서 우리는 도덕적 선을 '구성적 선'으로 간주한다. 우리는 도덕적 선을 지적으로 이해할 뿐만 아니라 실천적으로 그 선을 달성하기 위해 노력한다. 이것이 이 개념을 도덕의 원천이라 부르는 이유다.

테일러는 플라톤'21과 스토아 철학'34의 세계로 거슬러 올라가 이 선의 발전을 추적한다. 그는 당시만 해도 선이 세계의 구조에서 사실적인 부분으로 간주되었다고 논한다. 도덕적 선은 우리 외부에 있는 것이었고 우리가 이해하고자 노력할 수 있는 것이었다. 하지만 중세 유럽의 기독교 시대가 되면서 훨씬 더 내면적인 것으로 이해되기 시작했다.'196/291 즉, 선은 우리 양심 안에서 찾을 수 있는 무언가가 되었다. 과학이 진전되고 합리성이 신앙과 교조주의를 넘어서기 시작하자 우리는 '자유로운 이성'의 세속적

• — 모더니티(근대성): 보통 과학의 진보와 확고한 보편적 진리, 위계, 중앙 통제적 생각을 연상케 하는 통일적이고 직선적인 역사 서술.

 — 포스트모더니티: 발전론적 서술과 문화 밖에 도달하는 문화 초월적 진리에 대한 회의, 즉 분열된 동일성, 중앙 통제력 상실, 모의적인 초현실성과 연결.

세계로 들어갔다. 이전에 이성은 보편적이고 합리적인 도덕 원리들을 개발하는 데 도움을 줄 수 있다고 생각되었다. 이러한 믿음으로 무장한 채 우리는 개인의 자유와 평등에 대한 더 심도 있는 이해를 진전시켰고 불필요한 고통과 요절을 회피하려 애썼다. 우리는 모두에게 동등하게 적용할 수 있는 보편 원리들을 추구했다. 현재의 세속 세계에서 우리는 선에 대한 더 깊은 통일된 구상이 이러한 책무들의 기저를 이루고 있다는 것의 믿기 어려움을 깨닫는다.

테일러는 좀 더 심도 있는 반성을 거쳐 세계를 위한 선이 무엇인지에 대한 보다 통일된 구상을 역사적 지각에서 되찾을 수 있다고 주장한다. 사회적 실천들의 대부분은 보다 광범위한 선이 실행의 기반을 제공한다는 믿음에 의해 암묵적으로 동기가 부여된다. 하지만 포스트모더니티와 과학주의는 회의주의를 북돋아 이런 광범위한 선에 대한 평가를 모호하게 한다. 테일러의 요점은 우리가 순수 상대주의와 반대되는 의미에서 초월적 선에 대한 관점, 즉 자아 정체성의 기초가 되는 관점을 발전시키려 시종일관 노력 중이라는 것이다. 그러므로 우리는 근본적으로 도덕적인 존재다.

"우리는 언어의 풍부한 표현력을 획득함으로써 자신을 이해할 수 있고 자아 정체성을 규정할 수 있는 완전한 인간 행위자가 된다."

《진정성의 윤리학》

캐서린 헤일스

N. Katherine Hayles | 1943-

화학으로 석사 학위를 받았고 연구 화학자로 제록스에서 일했다. 1970년 미시간 주립 대학에서 영문학 석사 학위를 받았고 1977년 로체스터 대학에서 영문학 박사 학위를 받았다. 화학에서 문학과 문학 이론으로 전공을 바꾼 그녀의 결정은 인간 조건에 대한 기술, 과학, 문학, 철학적 인간학을 종합 수렴하는 데 관심 있는 연구자들에게 도움을 주었다.

문학 이론과 화학에 관한 풍부한 지식을 바탕으로 현대 과학 모델의 상호 유사성과 관계를 탐구해 왔다. 이는 인문학에 퍼져 있는 패러다임을 다시 성찰하려는 노력의 일환이다. 본질적으로 신체와 의식의 생물학적 창조물로 간주되는 인간의 전통적 자화상은 우리의 몸과 일상적 교환에 관여하는 기술과 컴퓨터 처리 능력의 통합 관점에서 재평가되어야 한다고 주장한다. 사이보그와 같은 포스트휴먼의 조건은 인간의 의식 경험을 만드는 정보가 그 정보가 깃든 특정 신체나 매체보다 더 중요해지는 것이다. 주요 저서로 《우리는 어떻게 포스트휴먼이 되었는가》(1999), 《나의 어머니는 컴퓨터였다》(2005) 등이 있다.

'인간'은 철학에서 논쟁의 여지가 많은 개념이라는 것을 지금까지 보아 왔다. 실존주의자들은[72/76] 궁극의 목적 혹은 본질의 부재를 주장했고, 일부 철학자들은 과학의 진보가 중대한 가치 상실을 수반한다는 점을 불확실하게 여겼다. 하지만 우리는 기술의 진보와 생물학과 컴퓨터 과학의 상호 접점 증대에 비추어 인간 본성의 개념에 어떤 일이 일어나는지 아직 검토하지 않았다. 새로운 기술로 신체 메커니즘을 대체하고 강화하면서 인간은 매우 다양한 종류의 피조물이 되고, 어쩌면 알아볼 수 없는 존재가 될지도 모른다.

철학자들은 기술적으로 통합되고 향상된 피조물의 탄생에 대처하기 위해 **트랜스휴머니즘**transhumanism에 기댄다. 트랜스휴머니즘 운동은 인간 본성에 대한 전통적 견해를 비판하면서 성장했다. 이 운동은 1980년대 '사이버 공간', '매트릭스'와 같은 지금은 익숙해진 용어들을 만든 윌리엄 깁슨과 같은 작가들의 주요 SF 문학 작품들로 고무되었다.• 교수이자 포스트모던 문학 비평가인[85] 캐서린 헤일스는 인간을 합리성이라는 특별한 능력을

• 사이버펑크는 현실과 시뮬레이션의 구별이 희미해지는 미래의 가상 현실에 초점을 맞춘 SF의 한 장르다. 프랑스 사회 이론가 장 보드리야드(1929-2007)는 《시뮬라크르와 시뮬라시옹》(1981)을 통해 사이버펑크를 이미 예견했다. 의심할 필요도 없이 사이버펑크에 영향을 끼친 가상 현실에 대한 보드리야드의 분석은 최첨단을 걷는다. 사이버펑크 장르에서 가장 성공한 작품은 윌리엄 깁슨의 《뉴로맨서》(1984)를 시작으로 《카운트 제로》(1986), 《모나 리자 오버드라이브》(1988)로 이어지는 일명 스프롤 3부작이다. 많은 트랜스휴머니즘 작가의 낙관주의와는 반대로 깁슨의 작품은 미래 세계에서 황량한 인간의 삶을 보여 준다.

갖춘 '자연적' 혹은 '자유로운' 개인으로 본 계몽주의의 견해[38]가 오늘날 시대 상황과 맞지 않는다고 논한다. '휴머니즘'이라고 생각되었던 것이 공격을 받고 있으며, 심지어 자유와 진정성을 강조하는 실존주의자는 휴머니스트와 그 성향을 부분적으로 공유한다. 헤일스에 따르면 우리는 휴머니스트의 단계에서 벗어나 '포스트휴먼' 시대로 옮겨 왔고 지금은 '트랜스휴먼' 단계로 이행하기 위한 절정에 있다.

트랜스휴머니즘은 지능을 복잡한 데이터 처리로 본다. 지능은 간단히 말해 정보를 통합하고 저장하는 능력이다. 인간의 주관성은 이 정보 처리의 진보된 유기적 단계일 뿐이다. 그러한 정보 처리는 인간의 뇌에서만 이루어지는 것이 아니다. 사실 중요한 것은 뇌가 어떻게 작동하느냐지 무엇으로 만들어졌느냐가 아니므로 우리는 그 힘을 스마트폰이나 노트북과 같은 비유기적 기계로 복제할 수 있다. 인간의 지능과 이미 인터넷을 통해 하고 있는 컴퓨터 처리 능력을 통합함으로써 인간과 컴퓨터에 관한 이전의 어려운 구별을 배제한다. 이제 '인간'이라는 개념은 과거의 것이 된다. 기술을 사용한다는 사실만으로도 우리는 컴퓨터 프로세서의 네트워크의 일부가 된다. 이는 우리 자신의 처리 능력을 기하급수적으로 향상시킨다.

헤일스는 포스트휴먼 발전의 새로운 국면을 수용하라고 재촉하면서도 이는 윤리적이고 사회적인 도전을 어느 정도 야기한다고 경고한다. 예를 들어 기억력과 지능, 수명 증가에 대한 가능성이 한층 불리한 상황에서도 최소한의 경제적 이익을 포기하지 않도록 보장하는 경제적, 정치적 조치는 과연 무엇이 있겠는가? 만약 뇌의 정보를 기계에 업로드할 수 있어서 수명을 무한히 연장할 수 있다면, 우리는 위험하게도 불멸에 집착하게 될까? 이런 문제들이 포스트휴먼 세계에서도 중요할까? 우리는 기술의 진보로 불가피한 멸종을 피할 수도 있지만 생명 공학과 인공 지능으로 인해 벌어질 수 있는 비극적 결과에 어떻게 대처할 수 있을까? 어떤 기술이 안전한지 누가 결정할까? 어떤 기술이 계속 발전되어야 하는지 누가 결정할까? 모두 우리가 해결해 나아가야 할 문제들이다.

> "나의 꿈은 무한한 에너지와 육신을 떠난 불멸이라는 환상에
> 미혹되지 않고 정보 기술의 가능성을 받아들이는 포스트휴먼이다."
>
> 《우리는 어떻게 포스트휴먼이 되었는가》

지식/앎

Knowledge

"지식의 가장 큰 적은 무지가 아니라 지식이라는 환상이다."

대니얼 부어스틴

...

자전거 타기와 같이 간단한 일을 하기 위해 필요한 게 무엇인지 생각해 보라. 자전거를 어떻게 타는지 보여 줄 수는 있을 것이다. 하지만 단계적 설명을 요구한다면 어떻게 할 것인가? 그 요구에 답할 수 있을까? 그럴 필요가 있는 것일까? 당신은 암묵지暗默知, 즉 몸에 밴 많은 노하우를 가지고 있다. 하지만 이것이 과학자들이 자부하는 '실재 지식'과 관계있을까? 우리는 실험실을 구성하고, 과학적 연구 틀을 짜고, 현장을 조사하는 등에 필요한 기술과 이런 활동들로 발견한 사실들이 완전히 별개라고 생각하고 싶어 한다. 가치와 개인의 배경은 '확고한 지식'과는 전혀 관련이 없다는 것이다. 하지만 이 말이 사실이라면 차라리 '사실', '진리', '지식'이 무엇을 의미하는지 아는 편이 더 낫다.

철학자들은 지식의 본성에 조바심을 낸다. 즉 우리가 무엇을 아는지, 어떻게 그것을 아는지, 그것으로 무엇을 하는지에 대한 것들 말이다. 삶의 목적, 현실의 본성, 인간성의 본질에 대한 확신에 찬 이론은 어느 정도 우리가 이야기하고 있는 것이 무엇인지 알고 있다고 가정한다. 그러나 우리가 실재 세계에 대해 실제로 이야기하고 있다는 것을 확신할 수 있을까? 우리는 무언가를 알고 있다고 주장하기 전에 얼마나 많은 확신을 가져야 할까? 무엇이 우리가 가지고 있는 기초적 신념을 정당화할까? 게다가 기초적 신념을 지식으로 간주하기 위해 이를 정당화하는 것이 필요할까?

앞으로 이야기할 몇몇 철학자는 이런 문제들을 어려운 퍼즐로 여겼다. 그들은 편견과 습관을 지식에서 분리하는 것이 가능한지, 외부 세계의 실존이 기본이듯이 어떤 것을 증명할 수 있는지를 도전적으로 생각하게 한다. 또 우리가 '진리'를 추구할 때 도덕적이고 정치적인 가치와 사회적 관행, 젠더 관계에서 벗어난 지식을 생각하는 것이 이치에 맞는지 묻는다. 공적으로 검증받아 살아남는 것이 바로 지식일까? 실제로 '비개인적' 혹은 엄밀하게 중립적인 관점에 도달할 수 있을까?

앞으로 우리는 지식의 기원과 함께 어떤 종류의 개념과 가치, 실천이 인간을 앎을 추구하는 존재로 만드는지 살펴볼 것이다.

| 기원전 427–347년 | ● | **플라톤** |

플라톤은 대화편《테아이테토스》에서 지식이란 정당화된 믿음과 같다고 논한다. 지식을 소유하기 위해서 우리는 이성과 경험을 통해 왜 우리가 그런 의견을 가졌는지 정당화할 수 있어야 하고, 그 믿음은 반드시 진실이어야 한다.

| 16세기 후반–17세기경 | ● | **합리주의** |

데카르트는 '나는 생각한다. 고로 나는 존재한다'를 주장한다. 모든 경험적 지식은 합리적인 토대 없이는 불확실하다. 우리가 존재하고 사물을 경험한다는 사실을 제외하고 모든 것에 대해 틀릴 수 있다. 이 유일한 하나의 확실성이 경험적 지식의 토대를 제공한다.

영국 경험주의 ● 17세기 후반–18세기경

데이비드 흄은 세계에 관한 우리의 지식은 합리적인 토대를 갖지 못한다고 한다. 즉 지식은 이성의 진리로부터 만들어지지 않는다는 것이다. 우리는 심리적 연상과 감각적 경험에 영향을 미치는 습관을 통해 세계를 배울 뿐이다.

임마누엘 칸트 ● 1724–1804년

칸트는 감각적 경험이 지식의 중요한 요소라고 생각한다. 하지만 우리가 어떻게 현실을 경험할지는 마음이 정한다. 즉 우리의 마음은 보편적 규칙과 개념들로 채워져 있고 이 구조가 경험을 만든다.

현상학 ● 19세기 초–20세기경

에드문트 후설은 새로운 스타일의 철학적 방법을 도입한다. 후설은 이론적 관념으로 해석하기 전에 먼저 일인칭 경험을 분석해야 한다고 논한다. 즉 우리는 '사물(사태) 자체로 되돌아가야만' 한다. 현상 '그 자체'를 탐구함으로써 경험 지식을 풍부히 할 수 있는데, 자연 과학은 이를 대체로 무시한다.

마이클 폴라니와 '암묵지' ● 19–20세기

마이클 폴라니는 과학 지식이 인간의 실천을 가져오지 않는다고 가정할 수 없음을 논한다. 즉 안다는 것은 참여하는 것이다. 암묵적 능력과 실행, 개인의 판단은 우리가 관찰한 것을 지식 형태로 만들 때 중요한 역할을 한다.

에드먼드 게티어는 진리이자 증거에 의해 보증된 믿음은 필연
적으로 지식(앎)이 아님을 보여 준다. 게티어에 따르면 지식은
정당화된 참인 믿음이라는 전통적 이론이 놓치고 있는 요소
가 있다.

신빙론과 자연주의적 인식론

지식이란 단지 정당화와 진리에 관한 말이 아니다. 지식
을 획득하기 위한 인과 과정을 살펴야 한다. 지식은 신
뢰할 만한 과정을 통해 참인 믿음을 만드는 일이다.

진화와 지식

앨빈 플랜팅가는 생존 가치와 자연 선
택만으로 우리의 감각 기관과 정신 능력
이 어떻게 진실한 믿음을 위해 최상의 믿
을 만한 도구인지를 이해할 수 있다는 견해
에 도전한다. 우리는 생존과 재생산을 허용
하는 많은 잘못된 믿음을 갖게끔 진화했는지
도 모른다.

페미니즘 인식론

역사적으로 지배적인 지식의 관행은 탐구에서 여성
들을 배제했다. 페미니즘에는 다양한 방식과 양식의
지식이 존재하는데, 페미니즘 인식론은 '여성적인' 관
점에서 출발한다. 지식의 산출에서 젠더의 권력관계가
중요하다. 지식은 가치에 의해서 자리 잡고 형성되기 때
문이다.

리처드 로티와 프래그머티즘

진리는 지속되는 대화다. 인간 관습 밖에 존재하는 '진상fact of
matter'은 없다. 진리는 현재 작동하는 것이고 또 받아들일 수 있
다고 생각된 것이다. 지식을 관찰자와 무관하게 현실을 충실히 반
영하는 중립적인 거울로 생각해서는 안 된다.

데이비드 흄

David Hume | 1711-1776

스코틀랜드 칼뱅파 집안 태어났다. 열한 살에 에든버러 대학에 입학했다. 열다섯 살에 학교를 나오며 철학에 마음을 두어 종교적 신앙을 의문시하기 시작했다. 개인적 연구를 지속해 스물여덟 살에 《인간 본성에 관한 논고》(1739-1740)를 익명으로 출간했는데, 이 책은 현재까지도 획기적인 저작으로 사람들에게 잘 알려져 있다.

흄은 《인간 본성에 관한 논고》에서 인간의 지식은 오로지 감각 인상과의 관계에 토대를 둔다고 결론지었다. 시종일관 흄은 신의 존재와 자아, 심지어 인과 관계를 믿는 합리적인 정당화의 존재를 부정했다. 이런 신념은 단지 마음의 습관적 기능이자 감각 인상의 결합일 뿐 순수 이성의 문제가 아니라고 했다. 도덕도 단지 감정과 사회적 효용의 산물이라고 주장했다.

당시로서는 급진적이었던 이와 같은 견해로 인해 흄은 학계에서 인정받지 못했다. 《인간 지성에 관한 탐구An Enquiry Concerning Human Understanding》(1748)와 《도덕 원리에 관한 탐구An Enquiry

Concerning the Principles of Morals》(1751)라는 짧은 책을 발표하여 18, 19세기 위대한 철학자들에게 강한 영향을 끼쳤다. 그 철학자들 중에는 스코틀랜드의 유명한 도덕 철학자이자 경제학자인 애덤 스미스(1723-1790)와 영국의 공리주의 철학자인 제러미 벤담이 포함된다. 흥미롭게도 흄은 생전에 철학자보다는 역사학자로 더 큰 성공을 거둔다. 에든버러에 있는 변호사 협회 도서관 사서가 되면서《영국사》를 쓰기 시작해 1754-1762년까지 전 6권을 완성했다.

■

스코틀랜드 경험주의 철학자 데이비드 흄은 인식론의 가장 중요한 문제 중 하나인 **귀납 문제**problem of induction를 우연히 발견했다. 현대 철학자들은 여전히 이 문제와 씨름하고 있다. 이 문제를 이해하기 위해서 우리는 **귀납과 연역**을 구별해야 한다. 어떤 것이 당신이 믿고 있는 어떤 것에서 틀림없이 도출되기 때문에 그것을 믿는다고 했을 때, 당신은 어떤 것을 연역한 것이다. 만약 당신이 지금 이 책을 읽는 중이라면, 당신은 틀림없이 무언가를 읽고 있는 것이다. 꽤 명백하고 별 재미없는 지식이지만 적어도 당신은 그것을 진실이라고 여길 수 있다.

우리는 다른 진술에서 바로 도출될 수 없는 세계에 관한 진술에서 더욱 흥미로운 지식을 얻는다. 이것이 바로 '경험적 지식'이다. 즉 세계에 관한 감각적 경험에서 얻을 수 있는 지식이다. 만약 전두엽 부상으로 집중력을 잃었다고 한다면 이를 통해 전두엽이 집중력을 발휘하는 곳이라고 추론할 것이다. 이런 경우 당신은 귀납을 통해 결론에 도달한 것이다. 과학은 귀납적 지식을 추구하는데, 보시다시피 그 지식은 앞선 지식에서 논리적으로 추론되지 않는다. 따라서 그것은 틀릴 위험을 안고 있다.

모든 지식은 감각 경험에서 유래한다고 믿는 경험주의자로서 흄은 기초적인 믿음에 '합리적인' 토대가 존재하는지 안 하는지 묻는다. 우리가 확신할 수 있는 것이 있을까? 예를 들어 우리는 내일 해가 뜰 것을 알고 있다. 경험에서 알고 있는 것이다. 맞는가? 하지만 자연의 법칙이 하룻밤 사이에 바뀔 수 있지 않을까? 터무니없는 소리로 들리지만 사실 그렇지 않다. 왜 우리는 자연법칙들이 항구적이라고 가정하는가? 경험에서 그렇다고 생각하는가? 우리는 과거에도 그랬기 때문에 내일 해가 뜰 것이라고 가정한다. 하지만 이는 충분히 타당한 근거가 아니다. 어쨌든 우리는 현재 인간 생활에 적합한 기후를 경험하고 있지만 화석의 기록은 항상 그렇지 않았음을, 미래에도 그렇지 않을 것임을 보여준다.

적절한 순간 우리는 습관, 관습, '신앙'과 같은 것들이 상대적으로 변함없이 일정하게 유지된다는 믿음 아래 있다는 것을 체념하고 수용해야 한다. 이와 같은 수용은 정확히 합리주의자들이 '의심할 수 없는' 진리 덕에 피하길 원했던 것이다.[15/68] 흄은 다른 주장에서 자신의 주장을 연역할 수 있음을 인정한다. 수학은 우리에게 필연적 진리를 제공한다. 하지만 경험은 우리에게 절대적이지는 않지만 이런 진리를 얻을 수 있는 기초적인 재료들을 제공한다. 흄이 옳다면 모든 지식에 관한 주장은 궁극적으로 관습과 습관에서 나온다. 만약 지식을 얻기 위해 절대적인 확실성을 가져야만 한다면, 우리는 흄의 설명에서 참된 지식은 불가능하다는 결론을 내려야 한다.

기이한 듯 보이지만 누구도 흄을 직접적으로 반박하지 못했다. 칸트[38]는 흄이 제기한 문제는 결코 해결될 수 없음을 인정했다. 대신 현실을 이해하기 위해서는 우리의 마음이 그 무엇을 특수한 방식으로 구성해야만 한다고 칸트는 제안했다. 예를 들어 내 미래를 이해하기 위해서는 나는 어떤 식으로든 미래에 존속할 것이고, 그 무엇이 내가 자신의 것으로 경험하는 모든 생각, 색깔, 소리를 통합할 것이라고 가정해야만 한다. 생각의 이 '범주들'은 생각하는 모든 생명체에게 보편적으로 적용된다. 따라서 우리는 적어도 우리 마음이 어떻게 작동하는지 알 수 있다. 하지만 이것은 여전히 마음 '밖에 있는' 세계의 작동 방법에 대한 절대적인 확실성을 주지 않는다.

현대 철학자들은 개연성의 법칙과 통계를 사용해 어떤 것을 절대적으로 확신할 수 없지만 '거의' 확신할 수 있다는 것을 보여주는 데 어느 정도 성공했다. 높은 개연성으로 무엇인가를 예측할 수 있다는 것만으로도 많은 철학자에게 충분히 좋은 일이다. 더 요구하는 것은 너무 많은 것을 요구하는 것이다.

"가장 확신하기에 교만한 그 지점에서 가장 큰 실수를 저지른다."

《도덕 원리에 관한 탐구》

에드문트 후설

Edmund Husserl | 1859-1938

현상학의 아버지다. 현상학의 목표는 의식 경험을 이론과 사변에 종속시키기 전에 그것의 기본 요소들을 기술하는 것이다. 오스트리아·헝가리 제국의 한 지역이었던 모라비아에서 태어났다. 1876년부터 1878년까지 독일 라이프치히 대학에서 수학과 물리학, 천문학을 공부한 뒤 철학으로 방향을 전환했다.

1901년까지 독일 할레비텐베르크에 있는 마르틴 루터 대학에서 강의했다. 1916년 프라이부르크 대학 교수가 되어 곧 유명해질 마르틴 하이데거에게 조언과 영향을 주었다. 1933년, 루터 교회에서 1920년대 세례를 받았음에도 유대인이기에 강연을 할 수 없다는 대학의 결정이 있었다. 이와 같은 결정에 아마 하이데거도 동참했을 것이다.

후설은 강요된 은퇴에도 불구하고 여생을 철학자로서 적극적으로 활동했다. 1938년 4월 27일 늑막염으로 숨을 거두기 전까지 파리와 프라하, 빈에서 강의했다. 주요 저서로《순수현상학과 현상학적 철학의 이념들》(권1, 권2, 1913),《논리 연구》(1913),《데카르트적 성찰》(1931) 등이 있다.

■

에드문트 후설은 **현상학**phenomenology으로 알려진 새로운 철학 이론을 발전시켰다. 현상학은 무엇보다도 인식론의 고전적 문제를 해결하는 것을 목표로 했다. 어떻게 우리는 외부 세계, 즉 우리의 마음 밖에 있는 세계가 실제로 존재한다는 지식을 가질 수 있는가의 문제를 해결하려 했다. 이미 데카르트의 방법적 회의[68]를 보았듯이, 우리는 감각적 경험 세계를 의심할 수 있다(의심할 수 없는 유일한 것은 생각한다는 경험이다). 현대 철학자들은 **회의적 시나리오**skeptical scenario에 관해서 이야기하는데 그 시나리오는 외부 세계의 경험을 의심하는 것이다. 그 의심이 작동하는 방식은 대략 다음과 같다.

1. 만약 외부 세계에 대한 믿음이 사실이라면, 즉 세계에 대한 지식을 갖게 된다면 우리는 사악한 천재 혹은 미친 과학자들에게서 기만당하지 않는 확실성을 가지고 그 지식을 증명한 것이다. 우리는 회의적 시나리오를 분명히 배제해야 한다.
2. 우리는 그것을 할 수 없다.
3. 그러므로 우리는 분명히 어떤 지식을 가지고 있다고 주장할 수 없다.

비록 불합리한 회의적 시나리오가 상식인 듯이 보이더라도, 절대적인 확실성을 가지고 바로 거대한 시뮬레이션을 경험하는 것이 아니라고 증명하는 것은 너무 무리한 요구이다. 감각은 많은 경우 맞지 않았고, 경험 중임을 알고 있는 동안 정신 능력이 마음 밖에 있는 세계에 접근할 수 있다는 것을 보여 줄 필요가 있다.

후설에게 회의적 시나리오를 갖춘 이 문제는 마음과 마음이 경험하는 대상들로 이루어진 외부 세계 사이에 확실한 틈새가 존재한다는 가정 위에 만들어진 것이다. 만약 그런 가정을 가지고 논의를 시작한다면 그 틈새를 연결하는 것은 거의 불가능하게 된다. 후설 현상학의 목표는 그 가정을 던져 버리고 정교한 믿음과 이론을 사실로 받아들이기 전의 세계에 관한 더 기초적인 경험에서 시작한다. 후설이 말했듯이, 우리는 '물자체'(사태 자체)에 주의를 기울여야 한다.

후설은 매우 기초적인 관점에서 사물의 논의를 계속할 수 있다고 생각했다. 그는 그런 방법을 **에포케**epochē(판단 중지)라고 불렀다. 사물에 관한 가장 기초적인 믿음도 중지시켜야 하고, 그 이후 남아 있는 것에 대한 현상학적 기술을 제공해야 한다고 주장했다. 후설은 이전 철학이 충분히 청산하지 못했으며, 인정받지 못한 많은 가정으로 탐구를 시작했다고 비판했다.

후설은 판단 중지로 무엇을 발견했을까? 비록 우리가 조우하는 다양한 외부 대상에 대한 가정들을 분류한다 하더라도 그 대상에 대한 우리의 경험은 어떤 기초적인 모습을 담고 있음을 주시한다. 재질, 색, 소리, 형태와 같은 것들을 통해서 나타나는, 세계 안의 사물에 관한 이론에 앞서 주어진 것, 즉 '소여성所與性'이 존재한다. 이 소여성이 기초적 본질이다. 우리 자신에 관한 아무런 가정을 하지 않아도 적어도 이런 재질, 색 등을 보는 순수 의식의 경험, 다시 말해 '초월적 자아'를 인정할 수 있다.

후설은 외부 세계에 관한 경험 이론을 세울 수 있다고 믿게 되었는데, 이 이론은 순수 의식과 이론 이전에 주어지는 사물의 본질 경험을 단초로 가능하다고 생각했다. 이 경험은 늘 외부를 향해 있으므로 우리가 소유한다고 생각하는 가정에 앞서 외부 세계를 드러낸다. 우리의 사고 작용은 자연스럽게 자신 밖에 있는 사물을 지향하고 사고로서 경험되지 않는 대상들을 지향하는 것이다. 따라서 외부 세계가 존재하는지 아닌지를 의아해할 때 우리는 이미 너무 많은 것을 가정하고 있다. 다시 말해 우리는 사물에 관한 우리의 기초 경험을 넘어서고 있는 것이다.

데카르트가 우리에게 남겨 놓은 장소보다 더 나은 장소로 이것이 우리를 데려가는지는 의심스럽다. 확실히 우리 생각은 자신 밖에 있는 사물들을 향해 있다. 내가 사과라고 판명된 그 붉고 둥근 조각을 볼 때, 내 생각은 '거기 밖에' 어떤 것을 지향하고 있는 듯하다. 그래도 어떻게 내가 내 생각과 다른 어떤 것이 있는 것을 알게 될까? 우리가 실제로 우리 자신의 생각 외에는 어떤 것도 그 존재를 증명할 수 없다는 견해를 **유아론**solipsism[라틴어의 solus(혼자)+ipse(자신)에서 유래]이라고 부른다.

> **"자연의 대상들은 그것이 어떤 식으로든
> 이론화되기 전에 경험되어야만 한다."**
>
> 에드문트 후설

에드먼드 게티어

Edmund Gettier | 1927–

1961년 코넬 대학에서 박사 학위를 받았고, 현재 매사추세츠 대학(애머스트) 명예 교수다. 미시간주 디트로이트에 있는 웨인 주립 대학에서 가르치는 동안 앨빈 플랜팅가와 키스 레러(1936–)와 같은 유명한 미국 철학자들과 함께 활동했다.

게티어는 동료와의 토론을 통해 〈정당화된 참인 믿음은 앎인가?Is Justified True Belief Knowledge?〉(1963)라는 세 쪽짜리 짧은 논문을 발표했는데, 여기서 일명 '게티어 문제'가 소개되었다. 그의 글은 플라톤의 《테아이테토스》에서 제시된 바 있는 앎(지식)은 엄격히 정당화된 참인 믿음의 문제라는 전통적 견해로부터 의미 있게 벗어난다. 사실 그 '문제'는 어떤 이가 참인 믿음을 갖고 그 믿음을 정당화하거나 지지하는 강력한 증거를 갖지만 그럼에도 이 사람이 지식을 가지고 있다고 말하는 것은 여전히 꺼려지는 상황을 제시한 것이다.

게티어의 시나리오에서 시도된 해결책은 인식론(지식 연구)의 발전에 중요한 기여를 했으며 현재까지 인식론 입문 과정에 기초가 되고 있다.

1963년 미국 철학자 에드먼드 게티어는 세 쪽 분량의 소논문[•]으로 전통 인식론에 도전했다. 그가 인식론에 공헌한 핵심은 **게티어 문제**Gettier Problems로 명명되었다.

대략 25세기 전 게티어보다 플라톤[•21]이 먼저 안다는 것은 정당화된 참인 믿음을 의미한다고 논했다. 어제 당신은 오늘 새벽 2시에 허리케인이 플로리다 해변을 강타할 것이라고 믿었다고 가정해 보자. 오늘 아침 일어나 뉴스를 보니 당신이 생각했던 대로 사건이 일어났음을 알았다. 당신은 이전에 두 번이나 펜사콜라에 시간당 127밀리미터 이상의 비가 내렸고 그리고 네 시간 뒤에 허리케인이 뒤따랐다는 것을 알고 있었다. 어제저녁 9시와 10시 사이에 펜사콜라에 시간당 127밀리미터 이상의 비가 내렸다는 기사를 읽고 나서, 당신은 오늘 새벽 2시쯤 허리케인이 올 것으로 예측했다. 그렇다면 당신의 예측은 정당화된 것일까? 그렇지 않은 것 같다. 시간당 127밀리미터의 비는 열대성 저기압이나 지독한 폭풍우로 이어질 수 있기 때문이다.

게티어는 정당화된 참인 믿음만으로 앎이 성립되지 않는다는 것을 보여 준다. 마틴 코헨은 게티어 문제에 대한 좋은 예를 제공한다. 한 농부의 젖소가 밖으로 도망갔고, 나중에 이웃이 지나가

• 게티어는 인식론 분야에서 혁신을 지속해 왔지만 〈정당화된 참인 믿음은 앎인가?〉라는 소논문 외에 책을 내지 않았다. 게티어는 이 소논문을 마지못해 내놓았는데, 자신의 교수직을 유지하기 위한 조건을 충족시켜야 했기 때문이었다.

다 좀 떨어진 곳에서 그 젖소를 보았다고 알려 준다고 가정해 보자. 농부는 이웃의 이야기를 불신할 이유가 없다. 농부가 혼자 찾아가 봤더니 근처 들판에서 검고 하얀 작은 형체가 움직이는 게 보인다. 이제 이웃의 인식에서 제공된 믿을 만한 정보를 얻은 것 같았다. 하지만 이웃은 그 젖소를 보러 가서 들판에 늘어선 나무들 때문에 시야에 가려진 어떤 것을 보게 된다. 결국 이웃은 자신이 본 것이 나무들 사이에 붙어 강한 바람에 날리고 있는 흑백 판지임을 알게 된다. 농부의 믿음은 진실로 드러났다. 이웃의 신뢰할 만한 설명과 자신의 눈으로 본 증거로 농부의 믿음 또한 정당화된 것이다. 하지만 우리는 농부가 들판에 젖소가 있다는 것을 '알았다'고 말하고 싶지 않다. 우리의 앎에 대한 정의에서 무언가가 빠져 있는 것이다. 현대 영미 철학은 놓친 이 부분을 찾는 데 전념하고 있다.

앨빈 골드먼

Alvin Goldman | 1938―

현재 미국 뉴저지 주립 대학(러트거스) 철학 및 인지 과학 이사회 교수로
재직 중이다. 1960년 콜롬비아 대학에서 학사 학위를, 1962년과 1965
년 프린스턴 대학에서 석사와 박사 학위를 받았다. 부인은 저명한 윤리
학자이자 러트거스 철학자 홀리 마틴 스미스이다.

골드먼은 이른바 '신빙론reliabilist epistemology'의 선구자다. 그에
따르면 앎이란 본질적으로 외적이든 심리적이든 신뢰 가능한 인과 과정
을 통해 신념을 수용하는 것이다. 다시 말해 우리는 어떤 것을 앎으로 간
주할지 말지를 결정하는 믿음을 형성하는 데 관련된 추론 패턴을 예의
주시해야 한다.

골드먼은 지식에 관한 철학적 연구에서 인지 과학과 심리학을 통합
하는 데 중요한 역할을 해 왔다. 이는 그가 이른바 '자연주의적 인식론'
을 지지하는 이유이기도 하다. 더 나아가 지식의 공유된 측면을 탐구하
여 사회적 인식론에도 중요한 기여를 했는데, 지식을 개인의 성취라기
보다는 집단의 성취로 해석한다. 주요 논저로 〈앎에 대한 인과 이론A

Causal Theory of Knowing〉(1967), 《사회적 세계에서의 앎Knowledge in a Social World》(1999) 등이 있다.

∎

프린스턴 대학에서 공부한 철학자 앨빈 골드먼은 우리가 앎을 어떻게 정당화하는지에 관한 전통적인 설명에 도전한다. 우리는 보통 무엇이 어떤 믿음의 근거를 좋은 근거로 만드는지 알고 싶어 한다. 어떤 기준에 맞아야 좋은 근거일까? 그 기준은 단지 다른 믿음에 불과한 것은 아닐까? 그렇다면 가지고 있는 다른 믿음 때문에 한 믿음이 '좋은' 믿음이라고 말할 수 있다. 이는 순환적으로 보이지만, 아마 이 다른 믿음은 특별한 종류의 믿음일 것이다. 즉 어떤 것이 다른 것을 어떻게 '야기하는가'와 관계가 있는 믿음이다.

골드먼은 게티어 문제[105]를 해결하기 위해 우리에게 필요한 누락 조건은 '인과 조건'이라고 주장한다. 나는 생일에 새로운 노트북이 생길 예정이라고 믿는데, 아내가 노트북을 사기 위해서 인터넷 서핑을 하는 것을 보았고 내일이 내 생일이기 때문이라고 가정해 보자. 생일날 나는 책상 위에 놓인 새 노트북이 원래 노트북과 같은 모델, 같은 회사라는 것을 발견하고 '놀란다.' 내가 책상 위에 놓인 노트북을 새것이라고 생각하는 유일한 이유는 커피를 쏟아 알 수 없게 망가져 침대 밑에 버려져 있는 내 오래된 노트북을 발견했기 때문이다. 아내는 내 생일 선물로 멋진 시계를 사 주려 계획했었고, 새 노트북 구입은 아내 자신을 위한 것이었다. 아내가 내 노트북에 커피를 쏟은 뒤 생일이 임박해서 나에게 노트북을 준 것이었다. 그러나 내 믿음은 궁극적으로 진실이었다. 생일날 노트북을 받았기 때문이다. 여기서 문제는 내 믿음의 진실은 올바른 방식으로 야기되지 않았다는 점이다.

골드먼은 믿음을 갖게 하는 근거를 정당화하는 과정 또한 믿을 만해야 한다고 논한다. 이러한 접근 방식을 **자연주의적 인식론**naturalized epistemology이라고 하며 골드먼은 **신빙론**reliabilism의 한 형태로 과정 신빙론을 제안한다.

앎에 대한 신빙론과 외재주의는 어떤 것을 안다는 것은 바로 마음이 어떻게 작동하는지에 관한 것이 아니라 그것을 믿도록 하는 것에 포함된 인과적 조건과 과정에 관한 것이라는 점을 믿는 이들에게 호소하는 이론이다.*

---

* – 내재주의internalism: 무언가를 아는 사람은 자신의 믿음을 정당화하기 위해 자신이 알고 있는 타당한 이유가 있어야 한다는 견해다. 즉 무언가를 아는 것의 의미의 한 부분은 왜 자신의 마음의 내용에 비추어 그것을 믿는가를 이해하는 것이다.
  – 외재주의externalism: 신뢰할 만한 인과 과정과 같은 요소가 지식으로서의 믿음의 위상에 기여한다는 견해다. 즉 이 요소는 대체로 한 개인의 마음속에 있는 내용의 외적인 것이다.

엘리자베스 앤더슨

Elizabeth S. Anderson | 1959-

아서 투르나우Arthur F. Thurnau 교수와 존 듀이로 유명한 미시간 대학의 철학 및 여성학 교수다. 철학, 정치학, 경제학에서 학과 프로그램을 계획하고 최초 수장으로 선출되어 일했다. 1981년 펜실베이니아 스와스모어 칼리지에서 경제학 부전공으로 철학 학사 학위를 취득하고, 1987년 하버드 대학에서 철학 박사 학위를 받았다. 2008년 미국 예술과학아카데미 회원으로 선출되었고, 2013년 구겐하임 펠로우십을 받았다.

앤더슨의 연구는 페미니즘 인식론, 사회 인식론, 사회·정치 철학, 윤리학 등 대단히 폭넓은 주제를 다룬다. 미국 법, 인종 통합, 시장의 도덕적 한계, 가치와 합리적 선택 이론에 관한 연구에 기여했다. 현재는 평등주의의 역사를 연구 중이며 미국의 폐지론(사형 폐지론이나 노예제 폐지론)을 중심 사례 연구로 활용하고 있다.

정체성, 젠더, 인종 간 관계, 지식의 전통적 모델과 철학 및 과학에 대한 학습의 상호 관계를 연구하여 괄목할 만한 업적을 내었다. 주요 논저로 〈페미니스트 인식론Feminist Epistemology: an Interpretation and

Defense〉(1995), 《통합의 명령Imperative of Integration》(2013) 등이
있다.

．

　우리는 앎의 의미에 대한 철학적 그림을 완성해 가고 있다.
'정당화된 참인 믿음'의 문제를 검토했고,'[105] 진리에 대한 프래그
머티즘의 이론과 참인 믿음은 '현실을 반영한' 생각들이라는 원
리에 대한 거부는 곧 살펴볼 예정이다.'[114] 그다음 보게 될 마이클
폴라니는 개인의 판단이 앎에 중요한 역할을 한다는 것을 보여
준다. 하지만 우리는 지식으로 우리가 무엇을 하는지 혹은 어떤
사회적 요소들이 지식의 산출에 영향을 미치는지는 아직 검토하
지 않았다. 푸코'[79]가 이와 같은 종류의 문제를 다루는 데 이바지
했는데, 사회적 역할과 권력 구조, 제도적 가치들이 과학적 연구
에 적합한 종류를 결정하는 방식을 탐구했다.
　페미니즘 인식론자 엘리자베스 앤더슨은 도덕적, 정치적 가
치들이 어떤 과학 이론을 받아들이는가를 결정하는 데 중요한 역
할을 한다고 논한다. 이는 **가치 관련적 이론**value-laden theory으
로 알려져 있으며, 이 이론은 **사실**(공정하고 객관적인 것)과 **가치**(편향
적이고 주관적인 것)의 전통적인 구별이 가끔 유용한 방법으로는 실
패한다고 주장한다. 가치는 어떤 사실을 진지하게 다루어야 하는
지 그리고 무엇을 '사실'로 눈에 띄게 할지 결정하는 데 도움이
된다. (사실이 드러나는) 배경에 대한 관심은 우리가 제기하는 질문
유형과 이를 요구하는 틀을 만든다.

페미니즘 인식론은 정치, 사회, 인종, 경제에 내재하는 젠더 정체성의 차이를 강조하고 이것들이 어떻게 사물을 드러내는지 주목한다. 우리는 단순히 중립적인 관점에서 사물을 바라보지 않는다. 예를 들어 우리는 '젠더'와 '성性'을 구별하는 데 주의해야 한다. 젠더는 구성되는 것이다. 보통 우리가 젠더를 해석하는 방식에는 수많은 가정과 가치가 함께 작용한다. 남성은 공격적이고 자신감으로 상황을 앞에서 주도한다고, 여성은 온순하고 헌신적이며 겸손하다고 가정되기도 한다. 이런 상이한 가정은 관찰을 가능하게 하는 여러 **상황**과 관련 있다. 지식은 우리의 도덕적, 정치적, 종교적 가치들로부터 자유롭지 않다.

> **"진화론에 대한 근본주의적인 종교의 반대는**
> **비과학적이지만 도덕적이다."**
>
> 〈만약 신이 죽었다면, 모든 것이 허용되는가?If God Is Dead, Is Everything Permitted?〉

리처드 로티

Richard Rorty | 1931–2007

미국 뉴욕 출신이다. 활동적인 부모의 영향으로 열두 살 무렵부터 정치와 사회 부정의의 본성에 관심을 가지기 시작했다. 조숙했던 그는 열다섯 살에 시카고 대학에 입학했고 1956년 예일 대학에서 철학 박사 학위를 받았다.

철학계에서 급진적인 미국 프래그머티즘과 유럽 포스트모던 철학에 힘입어 분석 철학을 비판한 것으로 유명하다. 철학 담론과 과학 담론은 보다 깊은 정치적, 사회적 함의를 갖는 '어휘' 세트라고 주장했다. 그리고 객관성이란 절대적인 진리의 문제라기보다는 주어진 문맥에서 작동하는 것이라고 논했다.

21년간 프린스턴 대학에서 철학을 가르쳤다. 이후 버지니아 대학에서 한동안 교수 생활을 했다. 1998년 스탠퍼드 대학의 비교 문학 명예 교수가 되어 문학 연구에 기여하기도 했다. 2007년 암으로 사망했다. 주요 저서로《철학 그리고 자연의 거울》(1979),《우연성, 아이러니, 연대》(1989) 등이 있다.

．

우리는 지금까지 꽤 전문적인 내용들을 탐색했다. 앞서 이야기한 내용은 대부분 '정당화'에 관한 것이었다. 하지만 진리의 개념은 그만큼 복잡해서 '참인 믿음'이 무엇을 의미하는지 안다고 가정해서는 안 된다.

미국 철학자 리처드 로티는 세계의 어떤 사실과 연결되는 우리의 생각에 따라 진리를 생각한다면 이는 진리를 잘못 인지하는 것이라고 믿었다. 우리의 직관적이지만 잘못된 진리에 대한 생각을 포착하기 위해 로티는 '우리의 마음은 현실을 반영하는 거울' 이라는 은유를 문제 삼는다. 이 은유가 갖는 문제는 마음을 통해 반사된 것이 현실과 잘 어울리는지를 확인하기 위한 독자적인 방법을 요구한다는 점이다. 그러기 위해서 우리는 문제시하고 있는 바로 그 도구, 즉 우리의 생각들을 사용해야만 한다.

로티는 프래그머티스트이다. **프래그머티즘**pragmatism은 찰스 퍼스(1839-1914), 윌리엄 제임스(1842-1910), 존 듀이(1859-1952) 등이 주도한 미국 철학의 전통이다. 프래그머티스트에게 진리란 생각과 현실을 비교하는 것이 아니라 우리가 이미 가지고 있는 일련의 믿음과 사회적 실천에 생각들이 어떻게 유용하게 어울리는지를 살피는 일이다. 프래그머티스트는 '진리란 현재 유용한 것' 이라고 주장한다.

• – 진리 상응론: 진리란 우리의 믿음이 실재와 상응하거나 실재와 '연결되는' 일이라는 견해다.
  – 프래그머티즘의 진리론: 진리란 특정 사회적 맥락과 언어적 맥락에서 작동하고 있는 것이라는 견해다.

생각해 보면 우리가 가지고 있다고 주장하는 모든 지식은 다른 사람과 나눌 수 있다는 믿음의 형식을 띠어야 한다. 그런데 어떻게 그것을 나눌 수 있는가? 언어를 통해서다. 그리고 언어란 세계의 존재 방식이라기보다는 삶의 방식에 관해 더 많은 것을 이야기하는 관습이다. 로티가 의미하는 바는, 언어는 우리가 세계를 보는 방식을 구성한다는 것이고 우리는 언어가 어떻게 현실에 잘 적합한 것인지를 비교하기 위해서 언어를 벗어날 수 없다는 것이다.

로티에 따르면 우리의 생각이 현실과 얼마나 일치하는가를 포착하는 '지식론'을 만들려는 바로 그 기획이 잘못된 것이다. 대신 우리는 서로 대화를 위한 언어를 사용하는 존재라는 사회적 요소에 집중해야 한다. 진리와 가치는 우리의 실천을 이해하고 우리의 신념을 다른 사람이 뜯어볼 때 견딜 수 있는지를 시험해 보는 것이다. 한마디로 진리는 계속되는 대화다.

마이클 폴라니

Michael Polanyi | 1891–1976

철학과 사회 과학으로 방향을 바꾸기 전에 매우 재능 있는 과학도이자 의학도였다. 헝가리 부다페스트 유대인 집안에서 태어나 반유대주의적 차별을 피하기 위해 로마 가톨릭으로 개종했다. 후에는 개신교를 지지하기도 했다.

1920년대 독일 바이마르로 이주해 그곳에서 결혼하고 자녀를 낳았다. 1933년 나치 집권 당시 다시 영국으로 이주해 맨체스터 대학에서 물리 화학을 비롯한 다양한 강의를 했고 정부 요직을 두루 거쳤다. 1948년 과학(특히 가스, 엑스레이, 자동 반사) 연구를 포기한 뒤 경제학과 사회 과학 학장을 지냈다. 그의 연구를 이어받은 아들 존 폴라니는 1986년 기초 화학 반응의 동역학에 공헌하여 노벨 화학상을 받았다.

폴라니는 과학 철학에서 이른바 사회적 전환에 영향을 준 것으로 크게 인정받고 있다. 이는 과학을 경험주의와 이성에 대한 강조에서 벗어나 암묵적 노하우와 배경 기술을 요구하는 중요한 사회사업으로 간주하는 견해로 나아간 것이다. 이 견해에 따르면 과학 지식을 형성하는 데 있어 경험적 데이터와 건전한 추론만큼이나 행위 규범과 사회 공동체는 중요하다. 주요 저서로 《개인적 지식》(1958), 《암묵적 영역》(1966) 등이 있다.

∎

마이클 폴라니가 하지 않은 것은 많지 않다. 그는 한때 화학교수였고, 경제학과 물리학, 사회 과학 분야에도 중요한 공헌을 했다. 과학 철학과 지식에 관하여, 모든 지식은 이른바 경험에 바탕을 둔 논리적 법칙들을 발견하는 것이라는 견해에 반대했다. 한마디로 **실증주의**positivism에 반대한 것이다. 그에게 진리란 순전히 기계적인 방식으로 발견할 수 있는 것이 아니다.

이는 지식 주장과 개인 판단을 분리할 수 없기 때문이다. 연구의 장으로 나아가면 우리의 책무와 암묵지는 도움을 준다. **암묵지**tacit knowing는 사물을 이해하는 데 사용하는 틀을 형성한다. '암묵지'는 규칙에 따른 공식을 가지고 표현할 수 있는 것과 반대로 당신이 하는 방법을 아는 여러 종류 것들을 가리킨다. 우리는 인공 지능에 대한 지나치게 단순화된 생각들에 어떻게 암묵지가 문제를 제기하는지 알 수 있다. 우리가 하는 방법은 알지만 매뉴얼화할 수 없는 일들이 있다면, 단순한 프로그램에 따라 단지 조작되는 기계들은 우리와 동일한 지적 능력을 가졌다고 볼 수 없다.

폴라니에게 생각, 책무, 개인적인 판단은 우리가 검토하는 세계에서 분리할 수 없다. 즉, 아는 것은 곧 참여하는 것이다. 그리고 참여는 암묵적 기술과 개인적 책무를 도움이 되도록 제공하는 것이다. 물리나 화학, 논리, 수학의 법칙만으로 세포의 상호 작용이나 인간의 마음 같은 것들의 복잡성을 파악할 수 있다는 **환원주의**reductionism는 잘못된 생각이다.

어떤 의미에서 이는 전체는 부분의 합으로 환원될 수 없다는 진부하지만 중요한 생각을 강조한다. 이와 같은 견해를 **창발주의** emergentism라고 부르는데, 이는 어떤 것의 아주 미세한 부분, 예를 들어 뇌를 구성하는 뉴런에 대해 안다고 해서 복잡한 사고 작용을 완전히 파악할 수 없다는 뜻이다. 우리는 지식을 일련의 규칙으로 파악할 수 있다는 단순한 생각을 버리고 대신 우리가 사물을 어떻게 알고 있는지를 생각해야 한다.

"어떤 무생물도 물리와 화학 법칙에 의해 완전히 밝혀지지 않는다."

《개인적 지식》

앨빈 플랜팅가

Alvin Plantinga | 1932—

미국 노터데임 대학 철학 명예 교수다. 네덜란드 이주자인 아버지도 같은 대학에서 철학 박사 학위를 받았다. 캘빈 칼리지에서 학사, 미시간 대학에서 석사 학위를 받았다. 캘빈 칼리지는 그의 아버지가 한때 교편을 잡았던 곳이자 지금은 그의 네 자녀 중 둘이 강의하고 있는 곳이기도 하다. 1958년 예일 대학에서 박사 학위를 받았다.

양상樣相 논리, 인식론 등에서 중요한 업적을 남겼는데, 특히 현재 유명세를 치르고 있는 종교 철학에서 비중 있는 연구를 진행했다. 대체로 무신론자가 넘치는 분야에서 연구하는 플랜팅가는 종교의 합리성을 옹호하는 학자로 유명하다. 2014년 2월 9일자《타임》오피니언 기사 인터뷰에서 '신의 존재를 증명하는 훌륭한 논의가 수십 개'나 되고, 리처드 도킨스 같은 저명한 무신론자들은 무신론적 주장이 결정적이지 않기 때문에 불가지론을 받아들이는 데 더 신중할 것이라고 했다. 주요 저서로《보증: 현재의 논쟁Warrant: the Current Debate》(1993),《보증과 적절한 기능Warrant and Proper Function》(1993),《보증된 기독교 믿음

Warranted Christian Belief》(2000), 《지식과 믿음》(2015) 등이 있다.

■

　진화론과 같은 특정 과학 이론과 지식의 관계는 어떠한가? **자연주의**naturalism, 즉 자연법칙에 따라 모든 것을 설명할 수 있다는 견해는 지식을 자연스럽게 수집한 정보와 적절하게 형성된 믿음의 결과로 여긴다. 자연주의는 과학과 손잡고 가는데, 진화론보다 더 과학적인 것은 무엇일까?

　앨빈 플랜팅가는 지식에 관한 자연주의적 설명이 진화론과 곧바로 양립 가능하다고 보는 관점에 이의를 제기한다. 플랜팅가는 우리의 인지 능력이 지식을 제공한다는 자연주의적인 믿음을 사실상 진화론이 약화시키고 있다고 생각한다. 진화와 자연주의 둘 다 진실이라고 가정해 보자. 이는 우리가 동물원에 있는 사자 우리에 떨어지면 위험하다는 사실을 알기 위해 진화했음을 의미한다. 음식 섭취는 생존을 위해 필요하며 섹스는 우리의 종을 유지시킨다는 믿음도 마찬가지다. 진화론에 따르면 이와 같은 믿음은 특정한 환경에서 생존, 번식하게 하기 때문에 살아남는다.

　하지만 다른 믿음들도 있을 수 있다. 심지어 매우 이상하고 잘못된 믿음까지도 우리를 살아남게 해 줄 것이다. 사자는 가장 친근한 동물이고, 우리의 우정을 사자들에게 보여 주는 방법은 가능한 한 멀리 떨어져 거리를 두는 것이라고 믿도록 인간이 진화했다고 가정해 보자. 이런 믿음은 기이한 듯하지만 우리가 사자에게 먹혀 죽지 않을 개연성도 높인다. 특정한 환경에서 우리를 생존하게 하는 또 다른 잘못된 믿음을 배제할 이유가 없다.

　자연주의적 인식론'[110]은 우리의 믿음이 신뢰할 만한 절차를 거쳐 얻어지는 한, 지식을 생산하는 것이라고 주장한다. 하지만 비록 인지 능력들이 생존 가치를 가진 믿음을 만들도록 진화했을지라도 그 믿음은 신뢰할 만한 원천이 아닐 수 있다. 자연주의와 진화론 모두 이러한 미심쩍은 인지 능력의 산물이므로 우리는 그들의 진리를 의심할 이유가 있다.

　플랜팅가는 우리의 인지 능력이 대부분 진리를 만들어 내는 방식으로 작동한다고 논한다. 하지만 앞의 예에서 보듯 마음이 수많은 잘못된 믿음을 진화시켰을지라도 어떤 환경에서 살아남는 것은 가능하다. 만약 우리의 인지 능력이 주로 신뢰할 만한 방식으로 작동했다면 우리는 높은 생존 가치를 가진 믿음과는 반대되는 지식들도 가질 수 있었을 것이다.

　이는 신의 존재에 대한 직접적인 논증은 아니지만 적어도 우리 마음과 세계 사이에 진리 산출의 적합성을 설명하는 '설계'를 믿는 것이 완전히 불합리한 것은 아님을 보여 준다. 플랜팅가의 요점은 신뢰할 만한 믿음과 생존 가치를 가진 믿음 사이에 필연적인 겹침이 없다는 것이다. 둘은 많은 경우 겹칠 수 있지만, 겹칠 필요는 없다. 진화는 우리의 믿음이 정확하다는 것을 보증하지 않는다.

　　"다른 경우와 마찬가지로 종교적인 믿음에서 우리가 틀릴 수도,
심히 틀릴 수도 있음을 인정할 때 우리는 반드시 좋은 기회를 얻게 된다."

《보증된 기독교 믿음》

언어

Language

"지난해의 말들은 지난해의 언어에 속하고,
다가올 해의 말들은 다른 목소리를 기다린다."

T. S. 엘리엇, 《네 개의 사중주》

...

인간이란 복잡한 언어를 다루는 기량 없이는 불가능할지도 모르는 대화하고 설명하고 사유하는 일과 불가분의 관계가 있다. 단어들은 의미를 운반하지만 이 의미가 어떻게 생기는지 설명하기는 어렵다. 단어는 우리가 가리킬 수 있는 특정 대상을 지시함으로써 그 의미를 전달할 것이다. 하지만 우리는 말로 그 어떤 행위, 즉 축하하고, 명령하고, 시를 쓰기도 한다. 언어의 이런 의미와 힘은 어떻게 생기는 걸까? 언어는 우리 마음속에서 일어나고 있는 무언가를 전달할 뿐일까? 아니면 객관적인 세계가 우리의 생각을 만드는 걸까? 어떻게든 우리가 지닌 세계를 보는 방식에 대한 개념에 사로잡히지 않고 언어에서 한발 물러나 언어와 세계를 비교할 수 없는 노릇이다. 현실을 객관적으로 이해하려는 시도는 항상 언어로 표현된 개념에 의해 영향받을 것이다. 이는 언어의 창조적 힘을 말해 준다. 언어는 결국 세계를 구성하고 이해하게 만든다.

이제 살펴볼 철학자들은 어떻게 의미가 생기는지 고심한다. 이 철학자들은 비록 우리가 의미를 순수 인지적인 구성체로 간주할지라도, 외부의 힘이 의미를 형성한다고 주장한다. 하지만 외부의 힘이 '어떻게' 의미를 형성하는지 정확히 설명하려 할 때 각자 다른 길을 간다. 의미는 사회적 구성물일까? 단어는 모호하지 않은 의미를 지닐까? 시간이 흐르면서 의미는 어떻게 변할까? 우리가 단어들로 하는, 언어를 행위와 행동의 도구로 사용하는 다양한 방식들이 어떻게 의미들을 형성할까? 하물며 우리는 '의미'의 의미를 결정할 수 있을까?

1870-1900년대 초반

프레게

언어는 사물의 이름과 식별에 관한 것이 아니다. 한 대상의 두 가지 이름이 매우 다른 의미를 지닐 수 있다. 프레게는 의미와 지시를 구분한다. 단어가 어떻게 '의미'를 갖는지가 철학의 중요한 문제로 부상한다.

페르디낭 드 소쉬르

언어는 정확히 세계를 이해할 때 사용하는 외부의 물건이 아니다. 언어는 체계적으로 현실을 구조화한다. 언어의 의미는 오직 기호 체계에 대해서 상대적이다. 언어는 상대적이고 규칙의 지배를 받는 체계 밖에 존재하지 않는다.

버트런드 러셀   1900년대 초반

러셀과 화이트헤드(1861-1947)는 1910년 《수학 원리》를 발표한다. 이 책에서 두 저자는 수학의 진리란 순수 논리에 따라서 이해될 수 있다는 것을 보여 주었다. 러셀은 의미란 세계에 관한 사실이나 기술을 기록하는 언어와 연관되어 있다고 주장한다.

'빈학파'와 분석 철학   20세기 초(1924-1936년경)

과학 정신에 입각하여 수학을 전공한 철학자들이 빈에 모여 프레게와 러셀의 저작을 탐독한다. 이들 빈학파는 보편타당한 일련의 논리적 공리의 기초 확립을 목표로 한다. 경험적으로 증명할 수 없고 논리의 기초 규칙을 따르지 않는 생각은 '무의미하거나 혹은 공허한' 것으로 간주한다.

하이데거의 언어에 관하여   1930-1950년대

언어는 인간의 역사적 실존을 해석하는 방식을 표현하고 제한하는 데 그 본질이 있다. 언어는 일차적으로 규칙과 의미 체계가 아니다. 즉 언어는 역사적으로 자기 해석적인 피조물의 활동을 통해 의미를 실존으로 가져오는 방법이다.

후기 비트겐슈타인

비트겐슈타인은 의미에 대한 생각에 혁명을 일으켰다. 언어는 기본적으로 삶의 형식을 표현하며 의미는 고정되거나 항구적인, 완벽하게 명료한 어떤 것이 아니라고 논한다. 의미는 우리가 언어를 사용하는 방식과 연결되며 이는 시간과 더불어 변화하는 삶의 형식을 반영한다.

존 랭쇼 오스틴과 '일상 언어학파' ● 1950년대

언어는 단지 의미를 전달하는 것만이 아니다. 우리는 언어로 행
위를 수행한다. 단어는 단지 사물을 의미할 뿐만 아니라 어떤
일을 행하기도 한다. 언어의 순수 논리적인 구조가 아니라
'일상적' 사용을 검토하여 인간 문화가 '수행하는' 언어 사용
의 의식과 관습에 의존하고 있음을 보게 된다.

콰인의 언어와 프래그머티즘에 관하여 ● 1950-1970년대

언어는 실재를 이해하고 통합하는 데 도움이 되는 이
론과 발견을 형성한다. 어떤 방식으로든 언어적 관
습이 반영되지 않은 이론은 형성될 수 없다. 객관
성이란 항상 언어의 영향을 받는다. 사물을 더 잘
예측하고 통제하는 이론은 보다 광범위한 믿음
에 잘 들어맞는 이론이다.

1960년대-21세기 ● **존 설과 '언어 행위'**

오스틴의 이론을 발전시킨 존 설은 일상에
서 사용하는 언어에 포함된 사용과 수행을 좀
더 깊이 설명한다. 존 설의 발견은 합리성과 의
식의 본성에 관한 철학과 인공 지능의 발전에 도
움을 준다.

20-21세기 ● **외재주의**

비트겐슈타인의 철학에 기반을 둔 사상가들이 말과
언어의 의미란 사적인 내면의 사고에 연결된 것이 아니
라 관습과 공적인 생활 작용이라고 논하기 시작한다. 다
시 말해 의미는 집단에 의해 만들어지며 사적(혹은 순전히
정신적)으로 만들어지지 않는다.

20세기 후반-21세기 ● **데리다와 후기 구조주의**

언어는 분명한 의미를 제공하지 않는다. 즉 확정된 의미나 진리
는 존재하지 않는다. 텍스트들은 다양한 방식으로 독해될 수 있다.
어떤 단일한 방식도 '올바른' 방식은 아니다. 사회적이고 정치적인
권력관계는 의미를 수용하는 데 주된 역할을 한다. 어떤 객관적인 '구
조' 혹은 '체계'도 의미를 결정하지 못한다.

고트로프 프레게

Gottlob Frege | 1848-1925

독일 북부 비스마르에서 태어났다. 아버지는 비스마르에 있는 사립 여자 고등학교의 교장이었다. 1864년에서 1869년 사이 김나지움에 다녔고, 예나 대학에서 화학, 철학, 수학을 공부했다. 4학기가 끝난 후 괴팅겐 대학으로 옮겨 당시 영향력 있는 종교 철학자 헤르만 로체(1817-1881)에게 사사했고, 1873년 박사 학위를 받았다. 이후 그의 모든 강의와 학문은 예나 대학에서 이루어졌다.

프레게의 연구는 생전에 인정받지 못했다. 하지만 의미와 지시의 독창적 구분은 언어 철학에 지대한 영향을 미쳤고 결국 처음으로 공리 체계를 만든 현대 양화 논리학의 창시자가 되었다. 그는 모든 수학의 진리는 기본적으로 논리의 진리임을 증명하는 데 주력했다. 하지만 프레게의 노력은 러셀이 그와 같은 논리 체계에서 모순을 도출하는 것이 어떻게 가능한지 보여 주는 편지를 보내오면서 좌절되었다.

프레게는 1918년 대학에서 은퇴했으나 루트비히 비트겐슈타인, 루돌프 카르납 등과 같은 철학의 거인들에게 영향을 끼쳤다. 주요 논저로는

〈의미와 지시체에 관하여〉(1892),《산수의 근본 법칙》(1893) 등이 있다.

.

단어의 의미는 단순히 그것이 지시하는 대상일까? 어린아이가 어떻게 기본적인 단어들을 배우는지 떠올려 보자. 어른이 대상의 이름을 말해 주는 동안 어린아이는 그 대상을 가리키며 이리저리 돌아다닌다. 수학자이자 철학자인 고트로프 프레게는 언어 철학을 이런 단순한 생각에서 더 밀고 나아갔다. 프레게는 이 생각이 어떻게 받아들일 수 없는 퍼즐로 이끄는지 보여 주었다.

프레게의 대안은 단어의 **의미**sense와 **지시**reference의 고전적 구별에 의존한다. '저녁별'과 '새벽별'이 모두 금성을 의미한다는 사실을 알기 전이라면, 두 단어는 각각 다른 의미를 지닌다. 이제 '저녁별'과 '새벽별'이 모두 금성을 가리키는 것이라면, 어떻게 이 단어들이 다른 의미를 지닐 수 있겠는가? 프레게의 대답은 이 단어들은 동일한 대상을 지시하지만 다른 의미를 지닌다는 것이다('저녁별'이 저녁에 볼 수 있는 금성을 의미한다면, '새벽별'은 새벽에 볼 수 있는 금성을 가리키는 말이기 때문이다. - 옮긴이).

대학에서 종종 버락 오바마와 농구를 했던 한 남자를 상상해 보자. 그는 오바마를 '배리 오'로 알고 있다. 그런데 이 남자가 사고로 수년 동안 혼수상태에 빠져 있다가 어느 날 깨어났다. 간호사가 그에게 이름을 물었더니 정확하게 대답한다. 그러고 나서 현재 미국의 대통령이 누구냐고 물었더니 그는 "빌 클린턴"이라고 말한다. 현재 대통령은 버락 오바마라고 알려 주면서 대통령의 사진을 보여 준다. 남자가 놀라 말하길, "이봐요! 이 사람이 바로 배리 오예요! 당신은 나에게 배리 오가 버락 오바마 대통령이라고 말하는 건가요?"라고 한다. 이름이 그것이 지시하고 있는 대상만을 의미한다면 '배리 오'와 '버락 오바마 대통령'은 같은 대상을 의미해야만 한다. 즉 그 둘을 상호 교환하여 어떤 문장에서든 사용할 수 있는 것이다. 따라서 우리는 남자의 물음을 다음과 같이 바꿀 수 있다. "당신은 나에게 버락 오바마 대통령이 버락 오바마 대통령이라고 말하는 건가요?" 확실히 이 문장은 남자가 실제로 사용한 문장과 동일한 대상을 의미하지 않는다. 의미는 단순한 지시보다 더 풍부하기 때문이다. 대상은 다양한 '제시 방식들'을 지니며 이 '방식들'은 우리가 어떻게 대상을 이해하는지 알려 준다.

그렇다면 그 다양한 의미들은 어디에서 오는 것일까? 모두 우리 머릿속에 있는 걸까? 프레게는 그렇게 생각하지 않았다. 우리는 이름을 주관적이고 자의적인 방식으로 사용할 수 있지만 그 의미는 우리가 비자의적으로 경험하는 세계와 연결되어 있다. 우리는 그 의미를 발명하기보다는 '발견'한다. 물리적이지도 않고 정신적이지도 않은 의미의 '시간을 초월한 영역' 같은 것이 존재하는 것이다. 언어는 마음과 그것을 이끄는 의미의 다양한 방식들의 관계다.

"많은 수학자들은 서너 가지 다른 대상을 의미하기 위해 한 단어를 사용할 정도로 논리적 순수성에 어떤 느낌도 갖지 않는다."

《산수의 근본 법칙》

버트런드 러셀

Bertrand Russell | 1872-1970

영국의 유명한 귀족 가문 출신이다. 집안 분위기는 자유분방했다. 그의 부모는 무신론자이자 정치 운동가에다가 산아제한 지지자였는데, 이는 당시 매우 급진적인 견해였다. 유명한 자유주의 철학자 존 스튜어트 밀이 아버지의 친구이자 러셀의 비종교적인 '대부'였다.

러셀의 초기 관심사는 사회 철학과 정치 철학이었지만 수학과 경제학에도 재능이 있었다. 케임브리지 대학 트리니티 칼리지에서 수학을 전공했고 이후 루트비히 비트겐슈타인과 같은 위대한 철학자를 가르치며 영향을 미쳤다.

케임브리지 대학에서 철학자 알프레드 화이트헤드를 만나 《수학 원리》(1910)를 함께 저술해 명성을 누리기도 했다. 논리학과 언어 분석 철학에 중요한 기여를 한 동시에 사회 철학과 정치학에서도 이해하기 쉬운 책들을 썼다.

열렬한 정치 운동가인 러셀은 논쟁적 삶을 살았다. 무신론과 평화주의, 동성애를 노골적으로 옹호하고 빅토리아 시대의 전통적 가족관과 결혼관을 비판해 트리니티 칼리지와 뉴욕 시티 칼리지에서 해고당했다. 1970년 인플루엔자로 사망했다. 주요 논저로 〈지칭에 관하여〉(1905), 《철학의 문제들》(1912), 《서양 철학사》(1945) 등이 있다.

■

영국의 **분석 철학자**analytic philosopher 버트런드 러셀은 철학적 문제들이 마련되는 언어의 기초를 만드는 논리적 구조를 검토했다. 어떻게 단어와 진술이 사물을 의미할 수 있는지의 문제에 도달하자 러셀은 명쾌한 답을 내놓는다.

당신의 진술을 A라는 사람이 이해했다는 것을 어떻게 알 수 있는지를 생각해 보자. 한 가능성은 A가 당신의 진술을 참 혹은 거짓이게 만드는 조건을 이해한다는 것이다. 만약 당신이 A에게 맨해튼이 뉴욕의 주도州都라고 말한다면, 나중에 A가 당신에게 지도를 보여 주며 올버니가 뉴욕의 주도라고 지적해 줄 때야 비로소 당신은 A가 '주도'라는 말의 의미를 이해했다고 확신할 수 있을 것이다. 당신은 뉴욕에 대해서는 몰랐지만 적어도 서로 같은 이야기를 하고 있는 중이라는 것은 알고 있다.

자 이제 만약 A가 당신에게 미국의 50대 대통령은 모호크 헤어스타일(북아메리카 원주민의 머리 모양으로 정수리를 중심으로 한가운데만 곧게 뻗치게 하고 양옆은 삭발한 모양이다. - 옮긴이)을 하고 있다고 말한다면 이 진술은 어떨까? 이 진술은 참인가 거짓인가? 거짓처럼 보인다. 누군가 이 진술이 거짓이라고 한다면 아마 미국의 50대 대통령의 다른 헤어스타일을 의미할지도 모른다. 그러나 누군가는 미국의 50대 대통령은 존재하지 않기 때문에 그 진술이 거짓이라고 말할 수도 있지 않을까? 진술이 존재하지 않는 대상을 지시하고 있는 한 이 진술은 참도 거짓도 아니라고 할 수 있을 것이다. 어쩌면 이 진술은 아무것도 의미하지 않을 수도 있다. 하지만 이는 잘못된 것 같다. 당신은 분명히 '미국의 50대 대통령은 모호크 헤어스타일을 하고 있다'는 진술의 의미를 이해할 수 있기 때문이다.

'미국의 50대 대통령'은 무엇을 의미하는가? 만약 개별적인 단어가 세계의 어떤 것을 지시할 때만 의미가 있다면, 이 '미국의 50대 대통령'은 그 어떤 것도 의미하지 않는다. 하지만 이는 잘못된 것 같다. 당신이 이 '미국의 50대 대통령'을 이해할 수 있기 때문이다. 아마 '미국의 50대 대통령'이 지시하는 것은 비록 당신과 내가 존재한다는 그런 의미에서는 아닐지라도 일종의 존재하는 더 큰 집단의 일부일 수도 있기 때문이다. 하지만 이는 정말 이상한 생각이다. '일종의' 존재는 무엇을 의미하는가? 그렇지 않은 것들에 대해 의미 있게 이야기할 수 있을까? 만약 단어들이 오직 대상을 지시하기 때문에 의미가 있다면 이는 우리가 알 수 없는 문제 같다.

러셀은 '미국의 50대 대통령'과 같은 문구는 비록 실재 세계에서 그 어떤 것을 지시하지 않더라도 의미가 있다고 주장한다. 러셀은 이것이 어떻게 작동하는지 보여 주기 위해 **확고한 기술 이론**Theory of Definite Descriptions을 발전시킨다. 당신이 법정에 선 목격자라고 상상해 보자. 변호사가 당신에게 여전히 음주와 관련한 문제가 있는지 묻는다. 당신은 술을 마시지 않을 뿐만 아니라 평생 술을 마셔 본 적이 없다는 것을 알고 있다. 하지만 방어적인 "아니요"라고 대응할 수 없다. 만약 그랬다간 마치 사실 알코올 문제가 있는 것처럼 들릴 수 있기 때문이다. 대신 당신은 "제가 음주와 관련해 문제를 겪어 본 적이 있다는 것은 사실이 아닙니다. 그래서 저는 분명히 '여전히 음주와 관련한 문제'로 고민하지 않습니다"라고 말하길 원한다. 이와 유사하게 당신은 '미국의 50대 대통령'의 실존은 사실이 아니라고 말할 수 있다. 따라서 '미국의 50대 대통령은 모호크 헤어스타일을 하고 있다'라는 진술은 거짓이다. 이 진술이 거짓이라는 주장은 미국의 50대 대통령이 다른 헤어스타일을 하고 있다는 견해를 차단한다.

러셀은 언어의 의미를 세상의 대상이 아닌 사실에 얽매여 있는 것으로 생각할 필요가 있음을 보여 준다. 사실은 세계에 관한 기술이다. 우리가 '미국의 50대 대통령'이라는 문구를 사용할 때 어떤 대상을 전적으로 지시하는 것이 아니다. 우리는 어떤 사실이 '미국의 50대 대통령'이라는 기술에 들어맞지 않는다고 주장함으로써 미국의 50대 대통령은 모호크 헤어스타일을 하고 있다는 진술을 부정한다.

이런 설명이 현재 우리에게 명백하게 보이지만 앞으로 나올 철학자들에게는 그렇지 않았다. 일부 철학자는 모든 단어가 어떤 식으로든지 존재하는 대상을 지시해야 한다고 생각했다. 그들은 너와 나처럼 존재하지 않지만, 오히려 '미국의 50대 대통령'과 같은 문구를 의미 있게 하는 대상들의 '영역'을 믿었다. 러셀은 우리를 곤란하게 하는 이상한 언어에 대한 견해와 매력적인 대안을 제공했다.

"내 욕망과 소망은 내가 시작한 일들이 너무 명백해서
내가 왜 그것들을 언급하는 데 시간을 쓰는지 당신이 궁금해하는 것이다."

《논리적 원자론의 철학The Philosophy of Logical Atomism》

루트비히 비트겐슈타인

Ludwig Wittgenstein | 1889-1951

빈의 부유한 가정에서 태어났다. 1913년 막대한 유산을 상속받았다. 하지만 돈에 얽매이지 않아 유산으로 몇몇 가난한 예술가들을 후원했고, 결국에 가서는 대부분의 돈을 형제자매들에게 나누어 주었다. 우울증으로 고생했다. 형제 셋이 우울증으로 자살했는데 가족력이 있었던 것으로 보인다.

개인적이고 철학적인 편지를 지속적으로 교환해 왔던 프레게의 의견을 따라 케임브리지 대학의 버트런드 러셀 밑에서 공부했다. 비트겐슈타인은 학계에서 자신의 역할에 갈등을 느껴 여러 차례 학계를 떠났다. 제1차 세계 대전 중 최전선에서 포병으로 복무하여 무공 훈장을 받기도 했다. 이후 다시 케임브리지 대학을 떠나 오스트리아로 귀국해 작은 마을에서 어린 학생들을 가르쳤는데 수학을 못 하는 학생을 체벌했다고도 전해진다.

사후 저작인 《철학적 탐구》(1953)는 여전히 큰 영향을 미치고 있다. 이 책에서 비트겐슈타인은 언어란 삶의 형식과 사회 규범의 역동적 표현이며 단순히 개인적이고 주관적 사유를 반영하는 도구가 아니라고 주장했다.

．

언어 역시 우리가 알 수 있는 것에 대한 생각과 많은 관련이 있다. 비트겐슈타인은 이런 유명한 말을 했다. "내 언어의 한계는 내 세계의 한계다." 버트런드 러셀'[132]의 학생 시절 비트겐슈타인 역시 진술은 세계의 대상이 아니라 사실과 연관되어 있다고 믿었다.《논리철학 논고》(1921)에서 비트겐슈타인은 세계는 사실로 이루어져 있다고 주장했다.《논리철학 논고》의 결론에 따르면 진술은 긍정되거나 부정될 수 있는 사실을 지시하지 않으면 '무의미'하다.

비트겐슈타인은 대부분의 철학 '문제들'은 언어의 혼란에서 비롯된 산물이므로 진짜 문제가 아니라는 것을 보여 주고 싶었다. 일단 진술이 연결된 사실을 분명히 한다면 의미 있는 문제를 사이비 문제와 구별할 수 있다. 언어의 논리적인 구조를 검토하는 것은 결국 사이비 문제를 잠재운다. 이것이 언어가 세계를 경계 짓는 방법이다. 무엇이 믿음을 이치에 맞게 하는지 알고 싶다면, 우리는 논리적으로 무엇을 말할 수 있는지를 이해해야만 한다.

비트겐슈타인은 사후에 출간된《철학적 탐구》에서 언어에 대한 생각을 급진적으로 바꾸었다. 철학은 혼란된 언어 사용의 역사라는 생각은 여전히 고수했지만 후기 비트겐슈타인은 "단어의 의미란 언어 사용의 방식에 존재한다"라고 논했다. 이는 무엇을 의미하는가? 한 언어를 이해한다는 것은 세계와 관련 맺는 방식과 삶의 형식lebensform을 취하는 것이다. 언어는 논리적인 구조와 객관적인 사실보다는 **인류학**anthropology의 주제인 인간과 삶의 형식에 관하여 더 많이 이야기해 준다.

이런 관점에서 정확한 정의는 확정적으로 존재하지 않는다는 결론이 나온다. 단어의 의미는 인간 삶 자체가 변화하듯이 변화하는 한 묶음의 개념들로 존재한다는 것이다. 바로 사전을 생각해 보라. 단어의 정의는 돌에 새겨진 정확한 규정 같은 것이 아니다. 비트겐슈타인에 따르면 사전은 인간의 행위와 얽힌 단어 사용의 역사에 관한 것이다. 비트겐슈타인은 이런 행위를 **언어 게임**language games이라고 명명했다. 언어 게임은 의식적으로 잘 정의된 게임이 아니라 오히려 사람과 사람이 그리고 사람과 환경이 관계 맺는 방식들이다. 우리가 의미에 대하여 숙고할 때 그런 게임들은 사실이나 논리적인 구조보다 더 적절하다.

비트겐슈타인의 '의미는 사용이다'라는 견해는 철학의 다양한 형식에 계속해서 큰 영향을 끼쳤는데, 이후 그의 철학은 19세기 후반과 20세기 초반의 분석적 방향에서 멀어져 갔다.

"사후의 삶에 관한 실제 문제는 그 삶이 존재하느냐 안 하느냐의 문제가 아니라, 심지어 사후의 삶이 존재 하더라도 이것이 어떤 문제를 실제로 해결하느냐 하는 것이다."

루트비히 비트겐슈타인

마르틴 하이데거

Martin Heidegger | 1889-1976

어렸을 적 하이데거는 신부가 되길 원했다. 의심할 여지없이 종교적 분위기가 짙은 독일의 작은 마을 메스키르히에서 태어나 교육받은 결과이다. 1909년 예수회와 관계를 맺은 후 프라이부르크 대학에서 신학을 공부하려 했다. 후에 프라이부르크 대학 총장이 된다. 프라이부르크 대학에서 에드문트 후설의 책을 읽고 철학을 공부하기 시작했다.

프라이부르크에서 후설의 조교로 있으면서는 존재Sein의 기존 해석에 대한 매우 독창적인 비판을 발전시킨다. 아리스토텔레스와 중세 기독교 형이상학의 저서에서 강한 영향을 받은 그는 일반 범주, 실체 혹은 형이상학적 실재와 다른 어떤 것으로 존재의 의미를 해석하는 데 관심을 집중했다. 그 관심은 《존재와 시간》(1927)에서 정점을 이룬다. 하이데거는 이 책을 마르부르크 대학에 재직했던 1923년부터 5년에 걸쳐 완성했다.

쇠렌 키르케고르와 프리드리히 니체의 실존주의 저서에서 큰 영향을 받았다. 1930년대 나치당의 일원이 되었다. 그의 철학과 정치적 이데올로기의 상관관계에 대해서는 여전히 이견이 분분하다. 하이데거는 프랑스와 독일, 미국의 일부 위대한 철학자에게 강한 영향을 끼쳤다. 주요 저서로 《형이상학 입문》(1935), 《언어로의 도상에서》(1959) 등이 있다.

∎

비트겐슈타인과 같이 하이데거도 언어를 논리나 사실, 문법이 아닌 주로 인간의 실존을 해석하는 방식으로 간주했다. 실존주의'57와 현상학의 선구자'91인 하이데거는 일차적으로 인간적 의미를 만드는 구조, 즉 명시되었지만 소홀히 다루어진 구조를 언어와 삶의 측면에서 드러내는 데 관심을 두었다. 하이데거는 또한 철학이 인간의 생활 방식에서 벗어나 현실을 해석하는 '문제들'로 환원되어서는 안 된다고 믿었다.

하이데거는 '인간' 같은 단어는 생각 없이 남용되거나 당연시되었기에 인간 실존의 좀 더 깊이 있는 관점을 파악하는 데 도움이 되는 새로운 용어를 발명했다. 인간은 이른바 '현존재Dasein'(현재 여기에 있음)라고 명명된 존재의 특수한 형식을 소유한다. 즉 인간은 끊임없이 자신의 존재를 물질적 혹은 과학적 용어가 아닌 자신이 원하는 존재와 삶의 의미에 근거하여 해석한다.

우리 대부분은 시간에 관한 특수한 지각과 늘 현존하는 죽음의 가능성을 가지고 암묵적으로 이 해석을 한다. 이는 우리가 '여기에 있는 존재이자 거기에 있는 존재'라는 현존재의 의미다. 즉 우리는 항상 자신을 기투entwerfen하지만 이는 또한 과거의 의미를 보유하고 어떻게 과거가 우리를 형성했는지를 포함한 현재의 관점에서 그렇게 하는 것이다. 의미 있는 가능한 행위(특별히 선택하지 않았던 행위)의 세계로 자신을 '던진다[企投].' 그리고 궁극에 무의미한 종말, 즉 죽음에 의해 한정된 의미 있는 미래를 위해 계획하는 것이다. 유한한 양의 시간을 갖는 유한한 피조물인 우리는 존재의 다양한 방식을 실행하지만 동시에 다른 많은 것들을 거부해야만 한다. 우리는 그 모든 것을 추구할 수가 없다.

하이데거가 보기에 인간은 끊임없이 현실을 행동과 삶의 양식에 따라 해석하고 있다(혹은 해석하는 '존재'다). "이 해석은 말함의 기초다. 즉 언어를 통해 세계를 존재하게 한다." 하이데거에 따르면 말함은 문자로 된 세계에 선행한다. 항상 우리는 심지어 읽을 때조차도 '자신과의 대화'를 텍스트에 투사하기 때문이다. 우리는 언제나 해석하는 존재이기에 무언가를 중립적으로 읽는 방법은 절대 존재하지 않는다. 이런 생각은 **해석학**hermeneutics의 영역과 관련된다. 하이데거의 제자 한스 게오르크 가다머(1900-2002)는 전래된 전통을 통해 우리가 텍스트를 어떻게 해석하고 전유하는지 설명하면서 해석학을 역사, 문화, 철학을 평가하는 도구로 발전시켰다. "언어의 본질은 우리가 자신의 역사적 실존을 해석하는 방법을 표현하고 제한하는 데 있다." 일차적으로 언어는 규칙과 의미의 체계가 아니라 말하여 실존으로 의미를 가져오는 방식인 것이다.

"인간은 마치 언어의 창조자와 지배자인 양 행동하지만
사실 인간의 지배자로 남아 있는 것은 언어다."

《형이상학 입문》

윌러드 콰인

Willard Van Orman Quine | 1908–2000

분석 철학계에서 가장 영향력 있는 철학자다. 1930년 오벌린 칼리지에서 수학을 전공했고, 1932년 하버드 대학에서 알프레드 화이트헤드의 지도로 철학 박사 학위를 받았다. 은퇴하기 전까지 하버드 대학에서 교수로 활동하며 오늘날 영향력 있는 미국 분석 철학자들을 지도했다. 일군의 현대 논리학자들과 교류하며 유럽 도처를 여행하기도 했다. 제2차 세계 대전 중에는 독일군의 암호를 해독하는 미국 군사 정보부에서 일했다.

이른바 '자연주의' 운동에 기여했다. 콰인은 《이론과 사물Theories and Things》(1981)에서 현실을 확인하고 기술하는 문제는 과학 그 자체이지 철학이 아니라고 주장한다. 언어 철학에서는 '전체론holism'을 수용했다. 언어는 다양한 주관적 이론들의 한계 내에서 작동하기 때문에 문장의 진리는 단순히 경험적 증거 수집으로 결정될 수 없다는 견해다. 고립된 의미나 진리는 없으며 의미와 진리는 특정한 사유 안에 존재한다는 것이다. 이런 점에서 콰인은 프래그머티스트로 알려져 있다. 주요 저서로 《논리적 관점에서From a Logical Point of View》(1953),《단어와 대상Word and Object》(1960) 등이 있다.

．

　우리는 보통 단어의 일상적 의미를 알아보기 위해 사전을 찾
는다. '총각'이라는 단어의 정의를 알려고 한다고 해 보자. 사전은
'결혼하지 않은 남성'이라고 알려 준다. 이는 '총각'에 대한 동의
어 이상의 무엇을 말해 주는가? 정의는 '동의어 리스트'인가? '모
든 결혼하지 않은 남성은 총각'이라고 할 때 우리는 **분석적 진리**
analytic truth, 즉 정의에 의한 진리를 말하는 것이다. 분석적 진리
는 **종합적 진리**synthetic truth와 다르다. 종합적 진리란 세계에 관
한 발견 가능한 사실에서 결과하는 것이다. 지구는 태양에서 세
번째로 가까운 행성이라는 사실은 정의 자체로는 진리가 아니다.
달일 수도 있는 우연적 사실에 의한 진리다(말하자면 지구는 태양에
네 번째로 가까운 행성일 수도 있다).

　콰인은 이를 모호한 구별이라고 논한다. 분석적 진리가 그렇
게 단지 정의에 의해서만 존재한다면, 동시에 정의는 실제로 동
의어(동일한 것을 의미하는 단어들) 리스트일 뿐이라면, '결혼하지 않
은 남성은 총각이다'라고 말할 때 우리는 '결혼하지 않은 남성은
결혼하지 않은 남성이다' 혹은 '총각은 총각이다'라고 말하는 것
이나 다름없다. 정의는 순환적이다. 다른 한편으로는 지구는 태
양에서 세 번째로 가까운 행성이라는 주장에 이르는 데 유익한
정보를 주는 발견들의 전체 역사가 존재한다.

　콰인의 요점은 분석적 진리에도 역사가 있다는 것이다. 시간

을 통해 우리는 어떤 유형의 사물을 다른 유형의 것과 서로의 동의어가 될 때까지 연관짓는다. 이른바 분석적 진리란 개념들이 관습과 역사적인 변천에 따라 어떻게 서로 연결되었는지에 대한 보고인 것이다.

콰인이 옳다면 세계에 관한 이야기와 세계에 관하여 무언가를 발견하는 것 사이의 차이는 우리가 가정했던 것만큼 명확하지 않다. 모든 개념은, 소위 분석적 개념들까지도 경험에 달렸다. 그런가 하면 우리가 경험으로 무엇을 발견하든지 간에 이는 개념에 의해서 형태를 취하게 된다. 우리가 현실에 관해 가지고 있는 다양한 이론은 현실에 관한 특정한 해석이다. 어떤 이론은 다른 이론만큼 사실에 딱 들어맞지 않기도 한다. 하지만 우리가 지각한 것을 이해할 수 있는 무수한 방법들이 존재한다. 결국 현실을 가장 잘 예측하고 통제할 수 있게 하는 이론들은 인정받은 이론이다. 콰인 역시 **프래그머티스트**pragmatist이다.·[114]

"언어는 사회적 행위이다."

《단어와 대상》

존 설

John R. Searle | 1932–

1959년부터 강단에 선 미국 버클리 대학(캘리포니아)의 저명한 교수다. 위스콘신 대학(매디슨)을 졸업하고 로즈 장학생으로 옥스퍼드 대학에서 박사 학위를 받았다. 특히 옥스퍼드 대학에서 존 랭쇼 오스틴(1911–1960)과 같은 철학자에게 강한 영향을 받았다.

설은 언어 철학과 정신 철학에 주요한 기여를 했다. 언어 철학에서는 우리의 말과 행동으로 언어를 가늠하는 언어 행위 이론을 발전시켜 명성을 얻었다. 정신 철학에서는 우리의 정신은 복잡한 뇌에서 생성되면서도 그 속성은 물리적 속성으로 환원될 수 없다는 견해로 유명하다. '중국어 방'이라는 사고 실험으로도 유명하다. 이 실험에서 그는 컴퓨터란 단지 시뮬레이션을 하는 것이지 결코 인간의 지성에 도달할 수 없음을 증명했다. 자유 의지 대對 결정론 논쟁에서 자유 의지를 옹호했다. 쉽게 이해할 수 있는 문체와 평이한 설명으로 유명하다. 주요 저서로《언어 행위 Speech Acts》(1969),《지향성》(1983) 등이 있다.

■

옥스퍼드 대학에서 공부한 철학자 존 설은 오스틴의 저작을 더욱 진척시켰는데, 오스틴은 우리가 어떻게 언어를 사용하여 '일을 행하는지'를 살핀 최초의 철학자다. 비트겐슈타인과 하이데거 같은 철학자들이 삶의 형식에 의해서 형성된 언어에 초점을 맞춰 언어학적 규칙 분석에서 완전히 벗어나 있었다면, 설은 새로운 비판적 패러다임을 받아들이되 초기 언어 분석 틀은 보강, 유지하려 했다. 지시체나 외연에만 초점을 맞추었던 초기 분석 철학자[129]보다 더욱 정교한 방식으로 언어의 논리적 구조와 규칙을 계속 자세히 검토했다.

설의 연구는 대부분 **언어 행위 이론**Speech-Act Theory을 토대로 한다. 발화 행위 이론은 화자의 의도와 사용한 단어의 효과에 방점을 둔다. 집에 왔는데 부엌에 불이 켜져 있는 상황을 생각해 보자. 당신은 불을 켜 둔 룸메이트에게 "부엌에 불이 켜져 있네"라고 말한다. 설이 **발화 행위**locution act라고 명명한 이 발언은 단순한 사실을 말한 것이다. 그런데 이 문장을 발언할 때 당신은 룸메이트에게 "불을 꺼 줄래!"라는 암묵적인 요구를 하고 있는 것이다. 즉 "부엌에 불이 켜져 있네"라는 발화 행위를 통해 "불을 꺼 줄래!"라는 **발화 수반 행위**illocutionary act를 의도한 것이다.

오스틴과 함께 설은 우리에게 언어의 '힘'에 관한 관점을 제시했다. 설은 '규칙들'을 구성하는 발언이 문맥과 실천에 연결되어 있다고 주장하며, 우리의 말이 어떤 의미를 갖기 위해서는 특정한 사회적, 문법적 규칙을 만족시켜야만 한다는 발언의 **만족**

조건conditions of satisfaction에 대해 이야기한다. 내가 당신에게 물통에서 물이 끓고 있다고 말한다면, 나는 단순히 사실을 말하는 중이다. 하지만 내가 당신에게 파이 한 조각을 달라고 더군다나 요구(혹은 상황에 따라 명령 등)하는 거라면, 나는 세상에 있는 무언가로 내 욕구를 충족시키려는 것이다. 나는 심지어 말로 세상에 관한 것들을 바꿀 수도 있다. 예를 들어 내가 치안 판사라면 한 커플을 부부로 선언하여 성혼시킬 수 있다.

> "내가 알기로는 모든, 아니 대부분의 유능한 언어학자들이 기꺼이 한 규칙으로 동의할 통사론 규칙은 하나도 없다."
>
> 〈철학의 미래The Future of Philosophy〉

힐러리 퍼트넘

Hilary Putnam | 1926—

미국 시카고에서 태어났지만 어린 시절 대부분을 프랑스에서 보냈다. 1934년 가족과 함께 필라델피아에 정착했고 거기서 유명한 언어학자이자 정치 활동가인 노암 촘스키와 같은 고등학교에 입학했다.

많은 분석 철학자들처럼 수학을 공부했고 1951년 UCLA에서 철학 박사 학위를 받았다. 노스웨스턴 대학, 프린스턴 대학, MIT 교수로 재직한 바 있으며, 현재 하버드 대학 명예 교수다. 퍼트넘은 인식론, 과학 철학, 언어 철학, 정신 철학 등에 큰 공헌을 했다.

미국 공산당 일원이었던 그는 직접 목소리를 내는 활발한 정치 활동가이기도 했다. 1960년대 후반 하버드 대학에서 마르크스주의에 대한 강좌를 개설했고 캠퍼스 시위를 조직하기도 했다.

저술 활동도 활발히 했는데, 특히 자신의 핵심적인 형이상학적 입장을 엄격하게 비판하고 수정하여 주목받았다. 주요 저서로《이성·진리·역사》(1981),《실재론의 수많은 얼굴들The Many Faces of Realism》(1987),《존재론 없는 윤리학》(2002) 등이 있다.

．

미국 철학자 힐러리 퍼트넘은 우리가 언급하는 대상들과 직접 접촉하지 않고도 무엇을 이야기하는지 어떻게 알 수 있는가를 연구한다. 어떻게 고대 그리스인들이 말하는 파르테논과 내가 말하는 파르테논이 같은 의미일까? 정말 그리스인들이 나와 같은 의미로 파르테논을 말했을까? 이 질문은 다음과 같은 질문과도 연결된다. 한 단어의 의미는 그것이 지시하는 대상에 대한 개념의 내면화에서 유래하는 것일까? 그렇다면 고대 그리스인들이 말하는 '파르테논'은 내가 말하는 '파르테논'과 다른 의미일 것이다. 정말 그럴까? 우리는 지금 동일한 대상에 대하여 이야기하고 있는 게 아닌가? 한 단어를 의미에 맞게 사용할 때 우리는 머리에 동일한 종류의 생각을 떠올려야만 할까?

퍼트넘에게 단어의 의미란 머릿속 생각이라기보다는 어떻게 그런 생각이 '생겼는가'에 대한 것이다. 단어의 지시체에 대한 외부 환경과 인과적 사실들이 그 단어에 본질적인 의미를 부여한다. 이런 견해를 **의미론적 외재주의**semantic externalism라고 부른다. '의미론적'이라는 것은 단어와 문장의 배열 규칙, 즉 통사론과 반대되며, 단어와 문장의 의미와 관련된다. '외재주의'는 의미란 우리의 마음속에 있는 단순한 생각과 달리 외부적 요소들에 의해 형성된다는 견해다.

이는 지식으로 간주하도록 정당화하는 믿음에 대한 골드먼의 생각*108과 유사하다. 골드먼에게 믿음은 믿을 만한 방식으로 생겨날 때 지식의 후보군이 된다. 이를 단어의 의미에 적용한다면,

퍼트넘은 의미가 대상을 지시하는 인과 과정을 강조하는 것이다. 이를 좀 더 잘 이해하기 위해 **쌍둥이 지구 문제**Twin Earth Problem 로 알려진 사고 실험을 살펴보자.

대략 1750년 이전, 다시 말해 물의 분자 구조가 H_2O라는 것이 발견되기 전 근본적으로 지구와 동일한 쌍둥이 지구가 있다고 가정해 보자. 지구의 빌이라는 사람과 똑같은 사람이 쌍둥이 지구에도 있다. 지구의 빌과 쌍둥이 지구의 빌은 나란히 같은 역사를 갖는다. 지구에 물이 있는 것처럼 쌍둥이 지구에도 우리가 '물'이라고 부르는 것과 똑같은 물질이 있다. 쌍둥이 지구 사람들도 살기 위해 그 물질을 마신다. 그 물질 역시 축축하고 얼기도 한다. 쌍둥이 지구 사람들도 아이스티를 만든다. 샤워도 하고 접시도 닦는다. 다만 한 가지 차이점은 쌍둥이 지구의 그 물질은 XYZ로 이루어져 있다는 것이다. 그런데도 쌍둥이 지구의 빌과 사람들도 그 물질을 '물'이라고 부른다. 그렇다면 지구의 빌과 쌍둥이 지구의 빌이 둘 다 '물'이라고 말할 때 이는 같은 것을 '의미'할까? 그 둘의 머릿속 개념은 거의 동일하다.

퍼트넘에 따르면 그 둘은 동일한 것을 의미하지 않는다. '물'은 그 단어가 지시하고 있는 물질에 관한 사실의 결과로서 지구에서 의미하는 '물'인 것이다. 쌍둥이 지구의 빌이 '물'이라고 말할 때, 그는 XYZ를 가리키는 것이다. 지구의 빌이 '물'이라고 말할 때, 그는 H_2O를 가리키는 것이다. 그러므로 단어의 의미는 단지 우리 머릿속에 있는 개념에 관한 것이 아니다. 가령 물은 우리가 살기 위해 마시는 액체라는 개념이며 그 단어의 인과적 역사가 결국 그 의미를 결정하는 것이다.

우리는 가끔 언어를 정신의 산물로 생각한다. 내가 내 불안과 고통에 대해 말하면 당신은 그 실제 의미를 모를 것이다. 당신은 내 고통을 느낄 수 없으며 나는 나만의 독특한 사고 방식으로 '고통'이라는 단어를 사용하기 때문이다. 그러나 퍼트넘에게 단어는 사물에 대한 근본적인 사실을 지시하는 것이므로 여기서 '고통'의 의미는 순수하게 정신적 구상도 아니고 고통의 체험이라는 이상한 방식도 아니다. 이는 우리가 공유하고 있는 현실의 산물이다.

> "과학은 형이상학의 대답을 놀라울 정도로 파괴하고 있지만
> 다른 답을 내놓지는 못한다."
>
> 《실재론의 수많은 얼굴들》

자크 데리다

Jacques Derrida | 1930-2004

알제리 세파르디(스페인계) 유대인 가정에서 태어났다. 어릴 적 반유대주의적 차별을 경험했는데, 학교에서 퇴학을 당하기도 했다. 축구를 시작하고 잠시 프로 선수를 꿈꾸기도 했던 그는 사춘기가 끝날 무렵 철학으로 방향을 급전환했다.

특히 니체와 같은 급진적인 철학자들의 영향을 받았으며, 1952년 파리 고등사범학교에서 철학을 공부하기 시작했다. 1960년부터 1964년까지 소르본 대학에서 철학을 가르쳤고 결국 파리 고등사범학교로 옮겨 1984년까지 강의했다. 미국 유명 대학의 방문 교수를 지냈으며, 1984년부터 2004년까지 캘리포니아 주립 대학(어바인) 인문학 교수로 있었다.

해체주의의 창시자이자 탁월한 포스트모던 철학자이다. 구조주의 철학에 대한 논쟁에 기여했다. 문학과 간과된 많은 담론으로부터 전통적인 철학적 방법에서 벗어나 독특한 텍스트 읽기를 발전시켰다. 주요 저서로 《그라마톨로지》(1976), 《글쓰기와 차이》(1978) 등이 있다.

■

자크 데리다는 대부분의 분석 철학자들로부터 무시당할 정도로 철학 연구를 변형한 것으로 유명하다.[146] 데리다가 '진정한 철학'을 했는지에 대해 믿거나 말거나, 그는 **해체**deconstruction라고 명명한 텍스트와 철학적 담론에 이르는 새로운 길을 개척했다.・ '해체'는 의심할 나위 없이 하이데거의 용어를 차용한 것이다. 하이데거[140]는 그 용어를 좀 다르게 사용했지만 말이다.

해체는 차이와 숨겨진 모순들을 찾으면서 텍스트에 접근한다. 데리다는 그것을 **아포리아**aporia(그리스어로 '난관', '교착 상태')라고 불렀다. 선과 악이 분명한 도덕적 이야기를 읽고 있다고 가정해 보자. 데리다는 이야기를 이해하게 하는 방식 중 선과 악의 구별이 흐려질 것을 요구하는 곳을 찾아 접근한다. 아마 주인공의 복잡한 윤리적인 동기들이 그런 방식을 취하지 않으면 충분히 이해되지 않을 것이다. 따라서 이야기의 저자가 주장하는 것과 의도하는 것 사이에는 모순이 존재한다. 데리다는 모든 텍스트가 이와 같은 해체를 허용한다고 보았다. 의미는 무한한 가능성에 열려 있기 때문이다.

・ 데리다의 의미론 및 언어관은 4세기에서 8세기까지의 고전적인 인도 불교의 논리학자들로부터 예견되었다. 그 논리학자들은 한 단어의 의미는 그 단어가 지시하는 것이 아닌 것에 근거한다고 주장했다. 예를 들어 '소'라는 단어는 소는 개, 고양이, 컵, 인간 등이 아니다를 제시함으로써 이해된다. 이는 매우 이상한 듯 보이지만, 사실 그 생각은 자연에는 확정된 유형들이나 철학자들이 '자연적인 종류들'이라고 부르는 유형들이 존재하지 않는다는 것이다. 어떤 것이 다른 것과 어떻게 다른지를 보여 주는 것은 한 특수 유형의 부분임을 확인하는 것보다 종종 더 쉽다. 불교도는 이 방법을 아포아Aphoa라고 부른다. 그 의미는 '제거', '밀어 젖힘' 또는 차이와 같은 것이다.

더 명확히 말하자면 "의미는 항상 연기된다." 누군가 자본주의는 중앙 정부의 간섭 없이 개인과 기업이 자유롭게 거래하고 상품의 가격을 정하는 경제 체제라고 말할 수 있다. 반면에 다른 누군가는 자본주의는 태생적으로 착취자의 모습을 띠거나 사회주의와 비교하게 된다고 말할지도 모른다. '자본주의'의 의미는 결코 충분히 파악되지 않는다는 것이 그 요점이다. 그것을 정의하는 서술은 끊임없이 변화, 확장되고 있다. 더욱이 그 단어는 진공 상태에서 이해되지 않는다. 의미를 명확히 이해하기 위해서 다른 단어들과 비교해야 한다. 비교되는 단어들 또한 결국 변화하는 의미를 가지고 있으므로 다른 단어들과 대조해야 한다. 이런 식으로 용어의 의미는 늘 '연기되는 것이며' 항상 '다른 것'으로 되어 가는 과정 중에 있는 것이다. 이런 의미에서 데리다는 언어에서 의미의 차이와 연기를 지칭하는 말로 **차연**différance이라는 단어를 사용했다.

데리다에게 세계 자체는 언어를 통해 빚어지며 그 의미는 항상 모호하고 해석에 열려 있다. 많은 분석 철학자가 언어 자체가 어떻게 의미를 만들어 내는지에 대한 포괄적인 이론을 발전시키려고 애쓰는 동안 데리다는 의미가 해체에 열려 있는 다양한 사회적, 정치적, 윤리적 처리 방식에 의해서 결정되는 열린 질문임을 보여 주는 데 몰두한다. 데리다는 '최종'의 혹은 순수하게 객관적인 언어 이론을 만들 수 있다는 믿음을 거부했다.

데리다에게 있어 포괄적이거나 '전체화하는' 이론은 이론가들이 가끔 스스로도 알지 못하는 윤리적이고 정치적인 의도를 숨기고 있는 것이다. 사실 '객관성' 자체는 중립적인 단어가 아니며

학자들은 종종 이 단어를 다양한 이론들을 차단하기 위해 사용한다. 한마디로 언어는 끝없는 창조의 원천이자 사회적 또는 정치적 통제의 강력하고 위험한 도구일 수 있다.

> "'객관성'이란, 예를 들어 과학의 객관성이란 견고하게 확립된 …
> 맥락에서만 … 그리고 여전히 맥락으로 남아 …
> 맥락을 통해서만 오직 그 자신을 드러낼 수 있다."
>
> 《유한 책임 회사LIMITED INC.》

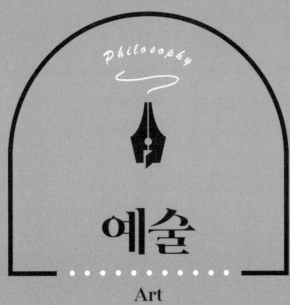

예술

Art

"우리는 진리로 인해 멸망하지 않도록 예술을 가지고 있다."

프리드리히 니체

...

노래와 춤, 이미지, 글이 그 어떤 생물학적 기술記述보다 인간 조건에 대해 더 많은 이야기를 해 준다. 인간은 창조 충동을 지니고 있으며 아름다운 대상을 만드는 데 창의력을 힘껏 발휘한다. 그런데 예술이 주변에 있어도 우리는 여전히 예술이 정확히 무엇을 의미하는지 이해하려 애쓰고 있다. 예술은 꼭 아름다워야 할까? 종종 끔찍한 이미지나 이야기에 매력을 느끼기도 한다. 예술은 구체적인 물리적 대상으로 표현되어야 할까? 실내악과 행위예술은 이를 반증하는 듯하다. 예술은 일상생활과 동떨어져야 할까? 그렇다면 뒤샹의 변기나 앤디 워홀의 브랜드 로고들은 예술로 여겨지지 않을 것이다. 우리가 '미학'이라고 알고 있는 예술과 미美에 대한 탐구의 큰 부분은 정확히 예술이 무엇으로 구성되는지를 밝히려는 것이다.

이 질문에 답을 찾고자 18세기부터 19세기 초까지 미학은 예술이 실제로 무엇을 '실천하고' 있는지를 탐구하는 데 몰두했다. 여기에서 살펴볼 몇몇 철학자들에게 예술은 정신을 고양하거나 자유를 표현하거나 즐거운 느낌과 감정을 특별히 만들어 내기도 한다. 다른 철학자에게 예술은 선善의 본질에 대해 말해 주므로 인성 발전에 중요한 역할을 한다.

하지만 여기에는 문제가 있다. 우리는 무엇이 예술 작품을 좋게 하는지 알고 싶기 때문이다. 이론들은 예술을 평가하는 비자의적인 원리들을 규정할 수 있는지에 대해 논쟁한다. 일부 철학자들은 예술 비평을 순수 **관습적 실천**conventional practice이라 믿으며 예술의 **제도 이론**Institutional Theory을 고수한다. 이에 따르면 예술은 전문가와 예술가 자신의 이론적 실천과 기준에 의해서 단순히 평가된다. 다른 철학자들은 좋은 예술이란 가치 있는 성취에 도움이 되는 것이라고 믿는다. 이들은 예술의 **도구 이론**Instrumentalist Theory을 지지한다.

이러한 다양한 예술 이론은 예술과 정치적, 사회적 제도의 관계를 묻는다. 예술은 독자적인 실천 영역인가, 아니면 사회적이고 정치적인 위계를 표현하는가? 예술을 옷, 신발, 담요처럼 사용할 수 있을까? 결국 무엇을 '예술'이라 부르든 노래와 춤, 글의 창조적 에너지가 어떻게 인간 조건을 기술하는 데 중요한 역할을 하는지 탐구해야 한다.

기원전 850-30년경 ● **그리스와 헬레니즘 예술**

예술 작품은 그리스 파르테논에서 드러나듯이 대칭, 균형, 비율을 보여 주어야 한다. '그리스 이상주의'와 함께 조각상들은 '실재'보다 이상적인 영웅과 신화 속 인물들을 묘사한다.

기원전 4세기 ● **아리스토텔레스**

예술은 '모방'mimesis'(혹은 모방적)이다. 예술은 현실을 포착하여 비추는 거울이다. 극장에서 상연되는 비극은 관객들에게 공포와 연민 같은 자연스러운 심리 상태를 처리하고 극복하게 한다.

중세 예술 ● **500-1400년경**

고딕 대성당과 같은 건축 양식에서 드러나듯이 인간과 신의 관계에 초점을 맞춘다. 기독교 철학자들은 신학과 플라톤 철학을 종합하는데, 플라톤 철학은 미를 숭고한 선과 덕에 연결시킨다.

헤겔과 낭만주의 ● **1700년대 후반–1800년대 초반**

예술은 정신의 미를 표현한다. 그 정신은 완전한 표현에 도달할 때까지 역사를 통해 진보한다. 예술은 보고 듣는 형식으로 정신의 자유를 표현한다.

실러 ● **1700년대 후반**

예술은 감각적 충동과 합리적 충동의 상호 작용과 '놀이'에서 나타난다. 예술은 지성을 넓혀 주고 보편적 원리와 그 원리의 특수한 예들의 상호 관계를 드러내므로 인간은 더 선하고 더 나은 시민이 되는 법을 배운다.

에드먼드 버크 ●

예술은 미와 숭고에 대한 '느낌'을 바탕으로 한 미적 체험이다. 숭고는 아주 강하면서 압도적인 경외의 느낌을 만든다. 미는 형식과 구조에 관한 평가에 기초한 쾌락의 감각을 만든다.

비어즐리와 예술 비평 ● 1970-1980년대

예술은 순수 주관적이지 않다. 예술이 좋은지 나쁜지를 결정하기 위해 원리들이 존재하며, 예술을 평가하는 데는 숙달된 비평가와 애호가들이 필요하다. 예술 형식에 일반적이고 합리적인 기준만을 적용해야 한다.

아이리스 머독 ● 1970-1990년대

예술은 사건의 특수성에서 벗어나게 해 주고, 일반적이고 보다 보편적인 형식미를 보여 준다. 예술은 정신을 고결하게 하며 플라톤의 말처럼 초월적이고 선한 것으로 이동시킨다. 미는 덕으로 오르는 사다리다.

1970-2000년대 ● 아서 단토 '예술의 종말'

예술은 박물관과 예술학파, 비평가, 예술 열정가가 무엇을 요구하든지 간에 지속적이고 역동적인 의사소통이다. 한마디로 예술은 관습의 문제다. 모방 혹은 형식적인 규칙과 구조로서의 예술은 '종말을 고하게 되었다.'

20세기 후반-21세기 ● 페미니스트 미학

예술은 자족적이며 실천 기능에는 봉사할 수 없다는 믿음과 대조적으로, 일상생활에서 사용하는 퀼트나 스카프와 같은 것들도 예술에 포함될 수 있다. 비정치적이고 합리적이며 형식적인 예술의 강조는 남성 중심의 편견이다. 예술은 전통적으로 예술로 간주하지 않는 보다 큰 범위의 대상들을 포함한다.

랑시에르

예술은 자기 충족적이지만 또 사회적, 정치적 삶의 형식들과 효과적으로 연결된다. 즉 예술은 정치적인 목적에 이용될 수도 있고 권력 계층의 이동을 반영할 수도 있다. 예술은 박물관에서 볼 수 있는 장식적인 혹은 아름다운 대상을 만들기보다는 사회적 경계를 허물고 밀어낼 수 있다.

에드먼드 버크

Edmund Burke | 1729-1797

아일랜드 더블린에서 성공한 변호사의 아들로 태어났다. 더블린의 트리니티 칼리지를 졸업했다. 런던 미들 템플의 변호사 자격을 얻었지만 저술 활동에 주력했다.

그는 정치인이었다. 1765년 영국 하원에 선출되었고 1794년 은퇴할 때까지 현역 의원으로 있었다. 정치에 관한 영향력 있는 저술들을 다수 발표했으며, 인도와 아일랜드, 북아메리카에서의 영국 통치를 위한 정책에 기여했다. 그는 설득력 있는 국회 연설문을 많이 쓴 것으로도 알려져 있다.

철학에서 숭고와 미의 구별은 칸트와 같은 거인뿐만 아니라 많은 유명 시인과 작가, 예술가에게도 영향을 끼쳤다. 이는 미학과 예술사 분야에서 핵심 개념으로 남아 있다. 주요 저서로《숭고와 아름다움 이념의 기원에 대한 철학적 탐구》(1756) 등이 있다.

．

어떻게 예술의 가치를 평가하는가? 예술은 반드시 미美와 연결되는가? 좋은 예술은 어떤 가치 있는 느낌을 불러일으키는가? 작은 서퍼 위로 18미터 높이의 파도가 우뚝 솟아 있는 사진이 당신의 마음을 움직이게 하는 느낌을 생각해 보라. 나치의 선전 기계가 정치적 의제를 촉진하기 위해 예술과 사진을 어떻게 이용했는지 생각해 보라. 좋든 나쁘든 간에 우리는 예술을 중심으로 모일 수 있고 예술을 이용해 정치적으로 도발할 수 있는데, 이는 예술이 평가적 사고나 감정에 영향을 주기 때문일 것이다. 이런 사고와 감정은 중요한 무언가를 말할 때 표현하는 즐거움을 주는, 충격적인, 압도적인, 끔찍한, 맛있는, 아름다운이라는 의미에서 '평가적'이다. 이는 '미적 경험'을 이야기할 때 의미하는 바의 일부이다.

철학자이자 정치가인 에드먼드 버크는 예술에 대한 모든 해석에 영향을 준 미적 경험이라는 기준을 발전시켰으며 **숭고**와 **아름다움**을 구분했다. 특히 칸트[38]와 독일 시인인 라이너 마리아 릴케(1875-1926)가 버크에게 큰 영향을 받았다.

아름다움은 전적으로 사랑과 욕망처럼 즐거움을 주는 느낌과 연결된다. 하지만 숭고는 그와 다른 느낌을 주는데 공포와 테러 같은 느낌도 나름 미적으로 타당한 것이 된다. 가령 18미터 높

• – 숭고: 끝없음, 웅장함, 고통 또는 공포를 연상케 하는 느낌을 야기하는 예술의 질quality.
  – 아름다움: 비율, 조절, 균형을 연상케 하는 즐거운 느낌을 야기하는 예술의 질.

이의 파도와 같은 정말 압도적인 것들은 무시무시한 무한감을 줄 수 있다. 그러므로 숭고는 공포를 유발하는 유혹적인 것이다. 그 강력한 힘은 동시에 우리를 끌어당기기도 하고 밀어내기도 한다.

이는 끔찍한 전쟁이나 바다에 유출된 석유와 같은 것들을 예술적으로 묘사한 작품들이 종종 높이 평가받는 이유를 설명해 준다. 예를 들어 에드워드 버틴스키(1955-)의 〈Oil-Spill #2〉라는 사진은 2010년 영국 정유 회사BP의 석유 유출을 하늘에서 숭고하게 포착했다. 거대한 배는 광활한 기름으로 뒤덮인 바다에 비해 객관적으로 보잘것없어 보인다. 대략 2미터 높이의 이 사진은 여전히 보는 사람을 압도적으로 사로잡는다. 요컨대 예술의 가치는 (아름답거나 숭고하거나) 우리 마음을 움직이게 하는 강력한 느낌과 중요하게 연결되어 있다.

에스텔라 로터

Estella Lauter | 1946—

미국 위스콘신 대학(오슈코시) 명예 교수다. 위스콘신의 도어 카운티에서 산다. 33년간 위스콘신 대학의 그린 베이와 오슈코시를 오가며 인문학을 가르친 뒤 2004년 은퇴했다. 1970년부터 시를 써 왔으며 2013 - 2015년 도어 카운티 계관 시인의 영예를 얻기도 했다. 위스콘신 시인 협회 WFOP의 일원이기도 하다. 페미니즘과 페미니즘 미학에 관한 에세이와 책을 썼으며 오늘날 페미니즘의 상황에 대한 공개 강연을 열기도 했다. 위스콘신 그린 베이에 있는 클리어링 포크 스쿨The Clearing Folk School과 개인 별장에서 여성과 여성 문학에 초점을 맞춘 강좌를 개최했다.

로터는 남성 중심의 예술 비평이 예술 작품의 사회적, 역사적, 기능적 요소를 도외시하는 오늘날의 패러다임을 재고하여 예술의 기준을 확장하는 예술가와 사상가 운동을 대표한다.

．

　에스텔라 로터는 미학 이론의 형식주의에 반대하는 페미니스트 비평을 개척한 시인이자 저술가이다. 처음 서양 문화에서 예술은 모방을 강조했다. 예술은 가능한 한 현실에 가깝게 표현해야 한다고 생각했다. 하지만 19-20세기의 현대 예술은 작품에서 예술가의 '천재성'과 표현력이 아닌 보편적이고 추상적이며 탈역사적인 형식과 색채의 원리를 더 고려하기 시작했다. 단순히 말하면 **형식주의**formalism란 스타일과 구성적인 구조가 예술의 본질적 요소이며 사회적, 정치적, 역사적 배경은 부차적인 것이라는 견해다. 예술 작품은 자기 충족적인 대상이어야 한다는 것이다.

　로터는 남성 위주의 예술 세계와 여성 및 역사적으로 여성과 연관된 작품을 배제하는 것은 예술의 가능성을 제한한다고 논한다. 추상적이고 보편적 원리에 대한 젠더의 강조는 형식 원리들을 깨는 것보다 예술 세계에서 '권리를 박탈하는' 데 더 큰 역할을 한다. 색과 기하학적 형식의 생생한 사용을 보여 주는 퀼트는 왜 예술이 될 수 없는가? 로터는 이와 같은 묵살이 예술은 '무관심한', 즉 자기 충족적이고 일상생활에 도움이 되지 않는 것(퀼트는 분명 일상생활에 도움이 된다)이라는 형식주의자의 견해와 밀접한 관련이 있다고 주장한다.

　로터의 페미니스트 예술 이론에 따르면 예술 세계는 역사적으로 형식주의에 의해 묵살되어 온 더욱 넓은 범위의 대상과 실행을 마땅히 포함해야 한다. 좋은 예술은 사회적 혹은 역사적 기능과 무관하게 탁월성의 기준을 충족시킬 수 있다. 하지만 사회적 혹은 역사적 기능은 실제로 예술 작품에 대한 우리의 이해를 향상시킬 수 있다. 예를 들어 프리다 칼로의 작품에 대한 사회적, 개인적 배경을 많이 알면 알수록 우리는 화가와 작품에 대한 감성적 공감대를 더욱 발전시킬 수 있다. 로터는 예술에 대한 남성 중심의 범주와 제약과 같은 신성시에 문제를 제기하여 예술의 '권리 회복'을 시도한다.

게오르크 빌헬름 프리드리히 헤겔

Georg Wilhelm Friedrich Hegel | 1770-1831

독일 바덴뷔르템베르크주 슈투트가르트에서 태어났다. 어린 학생으로 고전과 계몽주의 유럽 문학에 통달했다. 대학을 졸업하고 스위스 베른에서 가정 교사로 일했다. 1797년 프랑크푸르트로 이주하여 종교에 관한 에세이들을 꾸준히 써 나아갔다. 1801년 예나 대학에서 강의를 시작했다. 예나 대학의 정교수가 된 후 서양 철학에서 가장 영향력 있는 책인 《정신현상학》(1807)을 집필했다. 나폴레옹의 군대가 침입하여 대학이 문을 닫게 되자 약 1년간 밤베르크 신문사의 편집장으로 활동했다. 나폴레옹이 패배하고 3년 뒤인 1818년부터 베를린 대학에서 가르치기 시작했다.

체계적인 철학자 헤겔은 독일 관념론을 정화하고 발전시켰다. 그의 저작들은 계몽주의가 강조한 자유, 이성, 정신을 구체화한 것이었다. 결국 역사는 보다 깊은 종합을 성취하게 하는 일련의 변증법적 대립에 의해 펼쳐진다고 믿었다. 그리고 이는 이후 카를 마르크스(1818-1883)의 유물론과 사회주의 저서를 포함한 독일 철학 전반에 영향을 끼쳤다. 주요 저서로《논리학》(1812‑1816),《미학 강의》(1817) 등이 있다.

．

　헤겔 철학은 이해하기 어렵기로 악명이 높다. 헤겔은 '체계적인' 철학자인데, 현실 이해를 위해 모든 것을 포괄하는 철학 체계를 발전시키려 했기 때문이다. 빠르게 증가하는 자연 과학과 사회 과학의 다양한 데이터를 고려하더라도 (물론 불가능하지 않겠지만) 오늘날에도 상당히 어려운 일이다. 예술에 대한 헤겔의 견해는 철학과 미학 분야에서 독일의 풍부한 전통을 형성하는 데 공헌했다. 플라톤이 미를 선에 대한 사랑과 연결지었다면, 헤겔은 미를 진리와 '정신'의 자유에 연결했다. 그런데 '정신'은 무엇을 의미할까?

　'정신spirit'은 독일어 '가이스트Geist'를 거칠게 번역한 단어다. 헤겔의 정신은 사적이고 순수 주관적이라기보다 오히려 '시대정신'을 의미한다. 헤겔에게 '존재'란 역사를 통하여 자신을 개진하는 합리적인 원리 혹은 '이념Idee'에 따라 작동하는 것이다. 이념은 우선 현실 질서에서 나타난다. 이는 헤겔이 '관념론자idealist'로 여겨지는 이유이다. 정신은 이성의 현현이고 그것은 자유롭게 자신의 의지로 분투하고 자기의식과 복잡한 사유를 가능하게 하는 삶의 형식을 통해 가장 명백하게 표현된다. 이는 '개인'의 삶이 무슨 가치를 지녔는지 궁금하게 한다. 우리는 과연 하나의 거대한 집단정신인가, 아니면 복잡한 전체를 만드는 하나의 분리된 정신들인가?

어느 쪽이든 헤겔은 인간의 역사는 목적을 갖고 있다고 믿었는데, 그 목적이란 정신의 자기의식이 **절대정신**absoluter Geist을 성취하는 목적지까지 이르러야만 한다는 믿음이었다. 인류는 다양한 방식으로 이를 행할 수 있지만, 헤겔에게는 철학이 가장 정교한 것이다. 철학은 순수 이념을 다루는 정신의 정수이기 때문이다. 종교 역시 정신의 추상적 본성을 어느 정도 신앙의 이야기와 이미지들을 통해 보다 구체적으로 만드는 한 가치가 있다.

신앙에 의존하지 않는 것만 제외하면 예술은 종교와 비슷한 것을 행한다. 예술은 정신의 구체적이고 물질적인 구현이다. 즉 보고 듣는 방법으로 자신을 표현하는 정신의 자유 표현이다. "미는 이런 자유를 표현하는 것일 뿐이다." 따라서 인간의 자유에 대한 욕망은 미의 기준을 정립한다. 예술은 이런 미를 표현하는 가장 구체적인 방법이다.

"시는 그 자체로 자유롭게 된 정신의 보편적 예술이다."

《미학 강의》

프리드리히 실러

Friedrich Schiller | 1759-1805

독일의 위대한 극작가이자 시인으로 평가받지만 역사와 철학에도 기여했다. 바덴뷔르템베르크주 마르바흐에서 태어났다. 아버지는 군의관이었으며 대단히 종교적인 집안에서 성장했다. 성직자를 꿈꾸었으며 지역 목사에게서 라틴어와 그리스어를 배웠다. 1773년 칼 사관 학교에 입학하여 시 창작을 시작했다. 그곳에서 의학을 공부했지만 미학적 감수성과 시와 철학에 대한 사랑을 발전시켜 나아갔다.

괴테, 셰익스피어, 루소, 칸트로부터 영감을 받았는데, 이들에게서 얻은 자유주의와 혁명 정신은 이후 그의 작품을 가득 채우게 된다. 하지만 무엇보다 그의 철학적 미학에 큰 영향을 끼친 것은 칸트의 저술이었다. 내과 의사로 일하는 동안에도 처녀작인 《도적 떼》(1781)와 같은 위대한 작품을 썼다. 《도적 떼》는 그를 하룻밤 사이에 유명 극작가로 만들어 놓았다. 자유, 정신의 자유, 인간의 의지를 강조한 실러는 니체 같은 철학자와 프랑스와 독일 철학의 대륙적 전통에 지대한 영향을 발휘했다. 주요 저서로 《미학 편지》(1794), 《숭고에 관해서Über das Erhabene》(1801)

등이 있다.

•

프리드리히 실러는 정치 사상가이자 시인이었으며, 예술을 인격을 고양하는 매개로 상상한 극작가였다. 그래서 실러는 예술적 표현의 목적에다 도덕적 요소를 더했다.•

칸트의 젊은 동시대인인 실러는 칸트의 이원론, 즉 개인은 합리적 세계와 물질적 세계를 동시에 가로지르며 합리적이고 도덕적인 질서('이성적 욕구')를 물질적 본성('감각적 욕구')에 부여하기 위해 노력해야 한다는 생각을 거부했다.

실러는 이러한 욕구들이 서로 긴장 상태에서 작용해야 한다는 생각을 거부했다. 대신 **자유로운 놀이**라는 개념을 발전시킨다. 예술은 궁극적으로 미를 표현하고 미는 자유로운 놀이 혹은 감각과 합리적인 능력의 종합에서 비롯된다는 것이다. 두 욕구는 서로 싸우지 않고 협력한다. "감각과 지적인 본능의 조화로운 춤은 아름다운 예술을 만들어 낸다." 합리적 원리의 일반성을 감각 경험의 특수성과 결합시키면서 자유로운 놀이는 더 나아가 '보편'과 '특수'를 결합시킨다.

실러에게 있어 우리의 수동성과 맹목적인 몰두는 세상의 복

172 — 173

• – 미학: 예술과 미의 철학. 미학은 취미와 감정의 관계, 예술 작품과 예술 표현에 관한 판단의 관계에 초점을 맞춘다.
  – 예술의 표현주의 이론: 예술 작품은 예술가의 감정을 표현하거나 감상자의 개성적인 느낌을 만들어 내는 데 관심을 가져야 한다.

잡성을 이해하는 데 반드시 필요한 비판적 거리를 허용하지 않는다. 미적 경험은 정신의 폭넓은 상태를 허락하여 그 안에서 우리는 더 깊은 자기 이해에 도달할 수 있다.

"우아함은 자유의 영향 아래에 있는 형식미다."

〈우미와 존엄Über Anmut und Würde〉

먼로 비어즐리

Monroe Beardsley | 1915−1985

미국 코네티컷주 브리지포트에서 태어났다. 예일 대학에서 학사와 박사 학위를 받은 뒤 1940년에서 1944년까지 철학을 가르쳤다. 이후 스워스모어 칼리지와 템플 대학에서 교수로 지냈다. 동료 철학자 엘리자베스 레인과 결혼했다.

주로 논리학과 정치 철학 관련 책을 썼으나 미학 분야에서 가장 두드러졌다. 윌리엄 윔서트(1907−1975)와 함께 '의도의 오류intentional fallacy'와 '감정의 오류affective fallacy'라는 개념을 제시해 널리 알려졌다. 두 사람은 문학 작품을 쓰는 데 있어 작가의 의도와 독자의 감정적 반응은 작품의 의미를 결정하는 요소가 아니라고 주장했다. 대신 작품 자체의 구성과 목소리를 가장 중요한 요소로 보았다.

비어즐리는 신비평의 한 부분을 담당했다. 신비평은 문학 이론과 예술 비평에서 텍스트 혹은 예술 작품의 가치와 적절성을 결정하는 객관적 원리를 찾으려는 한 조류다. 그를 비롯해 이 조류에 뛰어든 비평가들은 미란 실재이고 객관적인 것이라고 믿었다. 주요 저서로《미학: 비평철학의 제문제Aesthetics: Problems in the Philosophy of Criticism》(1981) 등이 있다.

∎

우리는 '아름다움은 보는 사람의 눈에 달려 있다'는 진부한 표현에 익숙하다. 한걸음 더 나아가 예술에 관한 모든 판단은 실제로 취향에 달려 있다고 주장할 수 있다. 이런 견해를 **미학적 상대주의**aesthetic relativism라고 일컫는다. 먼로 비어즐리는 이런 상대주의에 이의를 제기하고 객관적인 미적 판단을 가능하게 하는 합리적인 기준을 제시하고자 했다.

대부분의 페미니즘 미학자들은 비어즐리가 (이전의 대부분의 철학자처럼) **합리주의**에 경도되어 있다고 주장할 것이다. 여기서 합리주의는 합리적 원리에 근거하여 현실을 설명하는 것이 철학자 (대개 남자)의 역할이라고 본다. 페미니즘 비평가들은 합리성이라는 '덕'이 여성을 '감정적인', 비합리적인 충동과 연결하는 남성 중심의 이론에서 자라났다고 설득력 있게 논의한다.

비어즐리는 예술의 **도구 이론**을 발전시킨다. 이 이론에 의하면 한 작품이 자격 있는 감상자에게 강력한 미적 경험을 유발한다면 '그 작품'이 예술 작품이라는 것이다. 비어즐리는 현재 활동하고 있거나 진가가 인정된 역사적 예술 작품들도 이 이론에 포함시킨다. 여기서 중요한 핵심은 좋은 예술이 번성하기 위해서는 취미를 갖춘 사람의 스타일과 형식에 대한 일반적이고 합리적인 기준에 따라 평가되어야 한다는 것이다. 따라서 예술가의 의도는 예술적 소양을 갖춘 감상자의 작품 수용보다 중요하지 않다.

비어즐리는 미적 가치에 대한 기본적인 세 가지 기준을 제시했다. 첫째, 문제의 예술 작품은 '통일성'을 보여 주어야 하는데, 통일성은 무엇보다도 균형 잡힌 구조, 독창적이거나 다른 것을 본뜨지 않은 스타일, 창조를 가능케 한 매개에 적합한 요소들의 구성을 함축해야 한다. 둘째, 작품은 다층의 '복잡성'을 지녀야 한다. 즉, 역동적인 움직임과 대조로 가득 차 있어야 한다. 마지막으로 '강렬성'과 활력, 에너지를 표출해야 한다. 이 세 가지는 자격 있는 감상자가 좋은 예술과 나쁜 예술을 구별하는 데 충분한 기준이 되어 준다.

"창의성의 진정한 중심은 작품에 앞선 생성의 과정이 아니라
보는 사람의 경험 속에 살아 있는 작품 그 자체이다."

〈예술의 창조에 관하여On the Creation of Art〉

아이리스 머독

Iris Murdoch | 1919–1999

다작하는 작가이자 학자였다. 26권의 소설 외에도 매우 미묘한 주요 철학 책들을 썼다. 아일랜드 더블린에서 태어났지만 주로 영국 런던에서 자랐다. 1938년 옥스퍼드 서머빌 칼리지에서 철학과 고전을 공부하기 시작했고 1942년 일등급 학위 상을 받기도 했다. 국제 연합 구제 부흥 사업국에서 2년간 일했다. 1947–1948년 케임브리지 대학 뉴넘 칼리지에서 철학의 대학원 과목을 이수했다. 1948년부터 옥스퍼드 세인트 앤즈 칼리지에서 교편을 잡아 1963년까지 철학을 가르쳤다. 1999년 알츠하이머병으로 사망하기 전까지 문예 비평가이자 소설가인 존 베일리와 관습에 얽매이지 않은 결혼 생활을 유지했다.

　머독의 철학은 인간 정신이 수행하는 자기반성의 내면적 삶을 강조한다. 이는 비트겐슈타인의 철학 탐구와 스키너의 행동 심리학이 심하게 비판한 주요 사안이었다. 그녀는 또한 선에 대한 철학적 반성을 통해 환상에서 해방되는 도덕 가치를 강조함으로써 플라톤에 접근했다. 이에 부응하여 그녀의 소설은 개인의 내적 삶의 풍요와 깊이에 초점을 맞추고 있다. 주요 저서로 《선의 군림》(1970), 《불과 태양The Fire and The Sun》(1977), 《도덕의 안내자로서의 형이상학Metaphysics as a Guide to Morals》(1992) 등이 있다.

■

아이리스 머독은 미와 선이 불가분의 관계에 있다는 플라톤의 견해를 옹호하는 20세기 소설가이자 철학자이다. 머독에게 미는 사람과 자연에서 본질적으로 가치 있는 것을 가르쳐 준다. 우리는 자기중심적인 선입견을 떠나 선에 대한 더욱 일반적인 의미로 나아가고 그 의미를 소중히 여기도록 격려받는다. 탁월함과 미는 영혼에 활력을 불어넣어 '우리를 선으로 인도하고 선을 통해 세계를 연결하는 힘'을 제공한다. 그리고 미는 예술의 본질이므로 예술 자체는 선을 전도하는 결과를 보여 준다. 예술과 덕은 손을 맞잡고 함께 간다.

플라톤 미학은 연인의 몸 같은 특수한 미를 감상하는 데서 일반적인 형태의 사물을 감상하는 것으로 나아가라고 가르친다.*·21 플라톤에 따르면 '선'은 모든 것의 토대가 되는 궁극의 형상이다.

• 플라톤의 《향연》에서 소크라테스는 무녀 디오티마에게서 받은 철학 수업을 다시 이야기한다. 소크라테스와 디오티마의 이야기를 통해 플라톤은 개인의 사랑은 인격이 표출하는 선한 자질의 미를 감상함으로써 정화되고 완벽하게 된다고 논한다. 자질이란 많은 개인이 나누어 갖는 여러 종류의 성질이다. 대다수 사람은 강하고, 아름답고, 용감하고, 현명하다. 따라서 누군가의 자질을 사랑하게 된다면 우리는 그러한 자질의 일반적이거나 '보편적인' 형상들에 대한 깊은 공감을 발전시키는 것이다.

이 견해는 중요한 윤리적 결론을 낳는다. 회한, 자기 연민, 슬픔이나 그저 오랜 좌절감이 짓누를 때 우리는 내면에, 즉 특수한 것에 완전히 몰입한다. 하지만 미에 사로잡히면 우리는 보편적 형식의 관점에서 사물을 볼 수밖에 없다. 따라서 이런 방식으로 미는 이기심과 자기애의 반대 방향에 서 있는 것이다. 미는 마음과 정신을 보다 큰 전체로 연결시키기 때문이다. 미는 자신 밖으로 우리를 인도하고 타자와 자연 세계에서 선을 포용하도록 가르친다. 만약 다른 사람을 돌보는 일이 윤리적 삶의 양식의 핵심이라면 미는 우리 삶에서 중요한 윤리적 역할을 한다.

"모든 예술은 특수한 방식에서 선하려는 투쟁이다."

아이리스 머독

아서 단토

Arthur Danto | 1924-2013

미국 미시간주 앤 어버에서 태어났다. 한때 목공예를 전공한 야심 찬 예술가였던 그는 디트로이트 웨인 주립 대학에서 미술사를 공부했다. 컬럼비아 대학에서 철학 박사 학위를 받았다. 1951년부터 1992년까지 컬럼비아 대학 철학 교수를 지냈다. 영향력 있는 현상학자 메를로 퐁티의 지도하에 1년간 파리에서 연구하기도 했다. 30권 이상의 저서를 남겼으며 포스트모던 시대의 가장 성공한 예술 평론가로 평가받는다.

앤디 워홀(1928-1987)의 〈브릴로 상자〉를 보자마자 실제로 무엇이 예술 작품을 구성하는가라는 질문에 매료되었다고 고백했다. 단토는 평범하고 기능적인 줄로만 알았던 일상적 대상을 워홀의 '예술 작품'이게 하는 것은 예술로서 전시되었다는 사실이라는 결론에 도달했다. 단토는 예술 작품에 내재한 그 어떤 것도 예술로 정의 내리는 것을 허용하지 않는다고 주장했다. 대신에 예술은 그가 '예술계'라고 부르는 것에서 드러난다. 그리고 그 예술계란 바로 예술가, 비평가, 수집가, 역사가의 공동체다. 단토는 또한 과거와 달리 어떤 스타일도 현대 예술계를 지배할 수 없다고 논한다. 우리는 '예술의 종말'에 이르렀다고 말한다.

1984년부터 2009년까지 《네이션》지의 주요 미술 평론가로 활동했다. 자신의 독창적인 원본 판화와 목판을 웨인 주립 대학 아트 컬렉션에 기증했다. 89세 나이로 맨해튼에서 심장마비로 세상을 떠났다. 주요 논저로 〈예술계〉(1964), 《예술의 철학적인 권리 박탈The Philosophical Disenfranchisement of Art》(1986), 《예술의 종말 이후: 컨템퍼러리 아트와 역사의 울타리》(1997), 《무엇이 예술인가》(2013) 등이 있다.

．

20세기와 밀레니엄의 전환 이래로 예술의 범위는 18세기와 19세기 초의 이론들이 허용했던 것을 넘어 상당히 넓혀졌다. 비디오 아트, 행위 예술, 변기 같은 물건 등이 오늘날 화랑에서 정기적으로 전시된다. 그렇다면 우리는 무엇을 확실하게 '예술'이라 할 수 있을까? 5000개의 날카로운 칼이 매달린 천장 아래서 차를 마시는 두 사람을 전시한다면 이것도 예술로 볼 수 있을까? 캠벨 수프의 평범한 캔의 이미지는 앤디 워홀에 의해 실크스크린으로 복제되었을 때 최첨단 예술이 된다. 왜 그럴까?

미술 비평가이자 철학자 아서 단토는 예술이란 관습의 문제라고 했다. 리처드 로티 역시 "진리란 동시대인들이 당신의 말에별 반대가 없는 것이다"라고 주장했다. 단토는 이런 주장이 예술에 잘 맞아떨어진다고 생각했다. 다시 말해 단토는 예술에 **제도적 정의**institutional definition를 부여한다. 그 정의란 예술은 박물관, 예술 학교, 비평, 예술 애호가가 무엇을 주장하든 간에 그것은 예술이라는 것이다. 그리고 예술은 역동적이고 지속적인 대화다.

단토의 이와 같은 주장은 예술이 미, 비율 혹은 감정, 느낌과 반드시 관련 있는 형식적 요구에 얽혀 있다는 생각을 뒤엎는다. 대신 예술은 역사적으로 형성된 미학적 감수성이 포착하는 것이다. 예술은 **예술계**artworld(예술 이론과 실천의 맥락)에서 드러난다. 미적 기질은 시대에 따라서 변하고, 표현 형식들을 한데 모으는 제도에 의해서 구별된다. 우리는 과정의 궁극적인 단초를 발견할 필요도 없고 이전에 '예술'이라고 불렀던 모든 다양한 형식을 이해하는 유일한 정의를 찾을 필요도 없다. 확실히 예술 작품은 스타일과 관점, 감상자의 영향 같은 것에 연결되어 있지만 그것들은 궁극적으로 관습의 산물이다.

이 **관습주의 이론**Conventionalist Theory이 제공하는 한 가지 유용한 관점은 생활에서 예술의 위치와 가치에 대한 더 나은 이해에 도움을 준다. 말하자면 예술에서 무언가 최대한 얻기 위해선 예술계로 진입해서 예술의 지속적인 대화에 참여해야 한다는 것이다. 우리는 자신 밖으로 나가야 한다. 그곳에서 예술은 창조적 대화와 공동체 형성을 위한 또 다른 길을 만들어 낸다.

"예술사의 완성과 목적은 예술의 본성에 대한 철학적 이해이다."

《예술의 종말 이후》

자크 랑시에르

Jacques Rancière | 1940—

알제리에서 태어났다. 현재 파리 8대학의 명예 교수이자 스위스 자스페에 있는 유럽 대학원 철학 교수다. 파리 고등사범학교에서 마르크스주의자인 루이 알튀세르의 영향 아래 철학을 공부했다. 알튀세르와 함께《자본론 읽기Lire le Capital》(1965)를 썼지만 후에 결별한다. 프랑스 드골 정권에 대항하는 1968년 학생 운동과 대규모 파업을 둘러싼 사건들을 두고 의견이 갈렸기 때문이다.

정치 철학과 미학으로 주목받았다. 지식인에게 기대지 않는 대중의 창의력을 믿으며 급진적, 정치적, 지적 평등에 대한 이념을 옹호한다.《무지한 스승》(1987)에서 스승은 학생보다 우월하다는 가정을 버리고 그들을 미리 결정된 방향으로 이끄는 것을 포기해야 한다고 주장한다. 대신 스승은 학생이 개인적 재능을 발휘할 수 있도록 노력해야 한다.

랑시에르에게 예술은 매우 중요한 정치적인 기능을 할 수 있다. 그는 예술을 물질적, 정치적 세계에서 벗어난 '신비로운' 혹은 특수한 표현 형식으로 보기보다, 예술 창작이 정치적 행위일 수 있다고 믿었다. 주요 저서로 《감성의 분할: 미학과 정치》(2000) 등이 있다.

．

변화하는 정치적, 사회적 구조가 예술을 규정할 수 있을까? 이 장에서 다룬 내용을 감안하면 '그렇다'일 텐데, 철학자 자크 랑시에르도 여기에 동의할 것이다. 특히 랑시에르는 서양 예술사를 추적하며 진보적 평등 이상을 강조하는 예술 단계에 진입했다고 논한다. 달리 말해 예술과 곳곳에서 예술을 발전시키는 다양한 공동체는 불평등을 드러내고 낡은 사회적, 정치적 위계질서를 타파하는 데 도움을 줄 수 있다는 것이다.

랑시에르는 예술의 중요한 첫 단계를 고대 그리스 시대로 보고 예술의 '윤리적 체제'를 설명한다. 이 '체제'에서 예술은 자연 모방을 최우선으로 하며 그 작업을 장인의 공동 노동에 떠맡긴다. 《국가》에서 플라톤[21]은 이상 국가는 예술을 검열해야 한다고 주장한다. 예술이 열정적인 반응을 불러일으켜 정신의 조화로운 균형을 깰 수 있기 때문이다. 예술은 철학적 사유의 지적 수준에 이르지 못하고 사회 결속을 뒷받침하는 부수적 역할을 해야 한다.

예술사에서의 두 번째 단계인 현대 예술은 '재현적 체제'가 그 특징이다. 예술은 더 이상 모방과 국가의 요구에 얽매이지 않고, 공동 노동과도 관련이 없다. '형식주의 관점'으로 예술을 보게 된 것이다.[167]

결국 랑시에르는 현대 예술을 '미학적 체제' 안에 위치시킨다.

거기서 예술은 "독립적일 뿐만 아니라 사회적, 정치적 삶의 형식에 연결된다." 우리는 이런 '후기 원칙주의'와 평등한 예술 세계가 어떤 모습인지 의아해할 수밖에 없다. 아마 우리가 해야 할 일은 밖으로 나가 우리 주변에 있는 창조적인 다양한 표현들과 관계를 맺는 일일 것이다.

"해방감 없이 가르치려고 하는 사람은 누구든지 어리석은 자이다."

〈무지한 스승〉

Philosophy

시간

Time

"현재나 미래는 없고 오직 과거만이 계속 반복하여 일어난다, 바로 지금."

유진 오닐, 《불출들의 달》

...

시간이 지나면 이 문장 끝에 이를 것이다. 시간이 지나면 이 책을 끝까지 다 읽을 것이다. 그런데 시간은 시작에서 끝으로 가는 이동일까? 아니면 시작과 끝은 시간의 '결과'일까? 몇몇 철학자들은 시간은 본질적으로 변화를 포함한다고 믿는다. 사물의 흐름을 이해할 수 없다면 시간은 단지 환상에 불과하다. 사물이 변화에서 어떻게 '지속'되는지를 이해하는 데는 시간 계산이 필요하다. 사람의 키가 162센티미터이면서 동시에 190센티미터인 것은 불가능하다. 당연하지 않은가? 그렇지만, '한때' 162센티미터였다가 '지금'은 190센티미터인 것은 가능하다. 왜일까? 만약 시간이 무엇인지 불분명하다면 어떻게 우리는 양립 불가능한 성질을 달리 이해할 수 있을까?

또 다른 중요한 질문은 우리가 경험하는 방식에 따라 시간이 흐르느냐는 것이다. 무언가를 이해하기 위해 특정 순간으로 귀속시켜야 하는 '과거'와 같은 속성이 없다면 어떨까? 이는 시간이 실재하지 않는다는 뜻일까? 몇몇 철학자들은 그렇게 생각하지만 우주학과 물리학, 수학의 진보는 쉽게 시간의 실재를 버리지 않고 일상에서 겪는 시간 지각에 도전한다. 아인슈타인의 **특수 상대성 이론**에 따르면 우주에 있는 사물들은 반드시 같은 시간 프레임을 공유하지 않는다. 시간은 사물의 속도 또는 사물에 작용하는 중력뿐만 아니라 사물들 사이의 거리에 따라 더 느리게 혹은 더 빠르게 흐른다. 이는 당신이 경험하는 시간이 당신으로부터 충분히 멀리 그리고 빠르게 움직이는 누군가가 경험하는 시간과 같지 않을 것이라는 의미다. 다시 말해 "절대 시간은 없다." 아인슈타인 이래로 물리학은 시간을 4차원으로 설명한다. 시간은 한 방향으로 흐른다는 의미에서 어떻게 이 물리학의 설명이 개인적 시간 경험과 관련되는지는 알기 어렵다. 그런 경험을 지지하는 어떤 것이 우리 마음 밖에 존재할까? 아니면 '느껴진' 시간은 단지 정신의 구성물일까?

이제 살펴볼 철학자들은 자연과 실재의 변화 등을 살펴 시간의 흐름을 이해할 수 있는지 사색한다. 또 철학자들은 변화에서 자신의 정체성을 유지하는 사물의 능력과 시간의 관계를 탐구한다. 낡은 것을 계속 교체하는 배는 어떻게 이전의 배와 '동일'할 수 있을까? 신체의 모든 세포는 유아였을 때 가지고 있던 세포를 대체했다. 그 유아와 지금의 당신이 같다는 것이 어떻게 사실일까?

이와 같은 질문에 전념하는 철학 영역을 '형이상학'이라고 부른다. 형이상학은 실재의 궁극적인 구조와 구성 요소에 관한 연구이며 경험 과학을 시작하기 전에 진리라고 가정해야 하는 종류의 원리들을 탐구한다.

기원전 2000년경

고대 주기적 시간 모델

고대 바빌론과 인도 아리안 문화, 초기 그리스 문명은 시간을 수레바퀴처럼 본다. 사건의 주기는 우주의 시작과 피할 수 없는 종말, 그리고 우주의 부활에 따라 일어난다. '세계 주기'를 측정한 셈이다.

기원전 500-400년대경

엘레아의 파르메니데스

경험하는 시간은 영원한, 유일한, 부동 존재의 한 현상일 뿐이다. 부동 존재는 모든 실재를 규정한다. 실재는 기본적으로 초시간적(시간은 완전히 환상이다)이거나 혹은 무한하다(시간은 시작도 끝도 없이 현존한다).

에페소스의 헤라클레이토스

'코스모스'(조화)라는 용어의 초기 주창자(피타고라스)처럼, 우주는 끝없이 스스로 태고의 불로 생성되지만 그 생성을 야기하는 대립과 투쟁 중심에는 조화가 존재한다. 헤라클레이토스는 이를 로고스, 즉 신의 법칙이라고 불렀다. 그리고 그 불은 일반 불처럼 다른 요소로 변형되고, 끊임없이 소모되는 연료에 의해서 생성된다. 이에 시간은 끊임없는 변형 과정을 나타낸다.

그리스 수사학과 '카이로스'

기원전 400-300년대

'크로노스Chronos'는 연대기로 측정된 시간이다. '카이로스Kairos'는 경험된 질적인 시간이다. 카이로스는 '기회'나 무언가 하기에 알맞은 때인 제때를 의미하기도 한다. 시간은 양적이면서 질적이다.

플로티노스

200년대

우주 만물은 '완전히 실재'하는 사물들의 존재의 사슬 구조로 이루어져 있다. 이 사물들의 수준은 다양하다. '그림자'나 편재하는 실재의 본질과 같은 일자의 더 희미한 형태의 사물들도 있다. 시간은 무한히 한 방향으로 날아가는 화살로 경험된다. 이는 만물의 무시간적이고 무한한 본질에 대한 '그림자' 같은 것이다.

히포의 아우구스티누스

300-400년대

신은 시간을 초월하며 시간은 인간이 구원의 성취를 경험하도록 설계된 것이다. 시간은 변화와 동일한 것이 아니다. 우리는 오직 기억을 보유하고 다가올 사건을 기대하는 정신력의 결과인 변화를 경험할 뿐이다.

아이작 뉴턴과 절대 시간 ● **1600년대 후반**

시간은 우주의 실재 부분이다. 오로지 하나의 기초적인 시간 프레임만이 있다. 우주에 있는 모든 사물은 그 프레임에 종속되어 있다. '절대 시간'은 뉴턴의 물리학(운동 법칙)에 중요한 것이 된다. 행성 운동에 관한 천문학적 측정을 위해서도 중요하다.

독일과 영국 관념론 ● **1700−1900년대**

'관념론'이란 우리 정신 구조가 실재이거나 실재는 단지 다양한 정신의 투사에 불과하다는 믿음이다. 시간은 정신 투사projection로 간주된다. 맥태거트에게 "시간은 실재가 아니다." 자연과 역설적으로 모순되기 때문이다.

1900년대 ● 베르그송

시간은 고립된 계기들의 시리즈이다. 연속 혹은 '지속'은 시간에 관한 체험의 산물이다. 의식의 생생한 경험으로 각 계기는 이전 순간의 정보를 나른다. 그리고 기대된 미래를 목표로 하는 현재와 과거를 포함하는 역동적인 전체로 나타난다.

1900년대−21세기 ● 아인슈타인, 민코프스키 그리고 '4차원주의'

시간은 거리, 운동, 중력에 상대적이다. 절대적 시간 프레임은 없다. 사물들은 각기 다른, 즉 거리와 운동에 근거한 '현재', '과거'를 경험할 수 있다. 우리가 경험하는 3차원에 시간을 더하여 4차원, 즉 '시공'이라 불리는 것을 경험한다.

20−21세기 ● '시간적 부분'과 변화

시간을 우리가 어떻게 생각하는지는 변화와 동일성, 궁극적 존재를 어떻게 생각하느냐의 문제에 중요한 것이다. 우리는 한 사물을 시간 너머 펼쳐져 있는 것으로 생각할 수 있다. 그 과거는 몸이 물질적인 부분들에 의해 구성되는 방식과 똑같이 그것의 부분이다. 우리는 시간의 모든 점들이 동일하게 실재하는 '블록 우주'에 살고 있다.

플로티노스

Plotinos | 205-270

오늘날 신플라톤학파라 불리는 학파의 창시자다. 실제로 플라톤 철학을 독특하게 자신의 것으로 만들었다.

이집트에서 태어나 다양한 철학자들의 수업을 듣기 위해 알렉산드리아로 이사한다. 특히 스승 암모니오스 사카스(약 175-242)의 영향 아래 철학적 감각을 키웠다. 그 후 페르시아와 인도의 철학을 공부하기 위해 황제 고르디아누스 3세의 동방 원정에 참여했으나 황제가 메소포타미아에서 암살당하자 원정을 포기한다. 로마로 돌아와 학교를 건립했다. 40대 후반에 그의 가장 유명한 제자인 포르피리우스(약 232-303)를 가르쳤다.

플로티노스의 저술 54편을 6권으로 묶은 사람도 포르피리우스였고, 이것이 바로 《엔네아데스》('Enneads'는 9편이라는 뜻. - 옮긴이)가 전해지는 이유다. 《엔네아데스》는 강의록과 논쟁 기록을 모은 것이다. 이 책은 스토아주의에서부터 그노시스주의와 점성술에 이르기까지 비난받았던 일련의 교리들을 설명한다.

■

이집트인 플로티노스는 로마 제국의 후기 헬레니즘 세계에서 교육의 보루였던 알렉산드리아에서 철학을 공부했다. 후에 페르시아와 인도의 철학을 공부하기 위해 페르시아로 가려 했지만 동방 원정의 실패로 좌절되고 대신 로마에 정착해 여생을 보낸다. 플로티노스는 주로 《엔네아데스》로 알려져 있다. 《엔네아데스》는 전체 플라톤의 철학으로 구성되어 있으며 이데아론*[21]이 복잡한 '존재의 사슬'에 대한 설명으로 이어진다. 플로티노스는 시간은 결코 실재가 아니라고 하는데 시간의 외부 흐름을 어떻게 이해하는지 살펴보자.

플로티노스는 실재를 존재의 위계질서로 보며 '일자一者'라고 부르는 무시간적 창조자에서 시작한다. 다시 말해 우주는 다양한 수준의 존재로 운용된다. 즉 일자에서 당신과 내가 경험하는 물질적 세계로 내려가는 방식으로 운용된다. 일자는 영원하고 변화에 영향을 받지 않는다. 물질적 존재들은 여전히 시간의 흐름을 경험한다. 어떻게 그럴 수 있을까?

플로티노스에 따르면 존재의 사슬이 일자에서 멀리 떨어져 있을수록 그 존재는 일자에게 있는 자질들의 '충만함'에서도 멀어지게 된다. 플라톤의 동굴 거주자처럼 인간은 오직 이 영원한 실재의 외관 혹은 그림자만을 본다. 인간의 물질적 속성이 존재의 사슬에서 낮은 위치에 있게 한다. 그런데 다행히 우리는 영혼을 갖고 있다. 또 이 영혼은 그 사슬에서 위로 좀 더 올라갈 수 있다. 영혼은 물질적 육체보다 좀 더 높은 것으로 태어났고 역동적이므로 시간의 의미를 소유한다.

시간은 '무엇'일까? 그 속성은 무엇일까? 플로티노스에게 시간은 존재의 사슬에서 한 상태가 다른 상태로 변하는 것을 의미한다. 이는 마치 미래를 향해 무한하게 여행하는 화살과 같다. 사슬에서 모든 것은 그보다 더 높은 차원의 성질을 조금씩 공유한다. 즉 모든 것은 나머지 모든 것의 희미한 닮음을 나누어 갖고있다. 무한하게 앞으로 날아가는 시간의 화살을 생각하면, 무한한 것의 의미를 경험한다. 시간의 무한성은 일자의 영원성과 유사성을 담지하고 있다. 마치 플라톤에서 이 세계의 외관이 희미하게나마 사물을 기초하는 형식들을 닮은 것처럼 말이다. 하지만궁극적으로 시간은 존재의 사슬 위의 일자보다 더 낮은 단계이고따라서 일자에게는 적용되지 않는다.

"우리는 자신 안으로 깊이 들어가 시야의 대상을 넘어가야 하며,
더 이상 감각의 습관적 광경을 되돌아보지 말아야 한다."

《엔네아데스》

히포의 아우구스티누스

Augustine of Hippo | 354-430

로마 제국의 일부였던 아프리카 타가스테(오늘날 알제리)에서 태어났다. 어머니는 그리스도교도였지만 아버지는 아니었다. 조숙했던 그는 열한 살에 라틴 문헌을 자유자재로 읽을 수 있었다. 열일곱 살에 수사학을 공부하기 위해 카르타고로 떠났다. 카르타고에서 로마 철학자 키케로(기원전 106-43)의 책들을 읽으며 철학에 대한 사랑을 키워 나아갔다. 그리스도교를 칭송했지만 마니교를 더 좋아했다. 마니교는 한때 그리스도교와 비견되는 페르시아의 철학이었다. 아우구스티누스는 성적으로 매우 매력적이었고 쾌락을 진정으로 사랑했다.

아우구스티누스는 그리스도교의 수사학자이자 주교인 암브로시우스의 제자가 되기 위해 밀라노로 갔고 곧 신플라톤주의에 푹 빠지게 된다. 그리고 결국 암브로시우스의 영향으로 서른한 살에 그리스도교로 개종했다. 당시 회심의 순간이 있었는데, 성서를 "들어서 읽어라"라는 어린아이의 음성을 들었다고 한다. 그래서 암브로시우스에게 세례를 받았다.

오늘날에도 두루 읽히고 칭송되는 탁월한 신학서와 철학서들을 썼다.《신국》(410)은 가톨릭교회의 초기 기획을 진척시키는 도구였으며 중세 유럽 철학에 심대한 영향을 끼쳤다. 하지만 가장 인상적인 저술은《고백록》(397년경)인데 '회심의 경험'을 잘 포착해 그의 철학적 기량을 한껏 보여 준다.

■

아우구스티누스는 로마 제국 시대에 열정적인 그리스도교도가 된 탁월한 웅변가였다.《신국》으로 신학과 철학에 탁월하게 기여했고,《고백록》에서는 매우 정교하게 시간에 대한 분석을 전개했다. 아우구스티누스의 시간론은, 시간이란 마음이 실재에 부과한 것이라는 칸트의 주관적 시간론을 포함하며 칸트를 예감하게 했다.'38 플로티노스'193처럼 아우구스티누스는 시간을 영원과 구별하고, 구원을 얻도록 인간을 설계한 신을 영원한 창조자로 보았다. 유한한 시간이 우리 삶에 목적을 부과하는 한, 이는 신의 선물로 간주될 수 있다.

하지만 아우구스티누스가 시간에 대한 신학적 이론에서 보여 준 철학적 분석은 깊은 인상을 남기지 못했다.《고백록》의 마지막 3권에서 아우구스티누스는 시간의 논리적 본성을 탐색하며, 현란한 형이상학적인 체계 없이 시간의 본성에 관한 비판적이고 철학적인 설명을 제공한다.

《고백록》은 '시간이란 무엇일까?' 하는 단순하고 정직한 질문을 던지며 분석을 시작한다. 경험을 통해 우리는 과거 사건들이 일어났고, 현재 사건들은 일어나는 중이고, 미래 사건들은 일어나리라는 것을 알고 있다. 하지만 문제는 과거는 더 이상 존재하지 않고, 미래는 아직 오지 않았으며, 현재는 끊임없이 지나가고 있다는 것이다.

만약 현재만 존재한다면 그것은 얼마나 존재하는지를 아우구스티누스는 숙고한다. 현재가 어느 정도의 시간 길이로 존재한다면 현재 역시 과거로 분해되거나 그 자체 앞서 있는 부분들과 미래 혹은 뒤의 부분들로 나누어질 수 있다. 만약 현재가 존재하는 모든 것이라면 거기서 현재는 지속 없는 수학적인 점이어야만 한다는 것이 추론된다. 하지만 우리는 시간을 측정할 수 있을 것 같다! 어떻게 그럴 수 있을까?

아우구스티누스는 다음과 같은 해결책을 제시한다. 미래는 다가올 기대 안에 존재하고, 과거는 영혼 속에 간직된 기억으로 존재한다는 것이다. 이는 곧 모든 것이 현재에 존재한다는 의미다. 즉, 과거에 일어난 일의 현재, 지금 일어나고 있는 일의 현재, 미래에 일어날 일의 현재가 있다고 말한다.

마지막으로 아우구스티누스는 시간이 사물의 운동과 주기와 동일하다는 견해를 비판한다. 속도 혹은 운동의 측면에서 움직임을 측정하는 것은 시간에 달려 있다고 논한다. 시간 개념이 없다면 한 물체가 A로부터 B까지 움직였을 때 우리는 어떤 움직임도 지각하지 못할 것이고, 오히려 영화의 스냅숏처럼 두 개의 분리된 사건으로 감지하게 될 것이다. 운동은 시간 때문에 추적할 수 있다. 아우구스티누스는 낭송된 시에서 음절의 길이를 예로 든다. 우리는 낭송된 음절들을 연관지어 측정할 수 없다. 한 음절을 말할 때 다른 음절은 이미 지나가 버렸기 때문이다. 따라서 아우구스티누스는 지나간 음절들을 기억 속에 간직해야 한다고 결론 짓는다. 아우구스티누스의 요점은 시간은 우리의 기억과 마음의 기능이라는 것이다. "나의 마음이여, 나는 네 안에서 시간을 측정한다"(《고백록》, 11권 27장).

이는 시간이 존재하지 않는다는 것을 의미하는 것일까? 아무튼 그런 것 같다. 하지만 요점은 시간이 실재의 경험에 필수적이라는 것이다. 그리고 마음 자체는 실재의 한 측면이다. 우리 마음이 무엇을 생각하든 그것이 반드시 실재여야 한다는 것은 아니다. 칸트는 1400년 후에 더욱 체계적인 방법으로 이를 해결한다. 아우구스티누스에게 영혼의 본질적 요소로서 시간은 실재 경험과 신의 계획에 따른 구원의 존엄성을 성취하는 것이다. 시간은 현존의 설계와 본성을 지원하는 한 '실재'한다.

"사람들은 높은 산을 경탄하면서도
자기 자신의 일에 대해서는 주의하지 않는다."

《고백록》

존 맥태거트

J. M. E. McTaggart | 1866-1925

런던 노퍽 스퀘어Norfolk Square에서 태어났다. 케이터햄의 예비 학교에 있는 동안 칸트의 《순수이성 비판》을 읽으면서 철학을 시작했다. 하지만 본격적으로 철학을 공부하기 시작한 것은 1885년 케임브리지 대학 트리니티 칼리지에서였다. 트리니티 칼리지에 있는 동안 화이트헤드 등과 같은 철학자들과 어깨를 나란히 했다. 1886년 화이트헤드가 멤버로 있는 영향력 있는 토론 그룹에 합류했는데 나중에 버트런드 러셀과 조지 에드워드 무어(1873-1958)도 참여했다.

맥태거트는 헤겔과 프랜시스 브래들리(1845-1924)의 책들에서 강한 영향을 받은 영국 관념론자다. 우주는 영원하며 인간은 감각적 외관을 넘어서 서로 사랑하고 이해하는 개별 정신이라고 믿었다. 사실, 세계는 전혀 물질적이 아니고 오히려 완전히 정신적인 실재라고 믿었다.

젊을 때는 급진적인 성향을 보여 무신론을 노골적으로 지지했다. 이 때문에 처음 예비 학교에서 퇴학을 당하게 되었다(후에 그는 평화주의자로 제1차 세계 대전을 비판한 버트런드 러셀을 트리니티 칼리지에서 추방하는 데 참여하기도 했다). 만년에 그는 케임브리지 교수로 지내며 인간의 삶은 궁극적으로 영적이고 불멸이라는 견해를 지지했고 영국 교회의 확고한 옹호자가 되었다. 주요 논저로 〈시간의 비실재성The Unreality of Time〉(1908), 《존재의 본성이란 무엇인가The Nature of Existence》(1921) 등이 있다.

■

존 맥태거트는 시간이 존재하지 않는다고 주장한다. 시간 개념은 부정합한 개념이라는 것이다. 우리는 확실히 시간의 흐름을 경험할 수도 있지만, 실재와 단순한 현상을 혼동하지 말아야 한다. 이 주장은 반직관적이기에 맥태거트는 일상의 경험이 우리를 속이고 있다는 것을 증명해야 했다.

논의를 시작하기 전에 맥태거트는 두 가지 유형의 시간론을 제시한다. 우선 'A-이론'이다. A-이론에서는 과거, 현재, 미래가 이를 지시하는 인간의 관점에 따라 상대적으로 모든 순간이 정렬된다. A-이론은 매 순간이 처음에는 미래, 그다음에는 현재, 그리고 나중에는 과거가 되는 끊임없는 변화 속에 있다.

다음은 'B-이론'으로 시간은 상호 관계에서 정돈된다. 각 순간은 일시적으로 다른 순간의 '이전에 존재' 혹은 '이후에 존재'로 규정된다. 이런 '순서표'는 고정되어 있다. 맥태거트는 시간이란 본질적으로 변화를 포함하고 B-이론으로는 시간의 변화를 설명할 수 없으므로 파기되어야 한다고 논한다.

맥태거트에 따르면 A-이론의 문제는 각 순간은 양립 불가한 속성을 맡고 있다. 즉 그것은 미래, 그것은 현재, 그것은 과거다. 이에 다음과 같이 반대할 수 있다. 이 모두가 동시에 존재하지 못하기 때문에 실재의 양립 불가는 없다는 것이다. 즉 한 순간은 미래였고, 현재이고, 과거일 것이다. 그러나 맥태거트는 영리하게 이런 반대는 '있었다', '있다' 그리고 '있을 것이다'라는 속성을 사용한다는 점을 지적한다. 다른 말로, 그것은 현재의 한 순간을 설명하기 위해서 새로운 A-이론에 의존한다는 것이다. 따라서 무한 소급으로 넘어간다. 결과적으로 A-이론은 부정합하다.

그러므로 두 시간 유형을 배제하고 나면 시간은 존재하지 않는다고 맥태거트는 결론을 내린다.

"시간이 존재하지 않는다는 주장은 의심의 여지없이 매우 역설적인 듯하고, 시간의 실재성을 포함하는 모든 주장이 틀렸다는 주장 역시 역설적으로 보인다."

〈시간의 비실재성〉

● - A-이론: 과거, 현재, 미래는 순간이 소유할 수 있는 실재 속성이라는 주장. 따라서 우리가 과거 시제로 '흐린 날이었다'라고 특정의 과거 시점에서 그랬다고 말한다면 현재에 그것은 사실이 아니다. A-이론에 따르면 시간의 흐름은 실재이기 때문이다.

- B-이론: 우리가 시간으로 경험하는 것은 실재로 이전, 이후 그리고 동시라는 관계에서 상호 관련된 다양한 사건들의 연속이라는 주장. 사건의 속성 대신, 우리는 사건 관계의 용어를 생각해야 한다. 우리는 '흐린 날이었다'를 '2015년 1월 1일 흐렸다'라고 바꾸어 말할 수 있다. B-이론에 따르면 언어에서 사용되는 시제는 사물의 실재 속성이 아니다. 시간은 강물처럼 흘러가는 것이 아니기 때문이다.

엘레아의 파르메니데스

Parmenides of Elea | 기원전 5세기 전반

파르메니데스의 생애는 거의 알려져 있지 않다. 플라톤, 아리스토텔레스, 역사학자 헤로도토스(기원전 4세기), 그리스 전기 작가 디오게네스 라에르티오스(3세기)에 의해 언급된 것이 전부다.

기원전 5세기경 이탈리아 남부에 위치한 엘레아의 부유한 가정에서 태어났다. 이른바 엘레아학파의 대표 철학자다. 성공한 입법자였으며 고결하고 분별력 있는 삶을 살았다고 전해진다. 플라톤의 대화편《파르메니데스》에 의하면 65세에 아테네를 여행하는 동안 젊은 소크라테스와 논쟁했다고 하는데, 이는 분명 허구일 것이다. 시인이자 철학자인 파르메니데스는 육각운hexameters으로 서술하여 산문 형식의 철학 전통을 깼다.

철학자 크세노파네스의 제자로 추정되는 파르메니데스는 헤라클레이토스와 격렬하게 대립했다. 헤라클레이토스는 만물은 흐른다고 믿었지만 파르메니데스에게 실재는 유일하고 부동하며 영원한 존재다. 이런 테제를 받아들이기 위해서는 감각에 주어진 현상과 합리적 통찰로 드러난 현실을 구별해야 한다. 이 기초적 구별은 플라톤에게 지대한 영향을 주었고 이후 형이상학적 논의의 중심을 이루었다. 주요 논저로 육각운으로 쓴 〈자연에 관하여〉만 전하고 있다.

．

　사소한 의미에서 시간은 변화를 포함한다. 그렇지 않다면 시민전쟁 '전'의 미국에 대해서, 로마 제국 '이후'의 영국에 대해서 이야기할 수 없다. 끔찍했던 육체의 고통이 '지금' 끝났기 때문에 우리는 안도의 한숨을 쉴 필요가 없다. 아마도 시간은 변화와 동일하거나, 아마도 변화는 시간 '내'에서 일어날 것이다. 아무튼 둘은 불가피하게 연결된 듯하다. 교부 철학자들은 '변화는 환상에 불과하다'는 견해를 지지하기 위해 토막글로 남아 있는 파르메니데스의 철학 시 〈자연에 관하여〉를 해석했다. 만약 시간이 정말 본질적 방식에서 변화를 포함한다면 시간은 그 자체로 환상이라는 시로부터 귀결될지도 모른다.

　〈자연에 관해서〉는 소크라테스 이전 철학자가 '진리의 길'을 가르쳐 줄 여신을 찾아 천상의 거주지로 가는 여행을 묘사하고 있다. '진리의 길'은 정확히 무엇일까? 파르메니데스가 살았던 시대에 우주는 본질적으로 상호 대립되는 힘으로 구성되어 있다고 믿는 수많은 학파가 있었다. 그 힘은 최초 단일체로부터 유래한다고 믿는 학파가 있는가 하면, 그 힘들은 늘 서로 분리되어 긴장 속에 존재한다고 믿는 학파도 있었다. 〈자연에 관하여〉에 따르면, 실재는 유일하고 부동하며 영원한 존재다. 이 존재는 일원론의 형식이다. 즉 우주는 유일한 한 실체에 의해서 구성된다는 견해이다. 특히 '엄격한 일원론'의 형식이기에 오직 하나의 실체만이 존재한다는 견해이며 모든 차이는 환상이라는 것이다. 모든 사물은 기본적으로 동일한 재료로 만들어진다는 '생성 일원론'과는 반대되는 견해다.

파르메니데스의 시에서 존재는 결코 과거도 미래도 없는 불변의 실체로 묘사된다. 즉 존재할 뿐이다. 그 존재의 부동적 본성은 과거(존재하지 않은 과거)와 미래(앞으로도 없을)의 결여가 첨가될 뿐이다. 그런 본성은 변화를 배제하는 것 같고 따라서 시간도 배제한다.

"생각될 수 있고 발화될 수 있는 것은 반드시 존재해야 한다.

그것이 가능하면 존재하는 것이며,

존재하지 않는 것은 그것이 불가능하기 때문이다."

〈자연에 관하여〉

알베르트 아인슈타인

Albert Einstein | 1879~1955

독일 울름에서 태어났다. 어려서부터 과학과 음악에 매료되었다. 가족과 함께 처음에는 이탈리아로, 그다음에는 스위스로 옮겼다. 1896년 고등 학교를 졸업하고, 1905년 베른에서 특허국 관리로 일했다. 박사 학위를 받고 물리학의 신기원을 이룬 '특수 상대성 이론'을 발표한 곳도 베른이 다. 1916년 '일반 상대성 이론'을 완성하여 1921년 노벨 물리학상을 받 았다. 이 노벨상은 이론물리학자인 아서 에딩턴(1882~1944)의 실증 실 험이 있었기에 받을 수 있었다.

　베를린 과학 아카데미에서 가르쳤지만 1933년 아돌프 히틀러가 권 력을 장악하자 미국으로 망명했다. 미국 정부는 그의 핵분열 이용에 대 한 연구를 자극했다. 이는 결국 맨해튼 프로젝트로 이어져 최초의 원자 폭탄이 만들어지기에 이르렀다. 하지만 그는 대량 살상 무기의 제조 수 단으로 핵분열이 이용되는 데 반대했다. 평생 평화주의를 지지했기 때문 이다. 생의 마지막까지 프린스턴 고등 연구소에서 교수로 학생들을 가르 쳤다.

．

철학과 물리학의 시간에 관한 논문을 보기 위해 수많은 대학 도서관에서 시간을 보낼 수 있지만, 모든 상황을 바꿔 놓은 논문은 알베르트 아인슈타인의 **특수 상대성 이론**Theory of Special Relativity이다. 이 이론에 따르면 시간은 공간의 한 차원이다. 더 이상 그 둘을 분리하여 이야기해서는 안 되며 '시공'이란 표현으로 이야기해야 한다. 뉴턴이 시간과 공간은 절대적(우주의 모든 사물에 대해서 오로지 하나의 프레임인 시간 프레임만 존재)이라고 주장했다면 아인슈타인은 빛이 어떻게 작용하는가를 기획(후에 실증 실험을 통해 확인)해 뉴턴의 믿음을 잠재웠다. 아인슈타인이 주장하는 내용의 이론적 기초를 이해하기 위해 기차와 시계로 한번 생각해 보자.

기차 여행을 하고 있고 손과 바닥 사이에서 일정한 속도로 공을 튕기고 있다고 가정해 보자. 손은 고정되어 있어 손과 바닥 사이의 수직 거리는 항상 정확히 1미터다. 당신이 보기에 그 공은 정확히 한 번 튕길 때마다 1미터 거리를 움직인다.

이제 기차 밖에 누군가 기차와 나란히 서 있다고 가정해 보자. 당신이 그의 옆을 지나갈 때 그는 무엇을 관찰할까? 그에게는 공이 한 번 튕길 때마다 1미터 '이상'을 움직이는 것으로 보인다. 그의 관점에서 또한 기차와 그 안에 있는 공이 일정한 수평 거리를 움직이고 있으므로, 이것이 고려되어야 하기 때문이다.

이제 공의 튕김을 '틱' 시계로 계산한다고 가정해 보자. 그러면 기차 밖 관찰자의 틱과 틱 사이의 간격이 기차 안 당신의 간격보다 더 클 것이다. 즉 시간이 더 서서히 흘러간 것이다. 아인슈타인은 이 경우 시간 경과를 보는 두 사람의 판단이 모두 옳다고 한다. 다른 기준의 프레임에 따른 상대적 공간에서 한 물체의 운동이 시간 가치에 영향을 주는 것이다.

사실 이는 아인슈타인의 스승인 헤르만 민코프스키(1864–1909)에 의해 제시된 것이었다. 제자 아인슈타인의 발견이 함축하는 의미를 연구하면서 '시공'이란 용어를 만들었다. 민코프스키에게 아인슈타인의 우주를 개념화하는 가장 좋은 방법은 시간과 공간의 4차원 네트워크였다.

우리의 과거와 미래가 다른 움직이는 물체의 과거와 미래(다양한 기준의 프레임이 주어졌을 때)와 매우 다르다는 사실을 마음에 그려 본다면, 우리는 더 이상 전통적인 일직선상의 방식으로 시간을 생각할 수 없다. 물리학자 브라이언 그린의 《우주의 구조》에서 나온 말을 빌려 대략 표현하자면 시간은 흐르는 강물 대신 일종의 얼어붙은 블록frozen block이 된다.

하지만 이 비유가 수학적인 의미 이상을 보여 줄까? 결국 우리는 시간의 흐름을 경험한다. 그 경험에 관한 그 무엇도 우리에게 얼어 버린 것은 아닌 듯하다. 그 반대로 우리는 단 한 순간도 가질 수 없다. 과학은 우리가 시간 프레임을 바로 '지금'에 두는 특별한 중요성을 이해할 수 없는 것 같다. 다시 과학과 철학은 일상 경험과 가장 찬란했던 의견들을 전복시키고 있다.

> "만약 일반 상대성 이론을 한 문장으로 요약한다면 시간, 공간,
> 중력은 사태로부터 결코 분리될 수 없는 존재라는 것이다."
>
> 《일반 상대성 이론》

앙리 베르그송

Henri Bergson | 1859-1941

프랑스 파리의 부유한 집안에서 태어났다. 폴란드계 아버지는 성공한 음악가였고 어머니는 의사였다. 어려서부터 파리에 있는 콩도르세 학교에 다녔다. 콩도르세 학교에서 과학과 인문학적 재능을 발휘했고 진화론을 접한 뒤 그의 유대교 신앙이 최초로 흔들렸다. 파리 고등사범학교에 진학해 그리스어, 라틴어 고전, 철학, 과학을 공부했다. 졸업 후 철학에 좀 더 진지하게 접근하기 시작했다.

시간, 의식, 자유 의지에 관한 철학적 저술을 통해 베르그송은 장 폴 사르트르와 같은 실존주의자와 메를로 퐁티와 같은 현상학자에게 영향을 끼쳤다. 또 미국의 프래그머티스트인 윌리엄 제임스와 우정을 나누었다. 제임스는 베르그송의 저술에서 착안해 그의 대표작인 《심리학의 원리》(1890)를 썼다. 주요 저작으로 《창조적 진화》(1907), 《시간과 자유 의지》(1910) 등이 있다.

．

우리는 가끔 시간을 공간적 관점에서 생각한다. 말하자면 다양한 부분들과 속성들을 가진 신체로 생각한다. 이에 상응하여 연장된 물체를 측정하는 것과 동일한 방식으로 시간을 측정할 수 있다고 가정한다. 하지만 왜 시간을 체험 혹은 현상으로[101] 생각하지 못할까? 프랑스 철학자 앙리 베르그송은 이를 우리가 규정해야 할 일이라고 주장했다. 더 명확히 한다면 시간은 '지속 durée'의 측면, 즉 '구별 없는' 연속으로 생각되어야만 한다. 우리 의식에 의해서 부과된 그 연속 말이다.

시간의 각 순간은 과거의 기억을 간직하면서 확장된다고 생각해 보자. 미래를 기대하고 과거의 기억을 간직함으로써[196] 순간은 유일하지만 역동적인 전체가 된다. 시간은 자아 이야기의 요소를 간직한다는 의미에서 '역동적'인 것이다. 베르그송에 따르면 이 이야기 요소는 각각의 개별적인 순간을 과거와 아직 오지 않은 미래의 의미로 채운다. 순간들은 개별 단계에서 생성된다. 이전 순간들의 정보를 나르는 것이다. 따라서 우리는 각 순간을 그것이 간직하는 영원히 커지는 이야기와 함께 팽창하는 거품처럼 생각할 수 있다.

그러므로 우리는 시간을 일종의 지속하는 '지금'으로 경험한다. 그 지금은 기억과 기대로 잉태된다. 우리가 자신의 체험된 시간의 '순수 지속'을 도외시하기 시작하고 시간을 별개의 연속적인 일련의 순간으로 보기 시작하는 때는 오직 공간 개념에서 시간 개념을 가져올 때뿐이다.

체험으로서 시간을 보는 베르그송의 기획은 측정 가능한 순간들의 공간적 연속에 반대하는 것으로 아인슈타인의 상대성 이론과 충돌한다. 상대성 이론에서 시간은 공간의 차원으로 묘사되기 때문이다.

"현재는 과거 이상의 것을 포함하지 않는다.
그리고 그 결과에서 발견되는 것은 이미 원인 안에 존재했던 것이다."

〈창조적 진화〉

존 스마트

J. J. C. Smart | 1920–2012

영국에서 태어났다. 부모님은 스코틀랜드 출신이다. 유명 기숙 학교인 리스 스쿨The Leys School에 입학했다. 그의 세 동생 모두 학문적 재능을 타고났다. 첫째는 현재 예술사 교수이고, 둘째는 종교학 교수이며, 셋째는 글래스고의 천문학자다.

스마트는 글래스고에서 철학을 공부했고, 1948년 옥스퍼드 대학에서 학위를 받았다. 1950년부터 호주 애들레이드 대학에서 철학과 교수로 22년간 재직했다. 이후 그는 호주 국립 대학에서 한동안 가르치다가 은퇴 후 멜버른에 있는 모나쉬 대학의 명예 교수가 되었다.

스마트는 시간에 관한 상대적 견해를 옹호하고 시간의 흐름은 환상이라는 주장으로 알려져 있다. 연구가 지속되는 동안 환상의 설명 방법에 관한 견해를 수정, 변경했는데, 먼저 언어에 집중하고 나서 기억의 기능과 관련된 심리학적 설명을 결정적으로 제공했다. 주요 논저로 〈시간의 강The River of Time〉(1949), 《공리주의Utilitarianism: For and Against》(1973), 《우주에서의 인간의 위치Our Place in the Universe: A

Metaphysical Discussion》(1989) 등이 있다.

■

    호주 분석 철학자 존 스마트는 〈시간의 강〉이라는 고전적 논문에서 시간은 흐르고 지나간다는 상식에 반대 논의를 펼친다. 우리가 그렇게 믿는 이유 중 일부는 '사건'의 본성과 '사물'의 본성을 혼동하기 때문이라고 생각한다.

    여기서 정확히 사건이란 무엇인가? 스마트에 따르면 일종의 '일어난 것'이다. 다시 말해 사건은 사물에서 일어나지만 사물 자체는 아니라는 것이다. 식물은 사물이다. 식물은 꽃을 피우고 시들어 버린다. 즉 식물은 소멸될 속성을 갖는다. 따라서 식물은 변한다. 반면 1969년 7월 20일 아폴로 11호의 달 착륙은, 비틀스가 나온 뒤, 지미 카터가 대통령이 되기 전 일어난 것이다. 이런 속성들은 어떤 것도 변할 것이라고 의심받지 않는다.[•]

    다시 말해 사건은 속성을 잃어버리거나 얻지 않는다. 이는 다른 사건 '전에' 혹은 '이후'에 혹은 '동시'에 일어나는 것이다.

    시간은 변화라는 해석에 반대하는 스마트의 두 번째 논의는

• 변화라는 주제는 역설에 빠지지 않고서는 이해하기 어려운 주제다. '테세우스의 배' 이야기는 그리스의 역사학자 플루타르크(46-127)가 던진 문제다. 영웅 테세우스가 직접 탔던 배의 일부분들이 점차 시간이 흐름에 따라 교체된다고 생각해 보라. 예를 들어 27번 판자를 제거하고 새것으로 교체한다면 그 배를 다른 배라고 생각하지 않을 것이다. 하지만 시간이 많이 흘러 '모든 부품'이 '교체'되어 원래 부품이 하나도 남지 않게 된다면, 그 배는 여전히 테세우스의 배가 맞는 것일까? 그렇다면 다음의 변수를 고려해 보자. 이 배의 복제품이 낡은 부품으로 창고에서 건조된다. 한 사물이 바로 두 개가 된 것인가?

만약 시간이 실제 지나치는 것이라면, 어떤 속도로 지나치는지를 묻는다. 하지만 이는 결국 이 속도를 측정하기 위한 상대적인 두 번째 시간 차원을 필요로 할 것이고, 이는 다시 세 번째 시간 차원을 필요로 하게 되어 무한히 반복될 것이다. 이를 **시간의 경과 속도 논의**rate of passage argument라고 명명한다.

"사건은 나타나는 것이 아니라 우연히 일어나거나 발생하는 것이다."

〈시간의 강〉

테드 사이더

Ted Sider | 1967–

1988년 미국 고든 칼리지에서 철학, 수학, 물리학을 공부했고, 1993년 매사추세츠 대학(애머스트)에서 철학 박사 학위를 받았다. 로체스터 대학, 러트거스 대학, 뉴욕 대학을 거쳐 현재 코넬 대학 철학과 교수로 재직 중이며 러트거스 멜론 의장the Mellon Chair으로 부임했다. 다수의 편집 위원회에서 활동하고 있으며 교육과 학회 논문 발표를 활발하게 하고 있다.

형이상학과 관련한 저술로 유명하다. 2003년《4차원주의: 시간과 지속의 존재론Four-Dimensionalism: An Ontology of Persistence and Time》(2001)으로 미국 철학 협회 도서상을 받았다.《4차원주의》는 동일성, 변화, 지속의 형이상학과 관련하여 중요한 내용을 보여 주는 고전이 되었다.

∙

철학자 테드 사이더는 시간을 다양한 방식에서 서로 연결된 사건들의 큰 블록 중 일부분으로 본다. 과거 혹은 다가올 미래의 사물에 대해 이야기하는 동안 마치 시간을 사건에 부착되거나 사건에서 독립된 물질적 사물로 보듯이 봐서는 안 된다는 것이다. 1980년대란 지금 '과거성'으로 영원히 각인된 사건들의 다발과 같은 것이 아니듯, 우리에게 1980년대는 과거지만 아주 멀리 떨어져 있는 존재자들한테는 아직 오지 않은 미래일 수도 있다.

빛의 관점에서 이것을 생각해 보자. 우리로부터 충분히 멀리 떨어져 있는 별의 폭발로 인한 빛이 우리에게 도달하는 데는 시간이 걸린다. 도달했을 때 실제로 그 근원, 즉 그 별이 최초 폭발했을 때의 그 모습을 보는 것이다. 과거를 보는 것이다. 그리고 우리 시간 프레임에서 아직 이는 현재의 사건인 것이다.

사이더는 자신의 시간에 대한 견해를 변화의 문제에 적용한다. 이때 제기되는 질문은 시간을 통해 계속되는 사물을 어떻게 이해해야 하는가이다. 만약 A가 B와 같다면 그 둘은 모두 동일한 속성을 가진다는 식으로 이를 이해할 수 있다. 하지만 한때 긴 머리였던 내가 짧게 머리를 자르면 어떨까? 동일률●에 따라 과거의 긴 머리인 나를 현재의 짧은 머리의 나와 비교한다면, 한때 나였던 것과 현재의 나는 다르다는 결론에 도달해야 할 것이다.

다시 이 논의와 마주해 보자. 내가 머리를 자른 후에도 같은

● 동일률을 설명하는 데 라이프니츠의 법칙Leibniz's law을 사용한다. 수학자이자 철학자인 라이프니츠의 이름을 따서 명명되었는데, 그는 미적분을 발명하기도 했다. 라이프니츠의 법칙 한 가지를 간단하게 변형하면 다음과 같다. "A와 B는 오직 같은 속성을 가질 경우 동일하다."

나라고 생각하는 것이 상식이다. 하지만 모든 종교는 이를 거절한다. 불교에서는 엄밀히 말한다면 한 사물의 모든 변화는 그 사물을 새로운 사물로 만든다고 주장하는 승려도 있다. 이 견해에 반대한다면, 우리는 속성이 변해도 어떻게 동일한 사물로 남을 수 있게 되는지를 설명해야 한다.

사이더는 4차원주의*[206]를 채택하여 시간에 관한 자신의 견해를 이 문제에 적용한다. 과거, 현재, 미래라는 모든 시간 프레임은 단일의 다양성 안에 영원히 존재한다. 즉 한 '블록 우주' 안에 그들은 모두 실재한다. 예를 들어 소크라테스와 아이패드는 다른 분야의 다른 목록에 있을지라도 동시에 존재한다는 결론이 따른다. 이를 **영원주의***라고 한다.

왜 사이더는 이 견해를 신뢰하는가? 그 이유는 경험적 데이터들이 지지하고 있는 것과 일치하기 때문이다. 또 변화의 동일성 문제에 유일하게 해결책을 제공한다. 사이더는 공간에서 분리된 다양한 부분들로 구성된 우리 신체(발다리 부분, 머리 부분 등)를 보는 것과 같이 우리는 **시간적 부분들**로 구성된 삶을 생각할 수 있다. 나는 내가 유형화되어 있는 이런 정확한 순간에 포함된 것이 전혀 아니다. 오직 나 자신의 단일한 시간적 부분이 여기에 존재하고 반면 다른 시간 부분, 가령 여섯 살 때의 나는 다른 곳에 존재하는 것이다. 비록 내가 머리 색을 바꾸어도 나는 변화하지 않았다. 한 고속도로가 파진 차선, 매끄러운 차선 등의 다양한 차선을

• - 영원주의eternalism: 과거와 미래도 현재처럼 존재한다는 견해.
  - 현재주의presentism: 오직 현재만이 존재한다는 견해. 현재 현존하는 사물만이 실재하는 것이다.

가지고 있듯 나의 시간적 부분도 다른 속성을 가진다. 나의 3차원 신체도 나의 시간적 부분들을 따라가면서 하나의 전체 사물로서의 블록 우주에 뿌려지는 것이다. 시간은 나를 상상했던 것보다 더 크게 전체 다수로 만든다.

> "과거, 현재, 미래는 영원주의자에게 디노사우루스와 컴퓨터 등을
> 포함하는 단일 우주 블록으로 존재한다."
>
> 《4차원주의》

자유의지

Free Will

"분기分岐되지 않고 거침없는 우주 역사의 결정론적인 견해는
공포나 자포자기를 불러일으킬 수 있다."

대니얼 데닛

...

책임은 성숙과 함께 간다. 성인이라면 잘못된 행동에 스스로를 책망하고 옳은 일에는 자신과 타인을 칭찬한다. 무상으로 환자를 자원하여 치료해 주는 의사는 박수갈채를 받는다. 의사는 다른 선택을 할 수도 있었다. 노고에는 돈이 든다는 기조를 따르는 의사일 수도 있기 때문이다.

이 모든 태도는 어느 정도 선택과 자유를 전제로 한다. 그런데도 뉴스에서 끔찍한 범죄를 보게 되면 "어떻게 저런 일이… 상상할 수 없어!"라고 말하곤 한다. 이는 '선택'의 문제일까? 애초에 자유롭게 할 수 있는 일이 있을까? 도덕적 태도는 칭찬이나 비난 받기를 자발적으로 선택할 수 있다는 의미와 연결되어 있다.

과학의 발전과 함께 우리는 고정된 물리 법칙의 관점에서 선택의 경험을 어떻게 이해할 수 있는지 고민한다. 이 문제는 이미 고대 그리스에서 제기된 것이다. 초기 그리스인들은 우주는 공허한 공간에서 움직이는, 물질적으로 더 이상 분해할 수 없는 원자로 이루어졌다는 이론을 만들었다. 이 원자들은 법칙에 따라 움직인다. 제멋대로가 아닌 것이다. 따라서 모든 사건은 인과적인 전체 사슬에 관계하는 이전의 사건으로 역추적될 수 있다. 이론적으로 신과 같은 정신은 지금 이 책을 읽고 있는 당신까지 올라온 원자의 첫 번째 운동을 추적할 수 있을 것이다. 그렇다면 이는 이 책 읽기를 '선택'하지 않았다는 말일까? 이는 직관에 어긋나는 것처럼 보인다.

일부 철학자는 자유로운 선택과 인과적 필연성의 의미를 분명히 함으로써 문제를 해결하려 한다. 다른 철학자는 사물은 결정되어 있지만, 도덕과 개인적 태도는 여전히 중요하다고 믿는다. 우리는 우리의 행동에 책임이 있다는 것이다.

고대 운명론

기원전 2000년경

인도 아리안과 그리스 초기 문명은 운명적 신화를 발전시켰는데, 그 신화는 인간의 운명을 어쩔 수 없는 불가피한 결과로 본다. 우주의 순환과 신의 행위는 모든 사건을 주재하는 것처럼 보인다. 운명론에서 인간의 역할은 모호하다.

소크라테스 이전

기원전 600-470년대경

탈레스(기원전 624-546년경)와 아낙시만드로스(기원전 610-546년경), 헤라클레이토스 같은 초기 그리스 철학자들은 우주를 잘 정돈된 법칙과 유사한 것으로 보았다. 신의 행위가 아니라 보편적이고 앞서 존재하는 법칙들로 창조와 사물의 배후에 존재하는 자연 질서를 설명한다.

유물론과 원자론

기원전 490-370년경

초기 그리스 철학자 레우키포스(기원전 460-370년경)와 그 제자인 데모크리토스 (기원전 460-370년경)는 세계가 진공에서 결합, 분리되는 불가분해의 원자들로 구성되어 있다고 믿는다. 이 원자들은 엄밀한 인과 법칙에 따라 작동한다. 모든 사건은 법칙이 주는 방식에서 이전 사건으로 추적될 수 있다. 인간 자유는 설명하기 더 어렵게 된다.

아리스토텔레스와 '비결정론'

기원전 340년대

아리스토텔레스는 엄밀한 인과 법칙에 따라서, 우연의 어떤 여지도 없이 만물이 운용된다는 원자론의 견해를 비판한다. 인과 사슬의 붕괴가 가능하다는 것이다. 그리고 우리 자신의 모습은 대체로 본인이 발전시킨 습관과 성격 특성에 책임이 있다. 모든 것이 결정되어 있지 않고, 우리는 우리의 습관을 바꿀 수 있다.

에피쿠로스주의, 초기 스토아학파, '양립 가능론'

기원전 290년대경

스토아주의자는 천우신조의 힘인 '로고스'가 모든 것을 명령한다고 믿는다. 하지만 우리는 불가피한 것에 대한 반응을 조절할 수 있다. 명령과 자유는 양립 가능하다. 에피쿠로스는 원자 운동이 때때로 무질서한 방식으로 '방향을 바꾸기도 한다'고 논의하면서 우주의 우연성에 관한 여지를 남긴다.

정신과 신체의 이원론 ● 1600-1700년대경

데카르트는 두 종류의 실체가 있다고 한다. 곧 정신과 신체다.
칸트도 일종의 이원론을 포용한다. 물질적인 신체 및 인과 법
칙의 '현상적' 세계와 물질적인 실재 밖에 존재하는 '본체적'
세계의 이원론이다. 자유는 정신과 영혼의 본질에 놓여 있
거나 물질의 실재 밖에 있다.

존 로크와 영국 경험주의 ● 1680년대

자유 의지의 문제는 언어 사용의 혼란과 연루되어 있
다. 엄격히 말해 '의지'는 결정되어 있고 자유롭지 않
다. 하지만 인간은 자발적으로 행동할 때 자유롭다.
그리고 의지의 자유로운 사용에서 생긴 원인으로
서의 행동이 바로 욕구와 소망이다. 자유와 필연
은 양립 가능하다.

1760-1780년대 ● **토머스 리드**

자유와 필연은 양립 불가능하다. 인간은
'능동적인 힘'을 소유한다. 그리고 의지를
사용하는 자유는 그 무엇에서도 비롯되지
않는 힘이다. 수동적으로 행동하지 않을 때
자유롭다.

1950-1970년대 ● **피터 스트로슨과 '기술적記述的 형이상학'**

우리는 자유 의지의 문제를 '해결'할 수 없다. 하지
만 불가피하게 경험에 적용해야 하는 '개념 도식'은
존재한다. 우리는 인과 법칙에 따라 생각하지만 책
임과 비난, 칭찬, 벌에 따라 생각하기도 한다. 우리는
두 태도를 받아들여야 한다.

1960-1980년대 ● **치좀과 '행위-원인'**

치좀은 우리가 '행위자'임을 받아들여야 하고 행위자로서 이
성과 의지를 통해 사건의 결과에 기여할 수 있다고 논한다. 엄
밀한 결정론이 자유 의지와 양립 가능하다고 생각하지 않는다.

20-21세기 ● **'자유방임주의' 대對 '강력한 결정론'**

현재의 논쟁은 '자유방임주의'에 초점이 맞추어졌는데, 어떤 일들
은 오직 자신에 의해서만 결정된다는 자유방임주의가 어떻게 자의
성과 다른지의 문제와 책임 및 선택이 진실로 완전히 자연법칙과 물리
법칙에 의해 결정된 세계(강력한 결정론)에 존재하는지의 문제에 초점
을 맞춘다.

에피쿠로스

Epikouros | **기원전 341?−270**

그리스 식민지 사모스에서 태어났다. 아테네로 이주하기 전 미틸레네와 람프사코스에서 철학적 경력을 시작했다. 그곳에서 정원the Garden(정원에서 사람들을 가르쳐 후에 붙은 이름)이라는 교육 시설을 설립했는데 이는 플라톤의 아카데메이아와 경쟁하게 되었다. 노예와 여성의 입회를 허가한 것으로 알려져 있고, 행복과 평정심의 추구가 삶의 목적에 가장 적합하다고 주장했다.

에피쿠로스학파는 계속해서 헬레네 세계를 통해 번성했으며 스토아학파와 이국적 동양 철학과 경쟁했다. 기독교의 부흥과 함께 쇠퇴했으나 르네상스와 근대 초기에 잠시 부활하기도 했다. 그 시대에는 수학과 경험 과학의 성취 속에서 에피쿠로스학파가 옹호했던 자연에 대한 기계론적 설명이 이루어지기 시작했다.

．

고대 그리스 철학의 시초는 몇몇 자연 철학자들'[17]로부터 시작되었는데, 이들은 초자연적 원인이 아니라 자연의 원인으로 사건을 설명하고자 했다. 일찍이 알려진 원자론·을 발전시키면서 자연의 비인격적인 법칙에 따라 움직이는 세계에서 도덕적 책임의 수수께끼를 예견케 했다.

원자의 배열이 우주를 구성하고 자연의 힘이 인과적으로 원자의 운동을 결정한다면 운동의 결과는 불가피하다는 결론이 나온다. 그와 비슷한 원인의 세트는 유사한 결과를 만들어야만 할 것이다. 즉 어떤 것이 다른 어떤 것의 원인이라고 주장할 때 바로 그 의미다. 여기서 문제는 우리가 선택할 수 있고 행동에 책임을 져야 한다는 믿음과 완벽하게 질서 잡힌 체계가 서로 조화를 이루는 것이다.

초기 스토아'[34] 철학자 에피쿠로스는 원자론을 수용했다. 관찰과 논리에 신념의 기초를 두어야 한다는 주장으로 과학적인 사고방식을 예시했지만 선과 쾌락을 동일시하는 **쾌락주의자**hedonist이기도 했다. 그런데 흥미로운 점은 쾌락을 '평정심atraxia'으로 규정했다는 것이다. 그 평정심은 고통 없는 상태다. 단지 일시적인 물적 쾌락에 몰두하는 자기 멋대로의 삶을 배제하는 평정심을 추구해야 한다고 주장했다. 순간적 쾌락의 강렬함을

• 트라키아의 고대 그리스 철학자 데모크리토스가 최초로 원자론을 발전시켰다. 우주는 공허한 공간에서 법칙에 따라 움직이는 원자들로 이루어졌다고 주장했다. 원자는 물리적으로 더 이상 쪼개지지 않는 원소로 시간적 배열에서 다른 원자와 결합하여 우리가 경험하는 세계를 만든다.

오랫동안 유지하는 평정심과 바꿔서는 안 된다고 논했다.

스토아 철학자로서 에피쿠로스는 좋은 삶이란 불가피한 사건들에 동요하는 반응을 조절하는 일이라고 피력했다. 물론 이는 오직 자기 조절의 능력을 갖출 때만 가능하다. 에피쿠로스는 우리가 그럴 수 있다고 믿었다. 원자들의 변동성은 항상 똑바르지 않고 데모크리토스의 생각처럼 불가피한 직선 운동이 아니기 때문이다. 원자들은 '방향을 바꾸기도' 하고 예측 불가능한 방식으로 움직인다. 따라서 어떤 사물들은 예측 가능한 자연법칙에 절대적으로 지배받지도 않는다. 이런 견해는 우리가 가진 것으로 보이는 상대적인 선택의 자유를 설명할 수 있다.

하지만 멋대로 움직이는 원자에 대한 에피쿠로스의 견해는 도전에 직면한다. 이 원자들이 '방향을 바꿀' 때 그 자체는 예측 가능한 것일까? 아니면 단지 우연의 결과일 뿐일까? 단지 우연의 결과라면 다시 모든 자유를 상실한다. 즉, 합리적으로 보이는 우리의 선택은 결국 제멋대로에 불과하다. 방향을 바꾸는 것이 예측 가능하다 해도 우리는 별로 나아질 게 없는 것 같다. 우리는 어떤 식으로든 인과적으로 행동하도록 결정되어 있다는 말이기 때문이다. 그렇다면 자유는 그 안 어디에 있는 것일까? 에피쿠로스는 '방향을 바꾸기'의 세 번째 여지를 남긴다. 우연도 법칙도 아닌 인간의 행위와 선택에 원인을 두는 것이다.

> "만약 우주의 법칙도 알지 못하면서 여전히 신화를 믿는다면
> 가장 중요한 일들에 대한 두려움을 떨쳐 버릴 수 없다."

《주요 학설Principal Doctrines》

존 로크

John Locke | 1632-1704

영국의 작은 마을에서 태어났다. 법률가였던 아버지는 영국 내전(1642-1651)에 의회군으로 참여했고 이는 의심의 여지없이 로크의 자유주의 정치관에 영향을 주었다.

옥스퍼드 크라이스트 처치에서 공부했으며 자연 철학과 경험 과학에 큰 관심을 갖게 되었다. 1656년 학사 학위를, 1658년 석사 학위를, 1674년 의학 학위를 받았다. 당시 저명한 과학자 로버트 보일(1627-1691)과 함께 일하기도 했으며, 결국 외과 의사로 개업의가 되었다.

철학에서도《인간 지성론》(1689)이라는 학문적 업적을 남겼다. 이는 데카르트의 정신 철학에서 벗어난 경험주의의 출발이었다.

프랑스에서 지내며 자유주의 정치와 초기 인권 표출의 영향을 받았다. 그의《통치론》(1689)은 자유주의와 민주주의 이론에서 여전히 중요한 책이다. 그는 볼테르(1694-1778)와 루소 그리고 미국의 혁명가들에게 영감을 주었다.

존 로크는 자유주의 정치 사상가로 특히 미국에서 주목을 받았다. 《통치론》은 미국 혁명의 철학적, 정치적 야망을 형성하는 데 상당한 영향을 미쳤다. 뛰어난 의사이자 영국 경험주의•의 주요 인물인 로크는 인식 철학과 인격의 동일성 그리고 우리가 주로 살펴볼 자유 의지 대 결정론 논쟁에 기여했다. 특히 이 주제에 관한 저술은 토머스 리드•231와 같은 사람들에게 강한 영향을 끼쳤다.

로크는 자유 의지의 문제를 개념상의 혼란으로 간주했는데, 이는 특정 용어들에 관한 정의에서 비롯되는 문제다. '권력', '의지', '필연성'과 같은 용어의 의미를 조심스럽게 검토해 보면 우리는 실제로 이 문제를 제거할 수 있다.

그렇다면 이 용어의 의미는 무엇일까? 로크에게 '의지'란 어떤 종류의 힘, 즉 결과를 낳는 원인의 힘으로 작용할 수 있다. 자유도 일종의 힘인데 결과를 만들어 낼 수 있다. 우리는 자유롭다는 것을 알고 있고 자발적인 팔 운동과 비자발적인 심장의 운동을 명확하게 구별할 수 있다. 이는 '자유'가 의미하는 것의 일부분이다. 자발적 행동이 중요하다. 혹독한 다이어트 중에 아이스

• 영국 경험주의는 계몽주의 시대와 17-18세기 유럽의 이성의 시대를 거쳐 성장, 발전했다. 경험주의자들은 모든 지식은 경험과 경험을 이해하는 방식의 결합이라고 믿었다. 데카르트•68 같은 합리주의자와는 대조적으로 로크와 조지 버클리(1685-1783), 데이비드 흄 같은 철학자들은 마음이 순수 직관에서 발견되는 지식과 함께 미리 만들어져 있음을 믿지 않는다. 즉 이성은 기능이지 지식의 원천은 아니라는 것이다.

크림을 먹고 싶은 충동 같은 것을 자발적으로 자제할 때, 우리는 이와 같은 자제에서도 자유를 발견할 수 있다. 이에 '필연성'은 졸음이나 딸꾹질 같은 종류의 자유로운 선택을 할 수 없는 행동을 의미한다.

로크는 신체를 자발적으로 움직이고, 생각을 통제하고, 행동을 억제하는 자유와 의지의 '기능'을 의미 있게 구별했다. 한마디로 '자유 의지'라는 개념은 혼란스러운 개념이라는 것이다. 의지는 우선 자발적인 행동을 실행하는 능력과 같은 그런 '일'이 아니다. 원인과 결과의 결정적 체계가 세계를 지배하지만 우리의 힘은 우리가 가질 수 있는 욕망에 의해 결정되는 체계 내에 있다. 그러므로 로크는 인간의 자유와 결정론은 양립 가능하다고 보았다.'[233] 당신은 커피를 싫어하고 초콜릿을 좋아하기 때문에 커피 대신 핫초코를 선택할지도 모른다. 이와 같은 행위는 당신의 욕망에 의해 결정된 것이므로 멋대로 하는 것이 아니다. 그런 욕망과 달리 자발적으로 행동하는 한 당신은 자유롭다.

> **"의지가 자유로운지를 묻는 것은 적절하지 않고**
> **인간이 자유로운지를 묻는 것이 적절하다."**
>
> 《인간 지성론》

토머스 리드

Thomas Reid | 1710-1796

1722년 영국 애버딘에 있는 마샬 칼리지에 입학해 철학을 공부했다. 1737-1751년 스코틀랜드 교회에서 장로교 목사로 일했다. 애버딘 킹스 칼리지의 교수로 있으면서 애버딘 철학 협회(일명 와이즈 클럽) 창립회원이 되기도 했다. 1764년 도덕 철학자이자 경제학자인 애덤 스미스의 뒤를 이어 글래스고 대학 도덕 철학 교수로 취임한다.

매우 독창적인 철학자로 합리주의와 경험주의의 대립을 종합하고자 했다. 당시 데이비드 흄을 노골적으로 비판한 그는 스코틀랜드 상식학파를 만들었다. 흄학파에 대한 생산적인 비판은《인간 마음에 관한 탐구》(1764)에 영감을 주었다. 더욱이 윤리학은 단지 감성의 문제라는 흄의 주장에 반대하여《인간 행동력에 관한 논고Essays on the Active Powers of Man》(1788)에서 합리주의 윤리학을 옹호했다. 리드의 '상식' 철학은 영국 철학자 헨리 시지윅(1838-1900)과 미국 프래그머티스트인 찰스 퍼스 같은 철학자들에게 지대한 영향을 끼쳤다.

스코틀랜드 장로교 목사이자 철학자인 토머스 리드는 **자유방임주의**libertarianism를 옹호했다. 자유방임주의란 우리에게는 때때로 욕구를 가질 자유와 동시에 다른 것을 선택할 자유가 있다는 이론이다. 리드는 동시대 철학자인 데이비드 흄'[97]과 정치 경제학자이자 도덕 철학자인 애덤 스미스를 포함하는 **스코틀랜드 계몽주의**Scottish Enlightenment의 일원이었다. 리드는 주로 흄의 문제적 결론에 비판을 가하는 철학자로 여겨지곤 하지만 실제 매우 독창적인 사상가였다. 무엇보다도 리드는 **상식 철학**common sense philosophy을 발전시켰다.

상식 철학은 비록 철학적으로 문제가 될지라도 우리의 신념과 경험상 부정될 수 없는 기본적 사실들을 받아들인다. 이른바 자명한 출발점이며 단지 일시적인 문화적 편견은 아니다. 예를 들어 인과적 힘들이 자연에 작용하고 있다는 견해가 그것이다. 《인간 행동력에 관한 논고》에서 리드는 우리가 자유롭게 의도적으로 원인을 만드는 능동적 행위자라는 믿음을 옹호하려 한다.

리드에게 자유 의지란 자연스럽게 경험하는 것이다. 그 의지는 자발적 행동과 그렇지 않은 행동을 그리고 도덕적으로 칭찬받을 행위와 비난받을 행위를 구별하는 능력에 기초한다. 리드에 따르면 의지는 사건을 결정하는 힘이고, 의지에 의해 지시된 행동은 '자유 의지volition'라고 부른다.

행위가 자발적이기 위해서는 자유 의지의 대상을 의식해야만 한다. 예를 들어 당신이 의식적으로 계산하는 것을 상상해 보라.

당신이 반드시 계산하고 싶어 할 필요는 없지만 자발적으로 (말하자면 외부의 위협이나 비자발적인 경련 없이) 계산한다. 반면에 당신이 와인 한 잔과 같은 것을 원할 때 와인을 따르고 마시는 행위는 동기화된 욕구에 의한 것이다. 이런 경우 당신은 따뜻함과 편안함을 느끼고 싶었을 것이다. 여기서 동기는 리드가 말한 '열정passion'에 의해 만들어진다. 열정은 가끔 다양한 수준의 강도로 우리를 기습하는 자연적 성향 혹은 욕망이다. 리드는 열정을 이성의 동기와 구별한다. 이성의 동기는 보통 열정에 대항하는 능동적인 투쟁으로 선언한다.

리드에게 행위자는 변화를 만들어 내는 능동적인 행동력으로 이루어져 있다. 그 힘은 수동적 수용자에게 영향을 주려 분투한다. 또 그는 행동의 원인과 소극적 행동을 함께 고려한다. 모든 변화는 효율적 원인이 있어야 하지만 우리 자신은 자발적 행위의 효율적 원인일 수 있다. 로크'[228]와 관련하여 리드의 자유는 의지의 방향을 결정하는 힘에 그 본질이 있다.

하지만 로크와 달리 리드는 **양립 불가론자**•이다. 리드에게 자유롭게 행동하는 힘은 다른 것에 의해 조건화되지 않는다. 자신이 스스로의 원인일 수 있다는 것이다. 이 말이 사실이라면 인과

- • 결정론determinism: 자연에는 우연이 없다. 모든 것이 일련의 인과 관계에 따라 결정된다. 인간 행위도 물질적, 심리적, 사회적 원인에 의해 결정된다.
- 양립 가능론compatibilism: 모든 것이 결정되지만 인간만은 외적 구속에서 자유로울 때 자유 의지를 갖는다. 이는 '부드러운 결정론'으로 알려져 있다.
- 양립 불가론incompatibilism/자유 의지론libertarianism: 일련의 인과 관계는 자연법칙과 과거 사건에 따라 결정되지 않는 인간의 선택에 의해 시작될 수 있다. 이는 '행위-원인의 자유 의지론'으로 알려져 있고 자유 의지는 결정론과 양립 불가능하다.

적 힘과 욕구와 같은 심리학적 충동이 우리의 행동을 결정하지 않는다는 결론에 이른다. 우리는 기준에 따라 행동할 때 그리고 외압이나 위협이 우리를 움직이지 않을 때 자신의 자유가 분명해진다. 리드는 그렇지 않다면 우리는 선택을 지각할 수 없을 것이라고 논한다. 우리는 무엇을 해야 하는지 고민하지 않을 것이다. 그리고 반드시 원해서가 아니라 무언가를 해야 하므로 어떤 것을 선택하는 경험을 우리는 할 수 없을 것이다.

마지막 피자 한 조각을 먹을지 아니면 부탁한 친구를 위해 남겨 두어야 할지 고민하는 것은 게걸스럽게 먹는 욕망을 극복할 능력이 없다면 타당하지 않다. 이와 비슷하게 단 것을 끊거나 금연을 결심하는 것은 결정하는 의지의 힘이 전혀 없다면 말이 안 된다. 하지만 결심, 고민, 도덕적 책임감은 타당하다. 우리는 이 개념들에 당황하지 않는다. 그리고 가끔 무엇을 하기로 결심하거나 무엇을 해야 할지 말아야 할지 고민하는 우리 자신을 경험해 왔다. 자유가 존재한다고 믿는 데는 그럴듯한 상식적인 이유가 존재한다.

우리는 이제까지 리드가 자유 의지의 존재에 관한 정확한 '증거 제시'를 한다기보다 의심할 수 없는 확실한 믿음을 가지고 그 믿음을 이해시키는 개념을 제공한다는 것을 알아챘다. 이런 리드에 대하여 우리는 조심스럽게 선택된 언어가 세계에 있는 실재 사물들을 의미 있게 지시하고 있다는 가정에서 시작해야 한다. 용어를 재정의하고 그 뒤에 숨어 있는 개념의 구조를 검토함으로써 우리는 철학적 명료성에 도달할 수 있다. 이런 의미에서 우리는 리드를 분석 철학의 선구자로 간주할 수 있다.'[132]

"말의 모호성보다 지식 진보에 더 큰 장애물은 없다."

《인간 마음에 관한 탐구》

로데릭 치좀

Roderick Chisholm | 1916-1999

미국 철학자로 1942년 하버드 대학에서 박사 학위를 받았다. 이후 잠시 군대에 징집되었다. 임상 심리학 훈련을 받고 미국에 있는 군 병원에서 복무했다. 1946년 학부 과정을 마치고 브라운 대학으로 돌아와 강의를 시작해 평생을 이 학교에서 보낸다. 매우 활동적이고 영감을 주는 스승이었다. 전도유망한 학생 몇몇과는 전화로 철학에 대하여 자유로운 대화를 자주 나눴다고 한다.

치좀은 수백 개의 중요 논문을 발표했으며 인식론(지식의 이론)과 형이상학에 큰 영향을 끼쳤다. 특히 콰인의 저서에 담긴 프래그머티즘의 행동주의에 반대 의견을 제시했다. 치좀은 형이상학의 실재론자로서 인식론에서 '기초주의foundationalism'로 알려진 분야에 공헌했다. 그 견해는 앎이란 기본적으로 스스로 정당화된 원리에 기초를 둔다는 것이다. 치좀은 분석 철학자였지만 프란츠 브렌타노(1838-1917)와 현상학자 에드문트 후설 같은 유럽 철학자들에게서 깊은 영향을 받았다. 주요 논저로《실재론과 현상학의 배경Realism and the Background of Phenomenology》(1960), 《개인과 대상Person and Object: A Metaphysical Study》(1976), 〈행위자, 원인 그리고 사건들Agents, Causes, Events: The Problem of Free Will〉(1995) 등이 있다.

∎

존경받는 하버드 출신 철학자 로데릭 치좀은 형이상학, 인식론, 윤리학, 정신 철학, 언어 철학 분야에 광범위한 기여를 했다. 그리고 자유 의지에 관한 지속적인 논쟁에서 중요한 역할을 했다.

치좀이 견지한 핵심은 **행위-원인**과 **사건-원인**의 구별이었다. 치좀은 양립 불가론자였다. 기본적으로 인간의 자유와 도덕적 책임이 엄밀한 인과적 결정론과 공존할 수 있다는 것을 믿지 않았다. 모든 일련의 사건, 인격 혹은 행위자(이유와 의도에 따라 수행할 작업을 결정할 수 있는 사람)는 주어진 결과에 한 원인일 수 있다. 치좀은 한 인격이 '다르게 할 수 있었을 텐데'라고 말하는 것의 의미를 분석함으로써 자신의 견해를 발전시킨다. 그에 따르면 자유 의지는 당신이 선택할 수 있는 행위가 주어진다면 당신이 다르게 행동할 수 있었을지도 모를 시나리오가 있다는 것을 함축한다. 만약 당신이 다른 것을 선택했다면, 실제로 그렇게 했을 것이라고 항상 말할 수는 없다. 당신이 차가운 커피보다 뜨거운 커피를 선택했지만 고장 난 전자레인지에 머그잔을 넣는다면, 차가운 커피를 마시는 것 외에 다른 선택을 했을지라도 당신은 (할 수 없기 때문에) 다른 선택을 할 수 없는 것이다.

치좀에게 의도된 행동, 즉 마음속 목적을 염두에 두고 수행하는 행동은 다른 어떤 조건도 해당 행동을 방해하지 않거나 그것의 수행을 강요하지 않는 경우 결과의 한 원인일 수 있다. 우리는 직접 결과의 원인일 수 있거나 간접적으로 그 결과의 원인일 수 있다. 나는 직접적으로 북쪽으로 1킬로미터 걷겠다는 것을 선택함으로써 우회하여 공원에 가는 것을 간접적으로 선택할 수 있다. 강요, 나쁜 길, 산책 강박에 방해받지 않는 행위자로서 나는 공원에 가려는 욕망을 실현할 수 있다. 이 견해는 치좀을 자유 의지론자로 만든다.'[233]

"책임감 부여는 결정론적 행동론과 갈등한다."

〈행위자, 원인 그리고 사건들〉

피터 스트로슨

Peter F. Strawson | 1919–2006

영국 옥스퍼드 대학 출신의 20세기 철학자다. 그의 아들 갤런 스트로슨 역시 명성을 얻어 현재 형이상학, 자아와 정신 철학에 중요한 기여를 하고 있다.

옥스퍼드 대학에서 강의를 시작해 1947년 정교수가 되었다. 1968년부터 1987년까지 모들린 칼리지에서 형이상학 철학의 석좌 교수를 지냈다. 2006년 생을 마감하기 전까지 옥스퍼드와의 관계도 계속되었다. 1960년 영국학사원 회원이 되었고, 1971년 미국 예술과학아카데미 외국인 명예 회원이 되었다. 1969년부터 1970년까지 아리스토텔레스 연구회 회장으로 있었다. 그의 철학적 영향력은 1977년 작위를 받을 정도로 강력했다.

많은 철학적 성과 중 특히 '기술적 형이상학descriptive metaphysics'을 개척한 것으로 알려졌다. 그는 기술적 형이상학을 '수정적 형이상학revisionary metaphysics'과 대조했다. 기술적 형이상학은 때때로 현실의 본성에 관한 반직관적 주장을 제기한다. 스트로슨은 우리가 공유한 인간적 개념 틀의 구조를 분석함으로써 철학적 통찰을 끌어낼 수 있다고 믿었다. 바로 이런 틀에서 우리는 현실의 기본 구조를 어떻게 생각해야 하는지 그 범위를 제한할 수 있다. 주요 저서로《개별자들Individuals》(1959),《의미의 영역The Bounds of Sense》(1966),《자유와 원한Freedom and Resentment and Other Essays》(1974) 등이 있다.

∎

옥스퍼드 대학 철학자 피터 스트로슨이 자유 의지 대 결정론 논쟁에서 취한 입장을 이해하기 위해 우리는 먼저 독특한 방법론을 이해해야만 한다. 그는 **기술적 형이상학**을 발전시켰는데, 어떤 의미에선 리드와 칸트식 접근을 종합한 것이다.[38/231] 이 형이상학의 목표는 짐작건대 보편적 개념 도식의 가장 일반적인 모습을 기술하는 것이다. 리드와 칸트에서처럼 이 도식은 실재가 인간 지성에 스스로를 드러내 보이는 일반 방식으로 생각된다. 그 도식 밖에서 사고한다는 것은 난센스를 말하거나 (바로 난센스의 종합일지도 모르는) 인간 경험에 관한 기초 사실들을 철저하게 변경시키는 것이다. 따라서 스트로슨의 형이상학은 실재의 본질에 관한 깊은 이론적 주장들에 관심을 두는 대신 우리가 이미 채용한 기초 개념들에 초점을 맞춘다.

어떤 면에서 스트로슨의 견해는 양립 가능론이다.[233] 고전이 된《자유와 원한》에서 '참여-반응적 태도'와 객관적 태도를 구별할 수 있다고 논한다. 참여-반응적 태도는 우리가 상호 인간 관계에서 받아들이는 실천적인 믿음이다. 강제하는 이론적 결정론이 상당히 그럴듯해 보일지라도 우리는 항상 도덕적 책임, 죄책감과 자부심, 칭찬과 비난, 원한 같은 것을 느낄 수 있다. 이는 우리가 서로 어떻게 관계를 맺는가를 체계화하는 설득력 있는 도덕적 태도이며, 이 태도를 수정하는 것은 결코 단순히 어떤 이론적 입장을 채택하는 문제가 아닐 것이다. 과학적 사실과 비인간적 세계에 대한 기술과 연결된 객관적 태도는 참여-반응적 태도를 쉽게 대체할 수 없다. 사실 우리는 이 두 가지 방식으로 세계를 사고하는데, 둘 다 경험의 근간이다. 따라서 명백한 도덕적 태도들처럼 질서, 인과 관계, 결정론과 같은 명백한 사실들도 묵살할 수 없다. 스트로슨에게 자유 의지론적 견해(리드와 치좀)는 부정합하거나 위태로운 형이상학을 채택하는 것과 같다. 리드처럼 자유 의지와 결정론이 공존할 수 없다고 믿는 양립 불가론자는 고집스럽게 '비관적'이다. 그들은 인과 관계로 연결된 세계에서 행위자와 참여적 태도에 여지를 줄 수 없다. 스트로슨은 결정론을 받아들였지만 그것이 우리의 일상적인 인간 경험을 결코 대체할 수 없을 것이라고 확신했다.

데이비드 위긴스

David Wiggins | 1933–

영국 옥스퍼드 브래스노스 칼리지에서 아크릴(1921–2007)의 영향하에서 철학을 공부했다. 1993년에서 2000년까지 브래스노스 칼리지에서 논리학 교수로 재직했고, 1999년부터 2000년까지 아리스토텔레스 연구회 의장으로 있었다. 영국학사원 명예 회원이자 미국 예술과학아카데미 외국인 명예 회원이기도 했다. 동료들과 학생들에게 존경을 받고 있는 그는 모교의 중요한 인물로 남아 있다.

　형이상학과 윤리학에 많은 공헌을 했다. 형이상학과 관련하여 시간을 넘어 지속되는 정체성의 문제를 해명했으며, 자유 의지 대 결정론 논쟁에서 자유 의지론적 자유를 확신하는 견해를 발전시키려 노력했다. 윤리학에서는 가치에 관한 소박한 실재론과 악성 상대주의를 매개하고자 하는 정밀한 도덕적 객관주의를 옹호하고자 했다.

　위긴스는 데릭 파핏과 존 맥도웰(1942–)과 같은 저명한 분석 철학자들을 포함하여 스스로의 끊임없는 노력으로 대가가 되어 가는 학자들을 가르쳤다. 주요 논저로《동일성과 시공의 연속성Identity and Spatio-

Temporal Continuity》(1967), 〈합리적인 자유 의지론을 향하여Toward a Reasonable Libertarianism〉(1973), 《욕구, 가치, 진리Needs, Values, Truth: Essays in the Philosophy of Value》(1987) 등이 있다.

·

옥스퍼드 대학의 철학자 데이비드 위긴스는 동료인 피터 스트로슨·239의 '낙관론'을 채택하지 않는다. 자유 의지론·233을 옹호하기 전에 위긴스는 강력한 결정론의 배후에 있는 근거 없는 가정에 반대한다. 우리에게는 오직 사건에 대한 두 가지 사고방식만 있다는 가정, 즉 완전히 자연법칙에 의해 지배되거나 완전히 멋대로 행동한다는 가정에 반대한다는 것이다.

둘 중 하나를 택하라고 강요한다면, 자유 의지론자는 멋대로 행동한다는 '임의성randomness' 쪽으로 기울 것이다. 그런데도 당신은 이 책을 임의적 사건의 산물로서 계속 읽는 선택을 경험하지 못한다. 당신이 계속 읽게 되더라도 그 선택을 자유로운 것으로 생각하지 못할 것이다. 하지만 당신은 선택한다! 정반대로 행위에 대한 설명으로 자연법칙, 즉 '인과성'을 선택한다면 책 읽기를 선택하는 것은 어떤 점에서는 당신 몸의 분자와 뇌세포에 작용한 사회적, 과학적, 자연법칙의 산물이라는 결론에 도달해야 할 것이다. 그런데 이것도 맞는 것 같지 않다!

하지만 당신의 행동이 임의성이나 인과성에 의해서 설명되지 않는다면 무엇이 남아 있을까? 우리는 자체로 설명이 필요한 무언가를, 즉 영혼 같은 신비로운 어떤 것을 등장시켜 자유 의지를 설명해야 할까? 위긴스는 그렇게 생각하지 않는다. 위긴스는 우리의 행동 뒤에 있는 명백한 동기를 봐야 한다고 권한다. 왜 이러한 동기들이 자발적인 행동과 선택을 충분히 설명할 수 없다고 하는가?

지금 결정론자는 비록 물리 법칙으로 이러한 동기들을 설명할 수 없을지라도, 가령 뇌의 뉴런 연결에 호소함으로써 결국 동기들을 설명할 수 있다고 주장할 것이다. 결국 우리는 이런 식으로 수많은 것들을 설명했다. 인간의 심리는 왜 예외이어야만 하는가? 위긴스는 이 반대에 확신에 찬 답을 제공하지 않는다. 하지만 위긴스는 자유 의지론을 보다 더 진지하게 숙고하는 길을 열어 주었다.

> "우리는 자유로운 행동을 물리 세계 밖에서 목표로 하는 작은 격려로 구성된 의지까지 거슬러 추적할 필요가 없다."
>
> 〈합리적인 자유 의지론을 향하여〉

토머스 네이글

Thomas Nagel | 1937−

유고슬라비아에서 태어났다. 1958년 코넬 대학을 졸업했다. 1960년 옥스퍼드 대학에서 석사 학위를 받은 뒤 1963년 하버드 대학에서 박사 학위를 받았다. 버클리 대학(캘리포니아)과 프린스턴 대학을 거쳐 현재 뉴욕 대학에서 철학 명예 교수이자 법학 교수로 재직 중이다. 미국 예술과학아카데미 회원이기도 하다.

스물두 살 때부터 책을 쓰기 시작했다. 그의 책들은 대부분 현실에 관한 비인격적, 객관적, 과학적 기술記述의 관점에서 의식과 주관성을 이해하는 우리의 능력을 다룬다. 대중적 주목을 받은 〈박쥐가 된다는 것은 어떤 것일까?〉라는 글에서 마음의 성질은 단순히 물리학적 혹은 신경학적 기술로 충분히 설명될 수 있다는 견해에 반대한다. 네이글은 주관과 객관의 이와 같은 긴장을 윤리학적 관점에서 살핀다. 수전 울프(1952−)와 사무엘 셰플러(1951−) 같은 저명한 도덕 철학자를 가르쳤다. 주요 저서로《이타주의의 가능성The Possibility of Altruism》(1970),《입장이 없는 관점The View from Nowhere》(1986),《평등과 편애Equality and

Partiality》(1991) 등이 있다.

.

토머스 네이글은 윤리학과 정신 철학에 관한 유명한 저서들을 많이 내놓았다. 앞에서 본 리드와 스트로우슨과 다르게 네이글은 자유 의지의 문제는 꼭 의미론의 문제라고 생각하지 않는다. 물론 개념들이 혼란스러울 수 있지만 자유 의지 문제는 결국 인간 조건에 관한 근본적인 사실에 달려 있다.

사실 우리는 세계에 관한 '내적' 관점과 '외적' 관점을 갖고 있다. 당신은 가끔 매우 가까운 사람의 행동을 거의 확실하게 예측할 수 있다. 심지어 그 행동을 한 이유도 나열할 수 있을 것이다. 하지만 자신을 보면, 왜 그런 행동을 했는지에 대한 주관적이고 내적인 경험은 매우 다르다. 두 관점은 의식의 본질적인 부분이다. 자유 의지의 문제는 우리가 내적 관점과 외적 관점을 화해시키려고 할 때 발생한다.

문제는 내적 경험이 자율성 혹은 자유 의지의 의미를 주지만, 우리가 외적, 비인격적 방식으로 자기 자신을 바라볼 때 스스로를 마치 과학의 자연법칙에 의해 지배되고 있는 우주의 물질적 사물처럼 결정론적으로 생각한다는 것이다. 우리가 주관성을 경험할지라도 그것 역시 객관적 방식으로 설명할 수 있을 것이다.

예를 들어 슬픔이나 행복은 오직 '내부에서' 다가갈 수 있는 사적 경험처럼 보인다. 그런데 신경학자나 인지 과학자가 뇌를 검사한다면, 이들은 비인격적, 객관적 사실들로 이 경험을 설명할 수도 있을 것이다. 마찬가지로 정신과 의사들은 종종 불안과 우울을 치료하기 위해 약을 처방한다. 그리고 이 약을 복용한다면 우리는 자신을 외적으로, 세계의 또 다른 사물과 같은 것으로 보는 것이다.

네이글은 자유로운 행동을 상식적인 이유(예를 들어 "나는 사이다 대신 물을 마신다. 보다 건강해지고 싶기 때문이다")에 호소함으로써 설명하는 것은 문제를 해결하지 못한다고 주장한다. 강요 없이 친구와의 약속을 취소한다고 해 보자. 나는 왜 그랬냐고 묻고 당신은 그 친구가 이전에 약속을 한 번 취소한 적이 있었다고 해명한다. 결국 보복하기로 했음을 나에게 시인한다. 당신의 선택이다. 맞는가? 하지만 네이글은 좀 더 객관적, 외적 관점에서 이를 설명해 보라고 요구한다. 질문은 이렇다. "당신은 할 수 있는 여러 다른 것들 중에 왜 '그렇게' 했는가?"

당신의 설명은 유사 의식적 동기, 이야기, 어린 시절에 관한 비인격적 서술을 할 수 있는 반면, 위의 기본적인 질문에 대답하지 않는 것처럼 보인다. 이 심리적, 사회적 사실은 결국 차례로 뇌세포와 당신을 구성하는 분자들에 관한 사실에 의해서 설명될 수도 있다. 그러므로 자율성에 대한 당신의 생각은 '환상'에 불과할지도 모른다. 철학자들은 이를 **오류 이론**Error Theory이라고 부른다. 비록 당신이 선택한 것처럼 보일지라도 당신의 믿음은 다른 사실에 의해 설명 가능한 오류라는 것이다.

과학적 호기심은 비인격적이고 순수하게 객관적 설명을 간절히 바란다. 하지만 이렇게 하려고 노력하면 경험은 사라진다. 예를 들어 내가 뇌에서 일어나는 화학 반응에 관하여 이야기하면서 이는 흥분과 동일하다고 설명한다면 당신은 흥분이 무엇인지 감 잡을 수 없을 것이다. 나는 당신에게 흥분한 상태가 '무엇과 같다'라는 것을 서술해야 하고, 당신은 그것과 비슷한 경험을 해야 한다. 우리는 이러한 종류의 내적 경험을 한다는 사실과 그 내적 경험을 결코 객관적으로 설명할 수 없음을 받아들여야 한다. 따라서 자유 의지 '그리고' 결정론을 떨쳐 버리지 못하는 것이다.

"자신이 행동의 주인이라는 의미는 단순한 느낌이 아니라 믿음이다.
우리는 믿음을 포기하지 않고서는 순수 현상으로서 간주할 수 없다."

〈자율성의 문제The Problem of Autonomy〉

피터 반 인와겐

Peter van Inwagen | 1942–

미국 노터데임 대학 교수다. 로체스터 대학 철학자 키스 레러 밑에서 박사 학위를 받았다. 시러큐스 대학에서 강의하기도 했다. 그는 수많은 상을 받았고, 많은 중요 강의 시리즈의 기조연설자로 나서기도 했다.

1980년 기독교로 개종했는데 2010년부터 2013년까지 기독교 철학 협회 회장을 역임했다. 반 인와겐은 형이상학과 종교 철학 분야에서 중요한 공헌을 했으며 특히 사후 세계의 인간의 육체적 지속성에 관한 문제에 관심을 가졌다.

자유 의지와 결정론에 관한 '양립 불가론자'로 알려져 있다. 반 인와겐은 순수 결정론적 체계는 선택의 여지가 없다고 주장한다. 경력을 쌓아 가는 내내 자유 의지의 개념 앞에서 혼란스러워했으며 심지어 그 개념이 부정합할 수도 있다고 주장했다. 주요 논저로 〈자유 의지는 언제 존재하는가?When is the Will Free?〉(1989), 《형이상학Metaphysics》 (1993), 《존재Existence: Essays in Ontology》(2014) 등이 있다.

．

피터 반 인와겐은 특히 형이상학 분야에서 업적을 남겼으며 논문 〈자유 의지는 언제 존재하는가?〉로 자유 의지 대 결정론 논쟁에 크게 기여했다. 이 논문에서 반 인와겐은 '자유 의지'의 의미를 통해 무엇을 생각하고 왜 먼저 반성하는 것이 중요한지 명료히 하고자 한다.

반 인와겐은 '자유 의지'란 거의 철학적 발명품이라고 지적한다. 누군가가 당신 차를 훔쳤다고 생각해 보자. 그가 자유롭게 차를 훔쳤다고 믿는다면, 즉 강요받은 것도 아니고 정신적으로 문제가 있는 것도 아니라고 믿는다면 아마 당신은 그가 비난받고 벌을 받아야 한다고 믿을 것이다. 그는 다르게 할 수 있었음에도 당신 차를 훔쳤다. 당신은 그의 교육 정도나 평판, 경제적 형편이 궁금하지 않을 것이다. 하지만 그 도둑이 차를 훔칠 수밖에 없는 상황이었다면 어떨까? 그래도 그를 비난할 것인가?

양립 불가론자'[233]는 자유가 강요당하거나 정신적으로 손상되지 않는 것을 의미한다고 주장한다. 누군가가 다르게 행동할 수 있었다는 것을 증명하기 위해서 우리는 먼저 그가 미래의 다양한 길들 중에서 선택했다는 것을 입증해야만 한다. 반 인와겐은 이렇게 되면 실제로 우리가 자유로울 수 있는 경우는 매우 적은 수만 남는다고 주장한다. 대개의 경우 우리는 다르게 행동할 수 없음이 드러나는 것이다.

옆집에서 들리는 누군가의 비명을 듣고 이웃이 그의 아내를 때리고 있다는 것을 알았다고 상상해 보자. 마치 여기에 수많은 선택이 있는 것처럼 보인다. 당신은 그 비명이 듣기 싫어 텔레비전 볼륨을 높이거나 극장에 갈 수도 있다. 하지만 당신은 119에 전화를 걸거나 다른 방법으로라도 옆집 일에 개입하지 않을 수 없을 것이다. 그렇다면 여기에 당신에게 '열린' 가능성이 어떤 의미로 존재하는가?

반 인와겐은 철학자로서 이해한 선택이라 말할 수 있는 세 가지 일반적인 경우를 든다. 먼저 선택 가능한 두 가지가 대등한 경우다. 즉 하나를 선택해야 하지만 말 그대로 무엇을 선택할지 신경 안 쓰는 경우다. 무엇을 선택하든 그 무게가 다른 것을 압도하지 못한다. 이 경우 선택하는 데 결정할 만한 것이 없어 보이므로 '자유 선택'과 같은 것으로 생각할 수도 있다.

당신은 또한 상충하는 의무나 장기적 이익, 즉각적인 충동의 맥락에서 어떻게 행동할 것인가를 자유롭게 선택할 수 있다. 지금 술집에 있다고 생각해 보자. 술을 더 마시고 싶지만 맥주 한 잔을 더 마시면 숙취에 시달릴 것이라고 믿는다. 당신이 알코올 중독자가 아니라고 가정한다면(알코올 중독자는 선택의 여지가 없을 것이기 때문이다) 술을 더 마시지 않기로 한다. 반 인와겐은 이러한 선택도 '자유'로 간주할 수 있다고 말한다.

마지막으로 상충하는 가치들의 경우다. 외국에서 인턴을 할 기회가 주어졌다고 생각해 보자. 당신의 경력에 확실히 도움이 될 기회다. 그런데 집에 머물면서 돌봐 줘야 하는 암에 걸린 가족이 있다. 당신의 현재 가치 체계에 관한 그 무엇도 두 선택을 배제할 수 없다. 어떤 사람이 되길 원하는가? 사랑하는 사람을 위해 자신의 이익을 희생하는 가치 혹은 자신의 인생 목표에 부지런히 집중하는 가치, 이 둘 중 자유롭게 선택할 수가 있다. 반 인와겐은 자유 의지론자들이 추구하는'[233] 일종의 칭송된 자유를 받아들이지 않고 우리의 도덕적 직관을 그대로 유지할 수 있다고 결론짓는다.

"다르게 할 수 있음은 비교적 드문 조건이다."

〈자유 의지는 언제 존재하는가?〉

사랑

Love

"'사랑해'는 단지 문구 혹은 표현이 아니다. 또 감정을 묘사하는 것도 아니다.
이는 미지의 미래를 여는 것이자 새로운 삶의 방식으로의 초대다."

로버트 솔로몬, 《사랑에 관하여》

...

    사랑은 정신이 냉정한 철학자와 과학자보다는 시인과 소설가에게 더 적합한 주제다. 분석하기에 너무 골치 아프고 너무 덧없으며 너무 복잡한 주제기도 하다. 당신이 초콜릿을 좋아한다거나 춤추기를 좋아할 때와 아이들에게 인내심을 발휘할 때는 뭔가 다른 것이 있는 듯하다. 때때로 우리는 첫눈에 사랑에 빠졌다고 생각한다. 그런데 이는 순식간의 화학적 반응이어서 신경학자와 화학자가 인간미 없는 말로 서술할 수 있는 것일까? 아니면 사랑은 관계의 가능성, 즉 깊은 감정 유대의 시작일까? 우리는 애완동물에게 애착을 느끼지만 그 감정은 연애 상대에게 느끼는 감정과 다르지 않을까? 감정적으로 격정적이고 육체적으로 충만한 사랑은 영적인 사람들이 신에게 느끼는 사랑과 같을까? 아니라면 어떻게 그 차이점을 이야기할 수 있을까?

    사랑은 매우 중요한 동기를 유발하는 가치다. 사랑은 인연을 만들고 제한된 시간 안에 우리가 무엇을 해야 하는지를 알려 준다. 사랑은 우리가 친밀하게 알고 있는 것이다. 비록 지금 함께 있는 사람이 생뚱맞아 보여도 우리가 사랑에 빠져 있다는 것은 의심할 여지가 없다. 우리는 상대방의 성격 때문에 사랑에 빠진다고 생각하지만 그렇다고 같은 성격의 사람과 사랑에 빠지지 않는다. 그리고 사랑하는 이유가 성격 때문이라면 연인의 성격이 변하면 어떻게 되는 것일까? 이러한 질문은 가치와 욕망, 정체성, 합리성, 지식을 고려하는 더 큰 문제들을 명확히 하는 데 도움을 주는 철학적 질문들이다.

초기 그리스인들은 에로스eros(성적이고 열정적인 사랑), 아가페 agape(헌신적이고 사심 없는 사랑) 그리고 필리아philia(다정하고 우애 있는 사랑)를 구별했다. 앞으로 우리가 탐험할 철학자들은 이 개념들의 경계를 넘나들 것이다. 그리고 사랑처럼 복잡하고 감정적으로 얽혀 있으며, 역설적이지만 역동적이면서도 안정적인 것에 관해 이야기할 때 작용하는 기본적인 특성과 차이점이 더 뚜렷이 드러날 것이다. 신의 '무한한' 사랑에서 시작하여 절망적일 정도로 복잡하지만 항상 흥미로운 인간관계의 세계로 내려갈 것이다.

기원전 700년경

에로스, 아가페, 필리아

고대 그리스인들은 에로스, 아가페, 필리아를 구별했다. 그리스 말로 '스트로게storge'는 철학서에서 비교적 다루어지지 않았는데, 그 의미는 가족 사랑이다.

기원전 380-360년대경

플라톤, 에로스, 미

플라톤은 성적 사랑을 초월적 미美에 대한 사랑과 연결한다. 《향연》에서 플라톤은 특별히 아름다운 속성을 향한 사랑은 일반적이고 추상적인 보편 이데아(형상)의 사랑을 반영한다고 주장한다. 미는 선善을 사랑하는 것과 관련이 있다.

아리스토텔레스와 필리아

기원전 350년경

덕을 갖춘 완전히 합리적인 사람은 성적이고 열정적인 사랑에 압도되는 대신 강인한 성격으로 지혜를 추구하는 서로 평등한 사람들 사이의 우정(필리아)을 추구한다. 친밀의 가장 최고의 형태는 단지 쾌락이나 실리보다는 합리적 우정에서 발견된다.

기독교의 자선

480-1300년대경

최고 사랑은 신에게 돌아가려는 간절한 바람과 관련 있다. 모든 인류에게 자기희생적이고 일반적인 사랑(아가페)은 창조물에 대한 신의 사랑을 연상시킨다. 신은 자기희생적 사랑(아가페)과 같은 것으로 여겨진다.

낭만주의

1700-1800년대경

낭만주의 예술가와 철학자들은 열정적이고 때로는 좌절된 사랑을 강조한다. 낭만적이고 열정적인 사랑은 우리가 경험하는 가장 강력하고 행복하고 자연스러운 감정으로 찬양받는다. 사랑은 '정열'이다.

쇼펜하우어와 비관주의

1820-1840년대경

사랑은 아이를 낳기 위한 본능적 욕구로 생각된다. 쇼펜하우어는 사랑을 모든 현실의 바탕이 되고 모든 현실을 고취시키는 '맹목적 의지'의 표현과 연결짓는다. 사랑은 기본적으로 생존을 위한 충동이며 때로는 고통과 좌절에 직면한다.

현대 흄주의Neo-Humeans   ● 1980-1990년대

- - - - - - - - - -

아네트 바이어는 사랑을 조화된 감정들의 복잡하고 창발적인
실천으로 생각한다. 사랑은 느낌 그 이상이다. 사랑은 사회적
이고 감정적인 상호 의존의 표현이다.

신실존주의   ● 1980-2000년대

- - - - - - - - - -

로버트 솔로몬과 같은 실존주의 철학자들은 사랑을 역
동적 용어로 간주하여 특수한 역사적 상황에 따른 의
미와 가치에 도전하게 한다. 한마디로 사랑은 자신의
정체성을 중요하게 형성시켜 주는 타자와의 친밀감
이다.

1990-2000년대 ●   **도덕적 동기로서의 사랑**

- - - - - - - - - -

사랑은 자신의 동기를 제한한다. 사랑은
우리를 형성하고 우리에게 어떤 일을 실행
하는 데 필요한 이유, 즉 가치나 목적을 제
공하다. 사랑은 다양한 충동과 욕망, 관심을
안정화시키는 데 도움이 된다. 그리고 자신보
다 더 큰 중심 목표를 향한 행동을 이끄는 데 도
움이 된다.

사랑의 인식론

마사 누스바움 같은 철학자는 우리가 사랑하는지 어떻
게 아는가 하는 문제에 집중한다. 누군가의 실재 사랑을
확신하기 위해 우리는 단 한순간의 열정이 아니라 습관과
상호 작용의 양식을 불러오는 데 주의를 기울여야 한다. 사
랑은 친밀한 교환 양식이기 때문이다.

2000년대 ●   **겸손한 사랑**

- - - - - -

대중적인 철학자 알랭 드 보통은 사랑의 확장 가능성을 강조한
다. 우리는 사랑에 대한 제한된 통제를 받아들여야 하지만 많은 사
랑의 형태들을 분석하고 또 우리의 감정적, 동기적 자원들에 공을
들여 성숙한 사랑을 이루기 위해 노력해야 한다.

마르실리오 피치노

Marsilio Ficino | 1433-1499

평생 르네상스 시대 피렌체의 유명한 인물인 코시모 데 메디치(1389-1464)의 전폭적인 후원을 받으며 연구했다. 코시모의 손자인 로렌초 데 메디치(1449-1492)와 피렌체의 또 다른 거인 조반니 피코 델라 미란돌라(1463-1494)를 가르쳤다.

　그리스어와 라틴어 원문의 번역자이자 주석가인 피치노는 당시 플라톤주의의 부활과 신플라톤주의의 발전에 기여했다. 사실 그는 그리스어로 된 플라톤 전집을 라틴어로 번역하는 데 책임이 있었다. 그래서 코시모 데 메디치가 피렌체에서 플라톤 아카데메이아의 부활을 진두지휘할 때 자연스럽게 피치노를 학장으로 결정했다.

　의사였던 그는 1473년 성직자가 되었다. 플라톤의 제자 포르피리오스(232-305년경)와 이암블리코스(250-330년경)와 같은 신플라톤주의자들에게서 영감을 받아 기독교와 플라톤주의 융합을 꾀했다. 이런 그의 관심은 알렉산드리아를 중심으로 발전한 신비 철학에 관한 연구와 결합하여 이교도적 탐구와 천체학으로 이끌려 가톨릭교회와 약간의 마찰을 빛기도 했지만 간신히 이단이라는 비난에서 벗어났다. 피치노의 영혼 불멸에 관한 독창적인 작품과 사랑에 관한 논고 및 편지는 인문학의 고전으로 남았다. 주요 저서로 《마르실리오 피치노의 편지들》(1474-1494), 《플라톤 신학》(1482), 《사랑에 관하여》(1484) 등이 있다.

·

  사랑이 지닌 감정적인 힘은 많은 문제를 야기한다. 첫째, 순수 욕망과 만족에 의해 이해된 사랑(에로스)은 매우 쉽게 이기적이 될 수 있다. 당신은 연인이 당신에게 주는 기쁨만큼만 좋을지도 모른다. 욕망은 강력한 힘이지만 진실한 애정, 존경, 상호 관계로 중심을 잡아야 한다. 사랑은 사랑하는 사람과의 공생으로 '자기 소멸'로 이끌 수 있다. 그런데 우리는 사랑하는 대상이 지닌 특수성에 관하여 이야기한다. 우리가 그 대상을 사랑하는 것은 그가 지닌 미, 지성, 재치, 카리스마 같은 특별한 자질 때문이다. 당신의 연인이 당신과 완전히 동일하다면 어떻게 그 특수성을 온전하게 유지할 수 있을까? 어떻게 우리는 주체성과 긴밀한 일체감을 조화시킬 수 있을까?

  르네상스 시대 가톨릭 사제이자 학자인 마르실리오 피치노는 《사랑에 관하여》에서 이 문제에 답하려 노력했다. 피치노는 독창적인 사상가는 아니었으나 최초로 플라톤 전집을 라틴어로 번역한 사람이다. 피치노는 플라톤의 이데아론'[21]과 플로티노스의 존재 사슬론'[193]을 기독교 신학의 관점에서 해석했다. 그는 기독교의 자비와 인간에 대한 신의 사랑을 연상시키는 '아가페'와 '에로스'(혹은 자기중심적인 사랑) 사이에 존재하는 긴장에 초점을 맞췄다.

플로티노스의 플라톤 재해석을 채택한 피치노는 신을 최초의 원리로 간주했다. 신은 자신의 미를 갈망함으로써 이데아의 세계를 만드는 지성 혹은 '천사의 마음'에 길을 열어 준다. 신은 자신의 완벽함에 대한 사랑에서 존재의 사슬을 창조한다. 달리 말해 신은 자기애로부터 존재의 사슬을 만든다. 하지만 나중에 피치노는 다른 책에서 신의 사랑은 아가페의 자기희생적 형식이라는 견해를 옹호하려 노력한다.

피치노는 앞에서 언급한 긴장을 다루기 위해 《향연》에서의 '디오티마의 사다리'[179]에 대한 플라톤의 서술을 인용한다. 디오티마에 따르면 우리는 육체적이고 특수한 사랑에 대한 집착에서 비물질적이고 보편적인 선(플라톤의 이데아 중 궁극의 것)에 대한 사랑으로 움직인다. 피치노는 이를 '플라토닉 러브'라고 부른다. 사실 피치노가 이 말을 만들었다. 기독교 관점에서 피치노는 우리가 아름다운 대상에서 취하는 즐거움은 현실적으로 신의 아름다움으로 돌아가고 싶은 갈망을 감추고 있을지도 모른다고 주장한다. 신은 이기적인 사랑 때문에 우리를 사랑하지 않는다. 신은 사랑이다. 사랑으로 인정할 수밖에 없는 세계를 창조하는 사랑이다.

이 모든 것에서 얻을 수 있는 교훈은 사랑하는 사람과 동일시할 때 우리는 자신을 그 안에서 재인식하고 동시에 그를 갈망함으로써 그의 개별성을 인지한다는 것이다. 사실상 주체와 언급한 갈망의 객체를 구별하지 않고는 갈망이 있을 수 없다. 피치노에게 타인과의 사랑은 궁극적으로 창조자를 위해 나누는 사랑이다. 즉 세속적 의미에서 타인을 사랑한다는 말은 주체성의 존중을 포함하는 동시에 깊은 일체감을 추구하는 것이다.

"현재 우리는 모든 것에서 신을 사랑할 것이며,

그래서 결국 신 안에서 모든 것을 사랑하게 될 것이다."

《사랑에 관하여》

사랑 — Love

요한 볼프강 폰 괴테

Johann Wolfgang von Goethe | 1749-1842

당시 신성 로마 제국에 속했던 오늘날 독일 프랑크푸르트의 부유한 가정에서 태어났다. 법학을 공부하여 공무원이었던 아버지는 유산으로 생계를 이어 갔다. 유럽 곳곳을 여행했으며 고전 공부와 삶에 관한 좋은 경험을 했다. 그런 아버지에게 고무되었던 괴테는 그의 삶을 좇았지만 라이프치히에서 법을 공부하는 동안 글쓰기를 점점 더 좋아하게 되어 초기 작품 중 일부를 쓰기도 했다. 그리고 얼마 후 《젊은 베르터의 고난》(1774)에 영감을 준 격정적인 연애 사건을 겪는다. 또 낭만주의에 감명을 받았으며 잠시 연금술에도 손을 대었다. 이는 나중에 대작 《파우스트》(1808, 1832)에 영향을 준다. 1815년 여러 작품으로 상당한 명성을 얻자 바이마르 대공에 의해 여러 공직에 앉게 된다.

프리드리히 실러와 우정을 키운 괴테는 그와 함께 독일 낭만주의 문학 운동인 슈투름 운트 드랑Sturm und Drang(질풍노도)을 대표한 인물로 남아 있다. 슈투름 운트 드랑은 계몽주의의 합리성에 대응하여 강렬한 감정과 주관을 강조했지만 괴테는 독일 낭만주의와 계몽 운동의 인문주의를 종합한 독일 고전주의에 더 가까이 다가갔다.

．

신을 향한 끝없는 사랑은 때때로 세속의 사랑에서 비극적인 상대를 발견한다. 우리는 사랑하면 안 되는 누군가를 사랑할 수 있다. 우리는 모든 합리적 계획을 훼손할 정도로 강력한 유대를 발전시킬 수 있다. 우리는 또한 통찰력이 거의 통하지 않는 강박을 바탕으로 어리석은 선택을 할 수도 있다. 《젊은 베르터의 고난》에서 괴테는 흥미로운 가능성을 지적한다. 즉 이루어지지 못한 사랑이다. 그 사랑은 증오나 혐오와 다르게 대상에서 멀어질 수록 더 강렬해진다.

소설에서 젊은 베르터는 한 목가적인 마을을 방문하여 로테라는 시골 소녀와 사랑에 빠진다. 로테는 열한 살 연상의 남자와 약혼했다. 베르터는 도시의 귀족적인 생활로 돌아갔으나 그의 사랑은 더욱 커져 결국 자살한다. 이는 사랑이란 거리가 멀어져도 강렬해진다는 점에서 증오나 우정과는 다를 수 있음을 암시한다 (떨어져 있으면 더 애틋해진다는 말도 있다). 하지만 여기서 몇 가지 의문이 생긴다.

사랑 — Love

• 《젊은 베르터의 고난》은 낭만주의 소설이다. 낭만주의는 대략 18세기부터 1850년까지 지속되었다. 어떤 의미에서는 산업화와 합리주의에 대한 반동이었다.'[68] 낭만주의는 자연의 가치와 인간 감정의 연약함을 강조한다. 또 아주 강력한 자연의 힘이 갖는 신비와 공포를 포착했다. 자살로 마무리되는 비극적 삼각관계를 다룬 《젊은 베르터의 고난》은 사랑에 빠진 많은 이들을 같은 운명으로 몰아갔다고 전해진다.

우선, 도달 불가능한 사람을 그리워하는 것이 진정한 사랑일까? 사랑은 역동적인 상호 교류에서만 생길 수 있는 더 깊고 더 지속적인 결합을 요구하지 않을까? 만약 그렇다면 우리가 '짝사랑'이라고 부르는 것은 정말 관대한 열병이어서 베르터는 로테를 진정으로 사랑하지 않은 것이리라!

"사랑은 지배하는 것이 아니라 키우는 것이다.

어쩌면 그 이상일 것이다."

〈초록 뱀과 아름다운 백합〉

아르투르 쇼펜하우어

Arthur Schopenhauer | 1788–1860

폴란드 단치히에서 태어났다. 상인인 아버지와 작가인 어머니는 둘 다 부유한 집안 출신이었다. 1793년 단치히가 프로이센 제국에 병합되자 함부르크로 이주했다. 아버지가 사망(자살로 추정)한 후 어머니는 바이마르로 이주를 결정했다.

1809년 괴팅겐 대학에 입학하여 철학과 심리학을 전공했다. 유명한 후기 칸트주의자이자 독일 관념론인 요한 고트리프 피히테(1762–1814)의 강의를 듣기도 했다. 1814년부터 《의지와 표상으로서의 세계》(1818, 1844)를 쓰기 시작했다. 1820년 베를린 대학에서 강의를 시작했는데 당시 이미 명성을 얻은 헤겔과 경쟁해야 했다. 불행히도 쇼펜하우어는 주목받지 못했고 항상 학생들로 강의실이 북적이는 헤겔을 사기꾼이라 비난하며 사직했다.

결혼은 하지 않았지만 몇 번의 격정적인 관계는 있었다. 결국 프랑크푸르트에 정착하여 72세의 나이로 세상을 떠날 때까지 책을 쓰거나 곡을 연주하며 혼자 살았다.

사랑에 관한 신학적 설명'²⁵⁹은 신을 향한 헌신적인 관계와 사
랑을 연관짓는다. 하지만 사랑에 관한 자연주의적 설명은 인간
들 사이에서 생물학적이고 감정적인 관계를 만들어 내는 사랑의
기능에 특별히 주목한다. 우리는 쇼펜하우어의 책에서 이미 자연
주의'¹⁸ 경향을 발견할 수 있다. 사랑의 본질에 대한 쇼펜하우어
의 생각은《의지와 표상으로서의 세계》에서 다루고 있는 다른 주
제들보다 많이 주목받지 못했다. 하지만 그 생각들은 프로이트
(1856-1939)와 다윈(1809-1882)의 연구를 앞질러 있으므로 살펴
볼 가치가 있다.

쇼펜하우어는 우리가 경험하는 세계는 모든 실재의 바탕이
되는 최고 원리인 '의지'의 현상(혹은 표상)이라고 믿었다. 우리는
의지를 가지고 있고 그것을 반영하고 있으므로 철학적 자기 성찰
을 통해 의지를 발견할 수 있다. 따라서 우리는 스스로를 육체적
객관이자 동시에 의지를 지닌 자기 성찰적 주관으로도 볼 수 있
다. 하지만 이는 우리가 본질적으로 이원론적'⁶⁸ 생물임을 의미하
는 것은 아니다. 쇼펜하우어에게 있어 우리가 팔을 움직이려 하
고 그리고 그렇게 할 때, 우리는 사실 단 하나의 행동을 수행한
것이다. 즉 팔을 움직이고자 하는 주관적인 느낌과 그에 따른 팔
의 객관적인 움직임은 단 하나의 원리, 곧 의지의 두 가지 측면인
것이다.

모든 물체는 어느 정도 이와 같은 이중성을 지닌다. 전 세계는
그 원동력이자 유일한 형이상학적 힘인 '의지'와 '표상'(현상, 추상

적 이념, 사물)의 세계다. 이런 식으로 쇼펜하우어는 독일 관념론의 테두리 안에 남아 있다. 그의 독창성은 그 핵심 의지가 맹목적이고 무한한 무법적 힘이라고 주장한 데 있다. 비록 의지가 개개인의 의식과 주관으로 인간의 마음속에 나타날지라도 그것은 궁극적으로 모든 것을 포괄하는 단일한 것이다. 그리고 또 의지는 맹목적이므로, 의지가 드러내는 다양한 개인들은 끊임없이 서로 투쟁한다. 사실 삶이란 투쟁과 고통으로 정의된다.

그렇다면 사랑이란 무엇인가? 쇼펜하우어는 사랑은 단순히 성적 충동의 표현이라고 논한다. 즉 종을 새생하고 보존하는 맹목적 충동이라는 것이다. 이를 삶의 의지라고 표현한다. 우리는 자신의 생물학적, 사회적 약점을 상쇄하고 궁극적으로 강한 후손을 낳을 수 있느냐에 따라 사랑할 상대를 선택한다. 사랑은 인간이 중요한 기능을 수행하게 하지만 우리가 상상하는 특별한 유대는 아닌 것이다.

아네트 바이어

Annette Baier │ 1929-2012

뉴질랜드 오타고 대학에서 철학을 전공했다. 존 랭쇼 오스틴과 같은 인물들과 함께 옥스퍼드 대학에서 공부했다. 애버딘, 오클랜드, 시드니, 카네기 멜론, 피츠버그 대학에서 강의했다. 특히 피츠버그에서는 남편 커트 바이어(1917-2010)와 함께 연구했으며, 윌프리드 셀러스(1912-1989)로부터 강한 영향을 받았다. 1999년 오타고 대학에서 명예박사 학위를 받았고 미국 철학 협회 동부 지역 의장이 되었다.

비인격적 원리보다 신뢰와 배려의 관계에서 윤리를 정초하는 운동을 제안하며 배려 윤리를 주장했다. 바이어는 페미니스트이자 흄 연구자로 휴머니즘 철학과 페미니즘 사상의 진보가 중요 철학 이론인 배려 윤리의 발전을 촉진해야 한다는 입장을 견지했다. 주요 논저로 《정신의 자세들Postures of the Mind: Essays on Mind and Morals》(1985), 《도덕 감정의 진보A Progress of Sentiments: Reflections on Hume's Treatise》(1991), 〈위험한 사랑들Unsafe Loves〉(1991), 《삶의 방식에 관한 성찰Reflections on How We Live》(2009) 등이 있다.

．

데이비드 흄의 사랑에 대한 설명도 자연주의'18/97를 진전시킨
다. 배려 윤리학자 아네트 바이어는 흄의 중심 주장을 시사하며
사랑에 대한 설명을 전개한다. 흄에 따르면 '열정'(혹은 감정)은 순
수 이성이라기보다는 우리가 관심을 갖는 것에 대한 가치 평가의
근간이 된다. 배려 윤리는 옳고 그름의 가치 평가를 위한 토대로
기본 인간관계(엄마와 아이의 관계가 그 전형적인 예다)에 역점을 둔다.
하지만 사랑의 관점에서 배려의 중요성은 사랑하는 이와 함께하
는 대단히 감정적이고 친밀한 유대에 있다. 이와 같은 유대는 다
른 관계에서는 결코 쉽게 발견되지 않는 것이다. 왜 그런지 살펴
보자.

바이어는 데카르트'68와 같은 철학자에게서 발견되는 사랑에
대한 신학적 설명'259이 사랑하는 대상과 갖는 감정적, 공감적 관
계의 핵심을 놓친 채 사랑을 일반화하고 있다고 주장한다. 사랑
을 연인의 특별한 성격으로 상정해 특정한 가치로 묘사하는 문제
는 같은 성격이 사랑하지 않는 다른 사람에게서도 쉽게 발견된다
는 것이다. 게다가 누군가를 그런 성격 때문에 사랑한다면 그 성
격이 변했을 때는 어떤 일이 벌어질까? 우리는 사랑하는 대상의
특수성을 잊은 적이 없을까? 변화하는 성격에도 불구하고 가끔
남아 있는 유대감은 어떤가?

이러한 이유들 때문에 바이어는 더 흄적인 감정에 근거한 사
랑에 대한 설명을 채택한다. 바이어는 맹목적인 육체적 사랑에
대한 쇼펜하우어'266의 믿음보다 더 낙관적이고 생산적으로 사랑

을 돌보는 열정에 관한 흄의 원형 생물학적proto-biological 강조를 받아들인다. 흄과 바이어가 논한 열정은 사회 조직에 필수적이다. 인간은 사회적 존재다. 인간은 자연스럽게 서로 공감하고 감정적 관계를 통해 가족, 사회, 우정의 끈을 형성함으로써 번영하고 생존할 수 있다.

흄도 쇼펜하우어처럼 성적 사랑은 궁극적으로 출산과 관련 있다고 믿었다. 하지만 사랑에는 다양한 형식들이 있다. 이 형식들은 바이어가 말한 이른바 '감정적 상호 의존성'을 보여 준다. 감정적 상호 의존성은 사랑하는 관계의 기초가 된다. 한 예는 엄마와 아이 사이의 상호 의존성이다. 관계를 특징짓는 감정적 유대는 인간 생존에 필수적이다.

바이어의 독창성은 연인과의 감정적 유대가 단지 기본적 공감이나 감정 이입이 아니라는 견해에 있다. 우리는 사랑하지 않는 사람을 동정하지만 이 동정의 유대는 가족, 자식, 가장 친한 친구, 연인에게 느끼는 것과 다르다. 우리는 실제로 사랑하는 이와의 감정적 관계를 잘 조화시킨다. 이는 춤과 같다. 우리가 상대방의 감정과 욕구를 예상하고 그에 맞는 반응을 찾는 그런 춤이다.

이러한 감정의 역동적 반응은 단순한 다정함과 다른 것으로 오직 사랑 관계에서만 진실하게 일어날 수 있다. 예를 들어 사랑하는 사람들은 그저 친밀한 상황에서 아주 부적절한 방식으로 서로를 조롱할 수도 있다. 거기에는 감정적 상호 의존성을 말해 주는 매우 깊은 수준의 친밀감이 있는 것이다.

친밀한 상호 의존성은 보통 공감의 유대보다 더 큰 위험을 동반한다. 폭격으로 죽은 어린이들에 대한 동정은 밤잠을 못 이루

게 하는 정도지만 사랑의 유대에서 내가 고통받을 위험은 이보다
훨씬 크다. 사랑하는 사람은 상처를 주거나 오해하기도 하며, 낯
선 사람이나 먼 친척에게도 결코 할 수 없는 방식으로 부적절하
게 대하기도 한다.

간략히 말해 사랑은 다른 감정적 유대에서 볼 수 없는 친밀감,
위험, 감정적 상호 의존성을 요구한다. 단순히 한 사람의 성격을
사랑한다는 것은 상대방의 성격이 바뀌어도 어떻게 여전히 사랑
할 수 있는지를 설명하지 못한다. 하지만 사랑하는 사람과 맺은
친밀한 유대에 대한 호소가 그 질문에 답한 것 같다.

> "사랑은 꼭 다른 사람에게 느끼는 감정은 아니라 …
> 감정적 상호 의존성의 특수한 형식이다."
>
> 〈위험한 사랑들〉

로버트 솔로몬

Robert Solomon | 1942-2007

미국 디트로이트에서 태어났다. 실존주의와 포스트모던 철학에서 감정과 사랑의 철학에 이르기까지 30권이 넘는 책을 내놓을 정도로 다작하는 철학자였다. 철학자 캐슬린 하긴스(1957-)와는 부부로 여러 책을 함께 썼다.

1963년 미생물학 학사 학위를 받았고 이어 의학을 공부했지만 1965년 철학으로 전공을 바꿔 미시간 대학에서 석사와 박사 학위를 받았다. 이후 프린스턴 대학, UCLA, 피츠버그 대학 등에서 강의했고 결국 텍사스 대학(오스틴) 교수로 정착했다.

헤겔과 니체에 관한 연구와 20세기 현상학에 대한 탁월한 이해로 유명했다. 열성적인 음악가였던 솔로몬은 생전에 많은 곡들을 발표했다. 또 영화감독 리처드 링클레이터(1960-)의 〈웨이킹 라이프Waking Life〉(2000)에 카메오로 출현하기도 했다. 주요 저서로 《사랑에 관하여 About Love: Reinventing Romance for our Times》(1988), 《열정The Passions: Emotions and The Meaning of Life》(1993), 《회의주의자를 위한 영성Spirituality for Skeptics: The Thoughtful Love of Life》(2002)
등이 있다.

．

　사랑은 그저 생물학이 아니다. 우리가 자신을 의미 있는 관계
를 통해 문화를 창조하고 삶을 항해하는 사회적 존재로 생각한다
면, 사랑은 맹목적 충동이나 낭만적 느낌 또는 치명적인 공의존
co-dependence 이상으로 복잡한 것이 된다.

　실존주의'72의 영향을 받은 철학자 로버트 솔로몬은 사랑을
우리의 정체성을 형성하는 중요한 형태의 결합이라고 주장한다.
솔로몬은 사랑의 역동적 본성을 해명하는 데 있어 자아 이론을
전제로 하는데, 그 이론에서 자아는 타자와의 애정 관계를 통해
상호 규정된다.

　솔로몬은 보통 철학 전통이 언급해 온 것처럼 이성은 사랑의
본질을 해명하는 데 부족하다고 주장한다. 우리가 자족적 개인이
라는 가정이 애초에 잘못된 것이다. 솔로몬은 실존주의와 포스트
모던 사상의 종합적 입장에서 인간은 서로 관계를 통해 인격의
동일성을 발전시키는 사회적 구성체라고 논한다. 강력한 사랑의
감정적 힘을 통해, 그리고 직면한 결단을 통해 우리는 사랑하는
사람과 연결되는 정체성을 발전시킨다.

　사랑은 그저 의무나 욕망, 설렘이 아니다. 솔로몬은 사랑과 역
사적으로 다양하게 사용된 그 개념을 성찰해 볼 때 우리는 자신
의 역사적 맥락에 맞게 사랑을 '재발명'해야 한다고 믿는다. 따라

서 솔로몬은 사랑의 본질에 관한 모든 것을 포함하는 최종 견해를 얻으려 하지 않는다. 사유의 요점은 사랑은 변화하는 개념이며, 사랑이 취했던 형태들을 철학적으로 반성함으로써 우리는 심사숙고하여 우리의 상황에 맞는 사랑을 발명할 수 있다.

솔로몬은 사랑이 드러나는 방식의 중요한 문화적, 역사적 변화를 추적하여 그 개념을 그런 맥락에 둔다.《사랑에 관하여》에서 솔로몬은 사랑에 관한 낭만주의적 견해는 사회 경제적, 역사적, 철학적 요소에 의해서 가능했던 역사적 발명이었다고 논한다. 이는 개인을 결혼과 가족의 제약 없이 사랑을 추구하는 자율적 행위자로 보는 계몽주의와 모더니즘에서 유래한 시각이다.

궁극적으로 솔로몬은 사랑을 그저 감정이나 영감 혹은 갑자기 생겼다가 사라지는 것으로 보는 견해를 거부한다. 다음을 생각해 보자. 당신은 누군가에게 깊은 감정을 느낄 수 있고 진심으로 그와 함께 있음을 '사랑'할 수 있다. 하지만 그가 키스하려고 움직일 때 당신은 그를 멀리 밀어낸다. 왜일까? 당신은 그에게 "나는 그냥 당신을 그런 식으로 느끼지 않아"라고 말한다. 그렇다면 '그런 식'으로 느끼기 위해서 무엇을 느껴야만 하는가? 성적인 매력이어야만 하는가? 만약 당신이 누군가와 인생에서 가장 멋진 섹스를 했지만, 여전히 그가 당신에게 맞는 '타입'이 아니라고 생각한다면 그것은 도대체 무엇인가? 그리고 성적이지 않은 사랑은 무엇인가? 누군가 최악의 상태에 있을 때 그에게 헌신하도록 동기를 부여하는 그런 종류의 사랑은 또 무엇인가?

솔로몬은 사랑을 개인의 자율성과 상호 결합의 상호 작용으로 본다. 그리고 '결합'을 매우 특별한 방식으로 규정한다. 누군가와 결합하면 당신은 예측할 수 없는 그 무언가가 된다. 즉 당신은 사랑하는 사람과 연결된 정체성을 갖는 것이다. 정체성이 변화한다. 당신은 되고자 하는 정체성을 발견하기 위해서 당신이었던 것을 남겨 둔 채 가야만 한다.

그러므로 사랑은 동화되고 개별화되는 관계를 함양하는 친밀감이다. 사랑은 깊은 감정과 충동, 애정을 포함한다. 사랑은 선택과 결단도 요구한다. 이는 사랑이 그저 우연히 생긴 것이라거나 맹목적인 충동의 총집합이라는 낭만주의의 비관적 견해와는 거리가 멀다. 솔로몬의 견해는 '사랑은 작용'이라는 우리의 경험과 그것을 공유하는 사람들을 심도 있게 변화시키는 일종의 결합을 존중한다.

"삶의 의미는 열정(낭만적·종교적 열정, 일에 대한 열정, 놀이에 대한 열정)과 이성이 무의미하다는 것을 알고 있음을 마주한 열정적 전념에서 발견된다."

〈회의주의자를 위한 영성〉

해리 프랭크퍼트

Harry Frankfurt | 1929—

미국 철학자로 1949년 존스 홉킨스 대학을 졸업하고 1954년 같은 학교에서 박사 학위를 받았다. 예일 대학, 록펠러 대학, 오하이오 주립 대학등에서 가르쳤으며 현재 프린스턴 대학 철학과 명예 교수다. 미국 예술과학아카데미 회원이고 미국 철학 협회 동부 지역 의장을 역임했다.

데카르트와 17세기 합리주의에 관한 중요한 연구로 심리 철학의 발전에 이바지했다. 또 윤리학에서 '자유 의지 대 결정론' 논쟁에 기여했다. 이 분야와 관련한 몇몇 저서를 통해 이른바 '프랭크퍼트 경우'라 불리는 용어를 창안해 냈다. 즉 사정이 달랐다면 그렇게 행동하지 않았음을 증명할 수 있을지라도 여전히 자신의 행동에 도덕적 책임을 져야 한다는 것을 보여 주는 사고 실험을 고안했다.

학계 밖에서는 1986년《헛소리에 대하여On Bullshit》를 발표하여 대중의 찬사를 받았다. 2005년 재출간한 이 책이 베스트셀러가 되어 프랭크퍼트는 〈데일리 쇼The Daily Show〉에 출현하기도 했다. 주요 저서로《필연성, 의지 그리고 사랑Necessity, Volition, and Love》(1999),《사랑의 이유》(2004) 등이 있다.

．

　누군가에게 마음을 쓴다는 것은 무엇일까? '무엇인가'에 마음
을 쓴다는 것은 또 무엇일까? 사랑은 이 질문에 답하는 데 특히
중요한 역할을 한다. 《사랑의 이유》에서 해리 프랭크퍼트는 사랑
이란 단지 공포, 혐오, 분노와 같은 강렬한 감정 그 이상이라고 논
한다. 사랑은 또한 생명을 향한 원초적 본능'²⁶⁶ 그 이상이기도 하
다. 사랑은 철학적으로 중요하다. 사랑은 자율과 자유, 자존감과
이타주의, 인생의 의미와 가치와 관련된 여타 문제들을 두드러지
게 하고 명확히 하는 데 도움을 줄 수 있기 때문이다.

　프랭크퍼트에게 사랑은 우리가 행동하는 동기와 이유를 구성
하는 방식에 기초하는데, 이 동기와 이유를 '실천적 합리성'이라
부른다. 《사랑의 이유》에서 프랭크퍼트는 합리성, 진리, 도덕성이
행동의 기본 바탕이라고 강조하는 철학 전통이 틀렸다고 주장한
다. 보편 원리나 의무를 중시하는 도덕 철학은 왜 우리가 항상 마
음을 쓰며 의무와 같은 것에 설득되어야 하는지를 이해시켜야만
한다. 도덕적 동기에 관한 문제는 까다로운 주제이며 철학적 연
구의 많은 부분을 차지해 왔다. 프랭크퍼트는 사랑의 분석이 그
런 연구에서 어떻게 중심이 되는지 보여 준다.

　프랭크퍼트에게 사랑은 일시적 감정의 분출과 달리 타자를
사랑하는 데서 구체화된 이타주의와 자기희생의 성질을 의미하
는 어느 정도의 사심이 없음을 나타낸다. 이는 사랑하는 사람의

이익(관심)에 대한 독자적 가치와 동일시를 요구한다. 또 사랑은 특별하다. 일반적으로 잘되기를 바라거나 존경이 아닌 사랑하는 대상과 일정 수준의 친밀성과 관련성이 필요하다는 것을 의미한다. 프랭크퍼트의 설명에 따르면 관심의 한 형태로서 사랑은 이타주의, 도덕적인 동기, 타자의 욕구와 가치에 의해 인도되는 능력과 같은 중요한 윤리적 주제와 관련 있다.

《사랑의 이유》에서 보여 준 또 다른 중요한 통찰은 우리가 가끔 사랑 방법과 시기를 통제하지 못한다는 견해이다. 그 대신 사랑은 동기를 제한한다. 즉 사랑은 우리 생각을 형성하고 행동 이유를 유도하는 가치 혹은 목적을 제공한다. 이는 다양한 충동, 욕망, 관심을 안정시키고 행동을 목표에 집중시킨다. 예를 들어 우리는 자녀를 '사랑하기 위해' 자녀의 공부를 돕거나 연인을 '사랑하기 위해' 카드를 사지 않는다. 우리는 그들을 '사랑하기 때문에' 그와 같은 일을 하는 것이다. 사랑은 행동을 의미 있게 하는 동시에 사랑이 아니라면 없었을 목표를 자유롭게 추구하도록 한다. 사랑은 우리가 시간을 가지고 무엇을 하고 싶은지 알게 한다. 한마디로 사랑은 사랑이 부여한 목표와 함께 우리의 삶을 이끌어 간다.

요컨대 우리는 사랑에 관한 설명이 단지 인간 경험에 대한 심리학적이고 생물학적인 설명뿐만이 아니라 자유, 이타주의, 도덕적 동기 그리고 삶의 가치와 의미에 관한 철학적 문제들을 명확히 하는 데도 중요하다는 것을 알 수 있다.

"자신에 관한 사실들은 특별히 견고하지도 않을 뿐만 아니라

회의적인 소멸에 저항하지도 않는다.

우리의 본성은 사실 이해하기 어렵지만 비실체적이다."

《헛소리에 대하여》

마사 누스바움

Martha Nussbaum | 1947−

미국 철학자로서 뉴욕 대학에서 연극학과 고전학을 전공했고, 하버드 대학에서 철학으로 석사와 박사 학위를 받았다. 하버드 대학, 브라운 대학, 옥스퍼드 대학을 거쳐 현재 시카고 대학 에른스트 프룬드 법학·윤리학 종신 교수 겸 철학부 교수로 재직 중이다. 1986년에서 1993년까지 세계 개발 경제 연구소의 연구 고문으로 재임했다. 국제 협력 위원회와 미국 철학 협회 여성 지위 향상 위원회의 의장이었다. 그 외에도 많은 이사회에서 활약했으며 활발한 연구 활동으로 수많은 상을 받았다.

누스바움은 인간의 가치를 옹호하는 중요하고도 대중적인 책들을 썼으며 세계 정의와 차별에 관한 연구로 학계에 크게 이바지했다. 특히《선의 허약함The Fragility of Goodness》(2001)으로 큰 찬사를 받았다. 주요 저서로《사랑의 지식Love's Knowledge》(1992),《시적 정의》(1995),《인간성 수업》(1997),《혐오와 수치심》(2005),《정치적 감정》(2013) 등이 있다.

철학자이자 고전학자인 마사 누스바움은 《사랑의 지식》에서 사랑에 관한 규정하기 힘든 것까지는 아니라 하더라도 복잡한 견해를 제공한다. 누스바움은 누군가를 사랑할 때 우리가 어떻게 아는가 하는 문제와 씨름한다. 물론 이 문제에 대한 대답은 우선 사랑의 본질에 관한 지식을 요구한다. 바로 이것이 핵심 요점이다. 우리는 누구를 어떻게 사랑하는지를 깨달음으로써 사랑의 본성을 좀 더 알게 된다.

곧바로 (그리고 또 성급하게) 누스바움의 견해를 다음과 같이 요약할 수 있다. "사랑을 아는 것과 사랑하는 사람을 아는 것은 발견이자 창조다. 달리 말해 사랑을 아는 것은 사랑에 빠지는 것이다. 자신을 통제하려는 모든 종류의 요구를 놓아 주는 것이다. 만약 이것이 다소 제한이 없어 보인다면 그것으로 된 것이다." 즉 누스바움이 주장하는 철학적 핵심은 어떤 '과학'이나 엄격한 철학 이론도 본성상 복잡하고 때로는 순수 지식이 아닌 감정적인 지식과 연루된 어떤 것을 이해할 수 없다는 것이다. 이는 단지 현실적으로 일어난 것의 불확실성과 진행 과정에서 발견될 뿐이다.

하지만 우리는 제한 없음을 부정확함으로 착각해서는 안 된다. 정확성은 가끔 소홀히 취급된 현실을 드러내는 사랑 이야기의 진심어린 모습에서 싹 튼다. 이는 누스바움이 사랑에 관한 견해를 발전시키기 위해 과도한 분석 철학이 아닌 문학적 분석을 사용하는 이유 중 하나다. 사랑을 '순수하게 분석'하고 완전히 지성화하려는 철학의 고집은 그 미묘함을 놓치거나 쇼펜하우어*266

와 같은 '어두운' 설명을 낳을 수 있다.

누스바움은 프루스트의 《잃어버린 시간을 찾아서》에 대한 신중한 평을 바탕으로 사랑을 보는 관점을 발전시킨다. 누스바움이 숙고한 부분에서 마르셀은 사랑한 여인의 부재로 인한 극도의 고통 속에서 사랑을 발견함으로써 그 여인에 대한 사랑을 억압했다. 누스바움은 《잃어버린 시간을 찾아서》와 앤 비티의 단편 소설인 〈나락을 배우면서Learning to Fall〉를 비교한다. 여기에서 이 소설에 관해 자세히 말할 수 없으니 누스바움의 평가에서 얻은 결론만 이야기하기로 하자.

누스바움은 우리가 의심할 여지가 없는 사랑의 경험을 인정할 때만 사랑을 '알 수 있다'는 생각을 탐구한다. 예를 들어 지금 환각에 빠져 있다고 가정할 만한 충분한 이유가 없다면 당신은 이 책을 읽고 있다는 사실을 의심하지 않을 것이다. 어떤 종류의 느낌들은 자동으로 사실인 것 같다. 끔찍한 열병을 앓기 전 당신은 '아프다는 느낌'이 들면 의심의 여지없이 바로 열병이 올 것을 '알고 있다.' 마르셀이 알베르틴의 부재로 경험하게 되는 극심한 고통은 과거 그녀에 대한 억압된 사랑의 확실한 지시체인 듯하다. 어떤 의미에서 마르셀은 알베르틴을 사랑하고 있음을 '발견한다.' 그러나 다른 의미에서 마르셀은 결국 알베르틴에 대한 강한 애착을 인정하고 그녀의 부재에 직면한 슬픔을 사랑의 상징으로 해석함으로써 그녀에 대한 사랑을 '창조'하는 것이다.

하지만 어떤 느낌에 관한 우리의 해석은 틀릴 수 있다. 더구나 이 느낌들은 바로 우리 자신의 것이므로 느낌에 의존하는 사랑에 관한 견해는 자기중심적이고 독아론적일 수 있다. 즉 사랑에 빠져 있다는 사실과 그저 자신의 감정을 탐닉하는 것이 아님을 우리가 실제로 알고 있는지를 결정하는 방식이 의심스러운 것이다. 마르셀 이야기의 가치는 사랑이 통제될 수도 완전히 헤아려질 수도 없다는 가정에 근거를 둔다. 오직 억압된 확고한 습관들만이 우리가 사랑보다 한발 앞설 수 있음을 확신하게 할 것이다.

누스바움은 결혼한 여성이 옛 연인을 향한 사랑의 느낌을 억압했던 또 다른 이야기를 평가함으로써 통찰력 있지만 불충분한 사랑에 대한 관점을 상세히 설명한다. 하지만 이 경우 누스바움은 누구를 어떻게 사랑하는지를 완전히 통제할 수 없다는 사실을 받아들이는 법을 배운다. 거기에는 개인적이고 사적인 슬픔과 반대로 사랑하는 사람과의 상호 작용과 의사소통을 통해서만 일어날 수 있는 특정한 '해방'이 있어야 한다.

누스바움의 요점은 문학적이면서도 방법론적이다. 우리는 사랑하는 관계를 성찰할 때 지속적인 느낌과 습관, 상호 작용의 패턴을 깨닫게 된다. 사랑은 이 패턴을 발견하고 우리가 어려운 감정을 감추기 위해 사용하는 습관을 드러내는 과정이다. 과학적이고 철학적인 분석으로 제공된 '필연적 요소들'의 목록은 우리가 어떻게 기꺼이 해방됨을 통해 사랑을 창조하는지를 충분히 포착할 수 없다. 우리는 우리 자신이 실제로 사랑에 '빠지도록' 허용해야 하는데, 이는 우리가 사랑이 무엇인지 혹은 사랑이 어디서 우리를 사로잡을지를 미리 충분히 알 수 있다는 생각에서 해방되는 것을 의미한다.

"애도의 형식으로 사랑을 상상하는 것은 이미 독아론을 자초하는 것이다.

웃음거리의 형식으로 사랑을 상상하는 것은 사랑은 …

공동체의 성취를 전제로 한다고 주장하는 것이다."

《사랑의 지식》

알랭 드 보통

Alain de Botton | 1969–

스위스 취리히에서 태어나 독일어와 불어로 말하며 어린 시절을 보냈다. 옥스퍼드에 있는 기숙 학교에 다녔다. 케임브리지 대학에서 역사학으로 석사 학위를 받은 후 런던 킹스 칼리지에서 철학으로 석사 학위를 받았다. 이후 하버드 대학에서 박사 과정 중에 글을 쓰기 위해 연구를 포기한다.

보통은 철학의 대중화에 중요한 기여를 했다. 철학의 복잡하고 추상적인 생각을 폭넓은 독자들이 더욱 쉽게 이해하도록 안내했다. 보통의 많은 저서와 텔레비전 프로그램은 일상생활과 철학의 관련성을 강조한다.

스물세 살에 쓴 첫 소설《왜 나는 너를 사랑하는가》(1993)는 200만 부가 넘게 팔렸다. 논픽션과 에세이 등 다양한 장르의 책들을 펴냈다. 이 책들은 자신의 경험과 함께 그에게 영향을 준 예술가 및 철학자들의 삶과 생각을 아우르고 있다. 주요 저서로《프루스트가 우리의 삶을 바꾸는 방법》(1997),《행복의 건축》(2006) 등이 있다.

．

우리는 사랑이 무엇인지, 우리가 사랑을 느낄 때 그것을 어떻게 아는지, 사랑이 궁극적 가치나 목적 없는 고통과 나약함 그리고 맹목적인 본능과 연결되어 있는지 아닌지를 이해하려고 노력해 왔다. 스위스 철학자이자 다큐멘터리 작가인 알랭 드 보통의 책은 특히 행복과 사랑의 관계에 대한 질문에 충실하므로 이 장의 마지막을 장식하기에 적절하다. 《왜 나는 너를 사랑하는가》는 재치 있고 지적이며 쉽게 접근할 수 있는 작품이다. 모든 혼란 속에서 문학과 현실 속 사랑의 예들을 살펴본 그의 글은 겸손에 대한 중요한 교훈으로 이끈다.

보통은 두 가지 잠정적인 사랑의 범주인 성숙한 사랑과 미숙한 사랑에 대해 말한다. 성숙한 사랑은 사랑하는 각 개인의 좋은 성격과 나쁜 성격을 극적으로 인식한다. 즉 이상화하지 않은 시각으로 서로 누구인지 그리고 시간이 지남에 따라 어떻게 관계를 맺는지를 본다. 성숙한 사랑은 강박과 질투, 마조히즘적 고통에서 자유롭다. 성숙한 사랑은 상호적이며 연인들의 경우 강력하고 성적으로 흥분된 감정의 연대를 표현한다. 반면에 미성숙한 사랑은 피상적이고 때때로 고통스러우며, 강박적이고 비타협적인 공격성으로 괴로워한다.

사랑의 희비는 어떠한가? 실망과 불안 그리고 종종 관계에서 생겨나는 심리적 피해 같은 것들 말이다. 우리는 정말 누군가를 '성숙하게' 사랑할 수 있을까? 보통은 두 가지 기본 유형인 낭만적 실증주의'[117]와 비관적 금욕주의'[34]를 구분하는 잠재적인 방식으로 이 질문에 답한다.

낭만적 실증주의는 고통과 경멸, 비상호성과 같은 것들과 사랑의 초기와의 연관성을 밝히는 데 초점을 둔다. 우리는 이를 수정하여 더 긍정적인 관계를 추구할 수 있게 된다. 그런데 이 선의의 접근법의 문제는 순진하게도 '아는 것knowing-that'(지적인 지혜)과 '방법을 아는 것knowing-how'(실제로 어떤 것을 행하는 연마된 능력)의 중요한 철학적 차이를 무시하는 것이라고 보통은 지적한다. 모든 종류의 사실을 안다는 것이 반드시 그 사실에 입각한 '행동'을 하는 데 필요한 기술과 동기의 구조를 소유하고 있다는 것으로 해석될 필요는 없다.

"다시는 사랑하지 않을 거야"와 같은 맹세로 표현되는 비관적 금욕주의는 다른 종류의 사랑을 통제하려고 노력한다. 사랑에 대한 우리의 개념들을 분석하고 항로를 이탈한 개념들을 치료적 목적으로 수정하는 대신, 비관적 금욕주의는 강한 감정적 유대의 동요와 충동을 중화시키는 것을 목표로 한다. 스스로 먼저 실망해 버리면 타인이 우리에게 주는 실망으로 인한 피해를 완화할 수 있게 된다. 우리는 사랑과 함께 오는 고통과 불안을 떨쳐 버린다. 이를 완전히 무시하는 법을 배우기 때문이다.

그럼 우리는 어떻게 되는가? 보통에게 우리는 완전히 이해할 수 없거나 통제할 수 없는 힘에 직면하여 겸손한 자세로 남겨져 있다. 사려 깊고, 자기 의식적이고, 철학적인 존재로서 우리는 낭만적 실증주의와 비관적 금욕주의 사이를 항해하는 법을 배울 수 있다. 하지만 이는 우리가 사랑의 열린 결말을 인정하고, 스스로 사려 깊은 용기와 유머 감각으로 무장하여 기꺼이 사랑, 혼란, 위험, 불안 속에서 쓰러지는 것을 받아들일 때만 가능한 것이다.

"우리 모두는 능력 이상으로 더 지성적이다.
그러나 사랑의 무모성을 안다고 해서 그 병으로부터 구원받을 수는 없다."

《왜 나는 너를 사랑하는가》

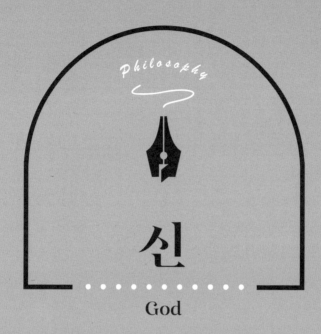

Philosophy

신

God

"실재는 예외적으로 유일한 한 원천에서 발견될 수 없다.
모든 것이 서로 연결되어 있기 때문이다."

라이프니츠

...

창조의 근원에 관한 진지한 탐구는 철학과 과학 모두에 필수적이며 인간 조건에 특유의 경이로움을 반영한다. 유럽의 가장 독실한 중세 기독교 수사들'[297]조차도 신을 향한 숭배에 철학적 성찰의 에너지와 정교함을 가져왔다. 초기 기독교 로마 제국의 철학자들은 의심할 여지없이 고대 그리스인들의 저작'[15]에 깊이 빠져들었다. 그리고 플라톤과 아리스토텔레스의 논리학과 형이상학을 기독교 신학으로 가져와 창조, 시간, 자유의 본성에 관한 증거와 탐구를 정교하게 배열했다. 그 논의 다수는 존재의 본성(존재론)과 가능성, 필연성(양상 논리)에 관한 개념의 구체화된 논리 관계에 미묘한 차이를 주는 현대적 설명으로 발전했다.

그러나 전통적인 신학적 믿음, 즉 인간 문제에 개입하는 창조자에 대한 믿음만으로 충분히 만족할 수 없는 우주와 우리의 관계를 이해하려는 욕구도 있다. '신비 체험', 말하자면 우리가 이해할 수 없는 무한한 창조적인 힘과 연결되어 있다는 느낌은 의식과 인격의 동일성의 본성을 이해하는 다른 방식을 찾기 위해 남아시아와 동아시아로 일부 철학자들의 눈을 돌리게 했다. 이 욕구는 당시 만연했던 지나치게 복잡한 형이상학'[15]을 폐기하고 싶은 충동과 증거에 의해 기술되는 비인격적 우주와 우리를 조화시키려는 충동과 일치한다.

우리는 이 장을 신의 존재에 대한 논리적이고 직관적인 논의를 제공하려 한 신앙심 깊은 기독교 철학자들의 성찰로 시작해 다윈의 사상과 진화 생물학에 대한 똑같이 진지한 성찰로 마무리할 것이다.

기원전 380−360년경	**신과 합리성** 플라톤은 《에우튀프론》에서 신은 선하기 때문에 선한 것을 사랑하는 것인가와 신의 사랑이 자의적인가에 관하여 검토한다. 선함이 우주의 비자의적이고 합리적인 부분이라는 견해는 신이 그렇게 명령했기에 무언가 선하다는 믿음인 '신명론'에 도전한다.
기원전 300년대경	**유신론과 이신론理神論** 아리스토텔레스와 같은 사상가는 우주를 창조한 최초 원인 혹은 '제1원인'이 왜 존재해야 하는지에 합리적인 근거를 제시한다. 이는 '이신론'을 옹호하는 데 이용될 수 있는데, 이신론은 창조자를 믿지만 그 창조자는 인간의 삶에서 일어나는 사건들에 직접 간여하지 않는다는 믿음이다.

악의 문제 ● 400년대경

히포의 아우구스티누스는 《자유 의지론 On Free Choice of The Will》(395)에서 '악의 문제'와 씨름한다. 만약 신이 전지전능하고 만물을 사랑하며 도처에 존재하다면 세상에 존재하는 악을 어떻게 설명할 수 있을까? 아우구스티누스는 악을 신이 내려 준 복인 자유 의지로 우리가 선택한 산물이라고 믿는다.

신과 자유 의지 ● 520년대경

보에티우스는 신을 전지하다고 인정하지만 인과 관계와 시간을 벗어난 영원한 존재라고 본다. 그러므로 신은 우리가 하는 일은 알지만 행동의 '원인'은 아니다.

안셀무스와 존재론적 논증 ● 1077년경

중세 기독교 철학자들의 목표는 이성을 사용하여 자신의 종교적 신앙을 뒷받침하는 것이다. 안셀무스는 가장 완벽한 존재로서의 신의 '개념'을 분석해서 신의 존재를 증명할 수 있다고 논한다. 이를 신의 존재를 증명하기 위한 '존재론적 논증'이라고 일컫는다.

스콜라 철학과 기독교 ● 1100−1650년대경

아퀴나스는 아리스토텔레스의 논리학을 사용하여 신의 존재를 증명하기 위한 합리적 논의를 발전시킨다. 기독교 철학자들은 수사학과 논리적인 논의에 호소하여 다양한 비기독교도들을 기독교도로 개종시킬 수 있다고 확신한다. 이른바 '스콜라 철학'이라 부르는 철학의 한 흐름이다.

스피노자와 범신론 ● 1675년경

스피노자에 따르면 신은 우주 속에 있는 무한하고 자연적인 힘
이다(신은 존재하는 모든 것과 분리되지 않는다). 이는 신은 '초월
적'이라는 견해(신은 창조물 밖에 존재한다)와 대조된다.

라이프니츠와 '신정론의 재고' ● 1710년경

라이프니츠는 '악의 문제'를 독창적으로 해결하려 한
다. 이런 라이프니츠의 철학적 기획을 '신정론'이라
부른다. 라이프니츠는 신이 다른 가능한 (보다 평화
로운) 세계가 아닌 지금과 같은 세계를 창조한 이
유를 이해할 수 있는 충분한 원리와 논리에 호소
한다.

1940-1980년대 ● **과정 신학**

찰스 하츠혼은 신을 자신의 창조와 더불어
진화하고 성장하는 내재적 창조자라고 상정
한다. 신은 항상 생성 과정에 존재한다. 우주의
모든 것은 신의 지성의 어떤 단계에서 나타나는
것이다.

1960-1970년대 ● **현대 서양의 신비주의**

앨런 와츠는 서양과 동양의 영성 전통과 철학 전통을
혼합하는 비교 철학을 대중화하는 데 도움을 준다. 계몽
과 자기실현에 역점을 둔다.

1970-2000년대 ● **무신론과 진화론**

리처드 도킨스는 분명 최초의 무신론자는 아니지만, 진보된 생
물학과 다윈의 진화론의 관점에서 볼 때 신에 대한 믿음은 '합리
적 기반을 갖지 못한다'는 견해를 대중화한다.

캔터베리의 안셀무스

Anselm of Canterbury | 1033–1109

부르고뉴 왕국의 아오스타(오늘날 이탈리아 북부)에서 태어났다. 스물일곱 살에 베크의 베네딕트 수도원에 들어가 1079년 수도원 원장이 되었다. 그리고 1093년부터 영국 캔터베리의 대주교로 부임했다. 관상 수사로 있는 동안 정치적 음모에 휘말리기도 했다. 실제로 그는 교황의 편에 서서 왕의 성직자 임명에 반대하여 두 차례 추방당하기도 했다. 처음이 윌리엄 2세 때였고 다음은 헨리 1세 때였다.

주로 신앙 문제를 이성에 따라 접근한 것으로 알려져 있다. 특히 그리스와 라틴 고전에서 나온 형이상학적 주장이 신의 본성에 관한 더 깊은 이해를 제공할 수 있다고 믿었다. 안셀무스는 궁극적으로 기독교 신학과 서양 논리학과 합리성의 발전을 진일보하게 한 스콜라 철학의 창시자로 인식되어 왔다. 신의 존재에 대한 안셀무스의 존재론적 주장은 오늘날에도 여전히 연구되고 있으며 아퀴나스, 데카르트, 스피노자와 같은 거장들에게 영향을 끼쳤다. 주요 저서로 《프로슬로기온》(1077)과 《모놀로기온》(1077) 등이 있다.

．

신의 존재를 증명할 수 있을까? 베네딕트 수도원의 수사이자 캔터베리의 대주교인 안셀무스는 이른바 **존재론적 논증**the ontological argument을 통해 신의 존재를 증명하려 했다. 논증을 살펴보기 전 안셀무스의 배경을 이해할 필요가 있다. 오늘날의 이탈리아에서 귀족으로 태어난 안셀무스는 아리스토텔레스'30와 히포의 아우구스티누스'196의 저작을 읽으며 고전 교육을 받았다. 스물일곱 살에 베네딕트 수도회의 수사가 되었다. 베네딕트 수도회의 수사들은 평생 경전을 정밀하게 해독하는 데 매달렸다. 경전을 읽는 데는 광범위한 라틴어 공부가 필요했다. 베네딕트 수도회의 수사들은 중세 유럽에 가장 거대한 도서관을 건설했으며 논리학과 고전학에 정통했다.

안셀무스는 신앙과 신의 신비에 관한 강력한 이해를 일치시키기 위해 특히 열성적이었다. 안셀무스는 신앙을 기반으로 하여 인간의 지성은 신의 신성한 본성을 파악하는 데 더 가까이 갈 수 있다고 믿었다. 그러므로 안셀무스는 스스로 신의 존재를 증명하려 하지 않았다. 그렇게 하는 것이 자신의 신앙을 더 풍요롭게 할 수 있다고 믿었다. 신은 지성을 창조하여 인간이 신을 더 잘 이해할 수 있게 했기 때문이다. 이러한 관점은 의심할 여지없이 아우구스티누스의 영향에서 비롯된 것이다.

안셀무스의 증명은 여전히 유의미하다. 실제로 앨빈 플랜팅가'120 같은 현대 철학자들은 안셀무스의 생각을 정교화하여 발전시켰다. 데카르트'68의 《성찰》 중 제5성찰에서도 안셀무스와 유사한 증명을 발견할 수 있다. 한편 칸트'[38]는 안셀무스의 증명에 본질적인 오류가 있음을 지적하여 중요한 철학적 지류를 형성시켰다. 논리로만 신의 존재를 증명하려 한 안셀무스는 유럽에서 더욱 합리주의'[68]를 진척시켰다. 그런데 그 논증은 무엇일까?

《프로슬로기온》2장에서 안셀무스는 우리가 신의 개념을 마음에 품을 수 있다는 단순한 의견에서 출발한다. 안셀무스에게 신의 개념은 그보다 더 위대한 존재를 상상할 수 없는 존재라는 것이다. 신의 본질은 그렇지 않을까? 이 점을 염두에 두고 안셀무스는 다음과 같이 추론한다.

1. 신은 (슈퍼맨 혹은 산타클로스처럼) 지성 안에 존재하지 현실에 존재하지 않는다고 가정하자.
2. 현실에 존재하는 어떤 것이든 지성 안에만 존재하는 어떤 것보다 확실히 더 위대하다.
3. 우리는 신의 완벽성 모두를 소유하고 있는 존재를, 현재에 실존하는 것을 포함하여 마음에 생각할 수 있다.
4. (1)과 (2)에 따라 우리는 신의 완벽성 모두를 갖춘 존재의 실존은 신보다 더 위대함이 틀림없다는 결론을 내릴 수 있다.
5. 하지만 (3)과 (4)로부터 이는 신보다 더 위대한 존재를 상상할 수 있다는 것을 의미한다.
6. 그러나 바로 신을 정의하는 것, 즉 그보다 더 위대한 존재는 생각할 수 없다는 것은 배제된다(5).
7. (5)와 (6)에서 우리의 애초 가정인 (1)은 모순으로 이끌어

졌다.

8. 모순으로 유도되는 모든 진술은 거짓이다.

9. (7)과 (8)로부터 (1)은 거짓이다. 다시 말해 "신은 지성 안에 존재하지 현실에는 존재하지 않는다"는 거짓이다.

10. (1)이 거짓이기 위해서 (1) 안에 포함된 진술 중 하나는 거짓임이 틀림없다. 다시 말해 "신이 지성에 안에 존재한다"나 "신은 현실에 존재하지 않는다" 혹은 둘 다는 거짓임이 틀림없다.

11. 내가 당신에게 더 위대한 존재를 생각할 수 없는 그런 존재에 관해 이야기할 때 당신은 내가 이야기한 것을 이해하고 있다는, 즉 우리는 신을 생각할 수 있다는 것은 사실이다. 그러므로 "신은 우리 지성 안에 존재한다"라는 진술은 진리다.

12. (10)과 (11)로부터 "신은 현실에 존재하지 않는다"라는 진술은 거짓이다. 즉 "신은 현실에 존재한다"는 진술은 참이다.

13. (12)로부터 신은 현실에 존재한다.

이 논증이 당신을 혼란스럽게 한다면(사실 많은 사람을 혼란스럽게 했다) 다음 방식으로 생각할 수 있다. 당신은 정사각형의 원을 생각할 수 없다. 그것은 불가능하다. 정사각형을 생각할 수 있고, 원도 생각할 수 있지만 정의상 두 생각을 하나의 실체로 결합할 수는 없다. 생각의 불가능성만으로 우리는 정사각형의 원은 존재할 수 없다고 결론 내릴 수 있다. 안셀무스는 더 위대한 존재를 생각할 수 없는 그런 존재로서의 신에 관해 정합적으로 생각할 수 있기 때문에 확실히 실재 세계의 존재는 신의 속성 중 하나이어야만 한다고 믿었다(결국 실재 세계 존재는 순수하게 개념적 실존을 능가한다).

몇 가지 의문이 생긴다. 아마 가장 시급한 의문은 어떤 것에 관하여 생각할 수 있음이 정합적으로 그것의 실존을 포함하는가이다. 부정합적 개념들(예를 들어 결혼한 총각)이 실재 세계의 객관을 지시할 수 없다는 사실은 정합적 개념들이 그럴 수 있다는 것을 함축하지 않는다. 부정합의 어떤 것은 존재하지 않는다. 예를 들어 슈퍼맨에 대한 우리의 개념은 정합적이다. 하지만 우리가 단지 슈퍼맨을 마음으로 그릴 수 있다고 해서 존재하는 것은 아니다. 그럼에도 순수 논리로 신에 접근하려 한 안셀무스의 노력은 의심할 여지없이 찬양받을 만한 것이다.

> "오 신이여! 저는 당신의 고결함을 꿰뚫어 보려 하지 않습니다.
> 저는 저의 지성과 그 고결함을 비교하지 않기 때문입니다. …
> 저는 믿기 위해서 이해하려는 것이 아니라 이해하기 위해서 믿습니다."
>
> 《프로슬로기온》

보에티우스

Boethius | 475?–525?

로마에서 태어났다. 페트로니우스 막시무스 황제와 올리브리우스 황제를 배출한 아니시Anisii 명문 가문 출신이다. 487년경 아버지는 집정관이었다. 보에티우스는 스물다섯 살에 원로원이 되었고, 510년경 동고트 왕국의 집정관이 되었다. 하지만 테오도리쿠스 왕의 명령에 따라 추방되어 감옥에 수감되었다. 죄목은 동비잔틴 제국의 음모에 가담했다는 것이었다. 감옥에 있는 동안 《철학의 위안》(525)을 썼다. 1883년 가톨릭 성인으로 추앙되었다. 그의 저서들은 여전히 기독교 신학자들 사이에서 높이 평가받고 있다.

그리스어에 능통했는데 빠르게 쇠퇴하고 있는 서로마 제국 시대에 보기 드문 능력이었다. 일부 학자들은 이를 동비잔틴에서 교육을 받은 증거라고 여긴다. 반면 다른 학자들은 보에티우스가 아테네에서 공부했고 알렉산드리아의 철학자 암모니우스(440–520)의 제자가 되어 신플라톤주의 철학을 받아들였다고 주장한다. 그의 저서들은 중세 유럽 전역에 큰 영향을 미쳤다. 그의 순환적 역사관은 제프리 초서(1343–1400)와 같은 작가들의 작품에서 발견되기도 한다.

．

　로마의 집정관이자 철학자였던 아니키우스 보에티우스는 신은 영원히 존재하며 변하지 않는다고 믿었다. 시간은 신에게 적용되지 않는다. 보에티우스는 유신론자이다. **유신론**theism이란 전능한 창조자는 어떤 방식으로든 인간사에 간여한다는 것이다. 이 믿음은 시간에 관한 견해와 결부되어 있고 신의 전지와 자유 의지'219의 양립 가능함을 이해하려 할 때 생기는 중요한 문제들을 제기한다. 보에티우스는《철학의 위안》에서 이러한 문제들과 씨름한다.

　《철학의 위안》은 5세기부터 대략 14세기까지 초기 중세 철학의 모범이었다. 보에티우스는 그리스인들의 책들로 가르쳤고 플라톤의 형이상학,'21 특히 플로티노스'193의 신학적 플라톤주의를 채택했는데 플라톤이 본질적으로 최고선이라고 묘사한 것이 바로 신이다. 영혼에 관한 플라톤과 아리스토텔레스 견해를 선택한 보에티우스는 영혼에 세 가지 측면이 있다고 믿었다. 첫째, 우리는 다른 창조물처럼 영양과 생존에 목마른 욕망을 공유하지만 둘째, 우리는 영적인 의도도 갖고 있으며 셋째, 낮은 차원의 능력을 지도하여 최고선의 이상적인 영역을 생각하는 이성적인 부분도 가지고 있다.

　보에티우스는 신의 전지가 자유 의지와 어떻게 양립하는지의 문제에 답하려고 노력했으며 시간과 영원성에 대한 생각을 이 문제와 연결시킨다. 보에티우스에 따르면 영원성은 시간을 벗어나 며 신은 항상 현재적이고 유일한 '지금'에 존재한다. 그런데 신은 또한 우리가 행하는 모든 행동을 이미 알고 있다. 그렇다면 우리 는 어떻게 모든 행동을 자유롭게 선택할 수 있을까? 우리가 행동 을 자유롭게 선택할 수 없다면 우리는 행동에 책임질 필요가 없 을 것이다.

보에티우스는 신은 모든 사건이 어떻게 일어날지 알고 있지 만, 신은 그 사건들의 '원인'이 아니라고 주장한다. 인과 관계는 사물의 시간적 질서의 기능이며, 신이 아닌 우리가 존재하는 실 서의 기능이다. 비록 만족할 만한 답은 아닐지라도 지속되는 신 학적 주제를 밝혀 준다. 곧 전지전능한 창조자를 이해하기 위해 우리는 창조와 신의 관계를 명확히 해야 한다.

하지만 어떤 면에서 보에티우스는 신을 창조에서 배제하는 것처럼 보인다. 신이 인간 행동의 원인이 아니고 우주의 질서에 서 벗어나 있다면, 신은 인간의 일에 전혀 개입할 수 없는 것처럼 보인다. 그런 창조자에 대한 믿음을 우리는 **이신론**deism이라고 부른다. 보에티우스 자신도 모르게 이신론자였던가?

토마스 아퀴나스

Thomas Aquinas | 1225-1274

도미니코 수도회 수자이자 가톨릭 신부였다. 이탈리아 사람이지만 주로 프랑스에서 교육을 받았다. 알베르투스 마그누스(1193?-1280) 같은 유명한 도미니코회 신학자와 함께 공부했으며 파리 대학에서 강의했다.

안셀무스처럼 진리란 비기독교적 원천에서 끌어낼 수 있다고 생각하여 아리스토텔레스의 형이상학과 로마, 유대교 및 이슬람교도의 철학을 공부했다. 이런 방식으로 중세 스콜라 철학을 새로운 수준으로 끌어올렸다. 후에 이른바 토미즘Thomism이라는 학파는 아퀴나스의 이름을 딴 것이었다. 근대 및 계몽주의 철학의 발전은 대부분 윤리학, 형이상학, 정치 철학에 대한 아퀴나스의 견해에 응답하는 것으로 이루어졌다. 그의 《신학 대전》(1265-1274)은 오늘날에도 폭넓은 존경을 받으며 지속적으로 연구되고 있다.

기독교 신학에도 광범위하게 영향을 미쳤다. 실제로 가톨릭교회는 그를 성인으로 공표했고 그의 저작들은 장래 신부들이 사제 서품을 받기 위한 기본서가 되었다. 주요 저서로《존재자와 본질에 대하여》(1252-

1256) 등이 있다.

．

토마스 아퀴나스는 도미니코 수도회 수사였다. 도미니코회 수사들은 현학적 전통으로 유명했다. 하지만 수도원에서 관상 생활만 하지 않았다. 유럽의 급증하는 도시 거주자들을 설교하여 개종시키려 했다. 이와 같은 활동을 위해 더 직관적이고 접근하기 쉬운 논의 형식을 개발해야 했다. 순수 논리만큼 경험에 호소할 수 있어야 했다. 따라서 도미니코회 수사들은 종교적 방언을 배웠고 철학적, 신학적, 수사학적 기술을 더 날카롭게 다듬었다. 베네딕트회처럼 도미니코회도 아리스토텔레스'30의 논리학을 흡수하여 고전을 해독하는 데 상당 수준의 능력을 갖추었다.

아퀴나스는 윤리학, 인식론,'91 정치 이론을 포함한 철학의 다양한 분야에 기여했다. 아퀴나스는《신학 대전》에서 제시한 신의 존재를 입증하는 다섯 가지 증명으로도 유명하다. 이 중 한 증명이 **설계 논증**argument from design 혹은 **목적론적 논증**teleological argument(텔로스telos는 그리스어로 '목적' 혹은 '의도'를 뜻한다)으로 알려져 있다. 설계 논증은 창조자를 믿어야 하는 가장 직관적이고 설득력 있는 몇 가지 이유를 제시하는데 오늘날에도 여전히 널리 채택되고 있다. 이는 아마도 안셀무스'297의 존재론적 증명과는 대조적으로 설계 논증이 논리적 진리가 아니라 경험에 호소하기 때문일 것이다.

아퀴나스는 우리가 자연 세계를 검토하면서 어마어마한 질서를 인지한다고 추론했다. 오늘날에도 세포 생산과 유전자 복제의 정밀성을 고려한다면 우주는 미세 조정된 기계라는 것을 알게 된다. 현대 우주론과 논리학은 만약 기본 상수들, 말하자면 전자의 전하량이 달랐다면 우리가 알고 있는 생명체는 생성되지 않았을지도 모른다고 주장해 왔다. 아리스토텔레스를 공부한 아퀴나스 역시 모든 사물은 기능 혹은 목적을 갖는다고 추론했다. 이것이 아퀴나스 논증의 '목적론적' 관점이다. 목적이란 오직 지성만이 부여할 수 있는 것이다. 그러므로 지적인 창조자가 우주를 설계했을 개연성이 크다.

아퀴나스가 신의 존재를 입증하는 네 가지 증거를 더 제시했다는 점을 기억해야 한다. 설계 논증에서 나온 주장이 아포스테리오리,* 즉 후천적이라는 사실은 개념의 필연성으로부터 추론되는 것이 아님을 의미한다.[97] 달리 말해 이는 선천적으로 '위험한' 논의이다. 예를 들어 단지 우주의 개별적인 부분들이 기능을 지녔으므로 전체 우주가 기능을 지녔다는 추론은 성립하지 않는다. 사물의 개별적인 부분들은 전체를 포괄할 수 없는 속성을 가질 수 있기 때문이다. 예를 들어 모든 사람이 선천적으로 자신의 행복을 추구한다 해도 사람들의 전체 집합은 선천적으로 집단 행복을 추구할 것이라고 가정할 수 없다.

• - 아프리오리a priori(선천적): 진리란 경험에 의존하지 않고 결정되는 개념적 진리이다. 예를 들어 두 직각의 합은 삼각형의 세 각의 합과 같다거나, 총각은 결혼하지 않은 남자다와 같은 진리이다.

- 아포스테리오리a posteriori(후천적): 진리란 경험에서 나온다. 예를 들어 물은 액체에서 고체로 변할 수 있다와 같은 진리가 그것이다.

여전히 모든 물리적 상수와 기초적 힘들로 이루어진 미세 조정된 자연은 우주 형성에 지성을 가정하도록 몇몇 동시대인들을 강요한다. 자의성과 무한한 시간이 이 우주를 어떻게 나타나게 했는지를 설명할 수 있지만, 아퀴나스는 그러한 정밀함의 기묘함이란 확률상 너무 낮아 지성적인 설계자를 배제할 수 없다고 믿었다. 여기서 모든 사건에 적용되는 중요한 요점은 아퀴나스가 추상적 논리 명제들의 추론을 통해서가 아니라 자신의 세계 경험의 성찰을 통해 창조자를 믿도록 사상가들에게 영감을 주었다는 것이다.

> "무엇이든지 움직이는 것이 있다면 이는 다른 어떤 것에 의해 움직임이 시작되었음이 틀림없다. … 그러므로 제1원인에 도달하는 것은 필연적이다. … 그리고 이 제1원인이 신이라는 것을 모든 사람이 알고 있다."
>
> 《신학 대전》

바뤼흐 스피노자

Baruch Spinoza | 1632-1677

네덜란드 암스테르담에서 태어났다. 다른 유대인들처럼 종교 재판으로 스페인과 포르투갈을 떠나야 했다. 히브리 학교에 들어가《탈무드》를 공부하며 전통 유대 교육을 받았다. 스무 살에 프란시스 반 덴 엔덴 (1602-1674)에게서 라틴어를 배우기 시작했다. 전 예수회의 일원이자 대담한 자유주의자로 급진적이었던 반 덴 엔덴은 스피노자에게 스콜라 철학과 데카르트 철학을 가르쳤다. 이후 그는 반 덴 엔덴이 세운 학교에서 교편을 잡았다. 이 시기 그는 만연해 있던 종교적 독단주의에 비판적이었던 반기독교 인사들과 합리주의자들에 둘러싸여 있었다.

자유사상가이자 합리주의 방법론의 신봉자인 스피노자는 1656년 유대 공동체로부터 추방되었다. 결국 생존을 위해 렌즈 연마공이 되었고, 자유사상가와 합리주의자로 이루어진 동아리와 자신의 저술을 공유하는 자립적인 학자가 되었다. 생전에 몇 권의 책을 내기도 했지만《윤리학》(1677)은 사후에 출간되었다. 주요 저서로《지성 개선론》(1662),《데카르트 철학 원리The Principles of Cartesian Philosophy》(1663) 등이 있다.

．

신에 대한 관념은 일부 사람들에게는 희망을 준다. 죽음 뒤에 영속을 바라거나 삶의 중요한 목적을 이루길 바란다. 하지만 만약 우리의 실존이 자신을 표현하는 신의 무한한 능력의 한 모습에 지나지 않는다면 어떻게 될까? 만약 당신이 실로 모든 창조의 원천에서 분리되거나 분리되지 않는다면 어쩌겠는가? 그래도 여전히 신은 당신에게 희망을 주는가?

바뤼흐 스피노자는 유대인 렌즈 연마공이자 철학자이다. 근대 철학 초기(대략 1600-1800)의 철학자로 간주되며 오직 하나, 즉 신만이 실체라고 주장했다. 우리의 개별적 삶은 단지 신의 무한한 속성들의 '양상' 혹은 표현일 뿐이라고 했다. 스피노자는 주요 저작인《윤리학》을 유클리드(에우클레이데스, 기원전 330-275년경)의 기하학《원론》(기원전 388년경)을 기반으로 썼다. 이는 우리가 학교에서 배우는 평범한 기하학의 기초다. 신에 관한 스피노자의 급진적인 견해는 유대교의 정통성을 위협했고 이로 인해 파문당했다.

이 논쟁적 견해를 더 잘 이해하기 위해서 양초와 같은 평범한 물건을 고려해 보자. 우리는 양초를 녹일 수 있으며 그 모습이 단지 밀랍에 따른 것임을 볼 수 있다. 다른 말로 실체(밀랍)는 변화 과정 내내 유지된다는 것이다. 마찬가지로 우주의 모든 변화의 근원적인 기본 실체가 있어야 할 것이다.

정신과 물질의 두 가지 기본 실체를 믿은 데카르트'68와 달리 스피노자는 실체는 하나라고 주장했다. 스피노자가 **일원론자**'203로 여겨지는 이유이다. 만약 두 개 혹은 그 이상의 실체가 있다면 그들 사이에 본질적으로 공통점이 존재하지 않기 때문에 상호 관계할 수 없을 것이라고 설명한다. 예를 들어 만약 정신이 본질적으로 물질적 대상과 다르다면 우리는 그 둘이 어떻게 상호 관계를 맺는지를 설명할 수 없을 것이다.

그러므로 스피노자에 따르면 오직 한 실체만이 존재하는데, 그 무엇도 그 실체의 원인일 수 없다. 즉 자기 원인적이고 영원한 실체이다. 모든 것은 스피노자가 신이라고 말한 하나의 영원한 실체의 양태 혹은 양상인 것이다. 스피노자는 신을 '절대적으로 무한한 존재'라고 《윤리학》에 쓴다. 즉 "영원하고 무한한 본질을 표현하는 무한한 속성들로 이루어져 있는 존재"라는 것이다. 신의 무한한 수의 속성들은 우주에서 우리가 발견하는 다양성을 표현한다. 흥미롭게도 스피노자는 이 영원한 자기 원인의 실체, 즉 신을 '자연'이라고 불렀다. 이로 인해 그는 많은 기독교인과 정통 유대교인에게 무신론자로 비쳤다.

스피노자의 견해는 신은 창조물과 분리되어 있다는 널리 퍼져 있는 유대교와 기독교의 견해를 급진적으로 약화시켰다. 스피노자에게 우주의 본질은 필연적으로 신의 무한한 속성들로부터 펼쳐지는 것이다. 그 무엇도 있는 그대로와 다르게 될 수 없다. 모든 것이 신의 무한한 능력을 표현하는 것이기 때문이다.

윤리적 결론(스피노자의 책 제목이 《윤리학》임을 기억하라)은 우리가 하는 일을 개인적으로 통제할 수 없다는 것이다. 스토아학파'34처럼 우리는 사건의 필연성을 평정심으로 받아들이는 법을 배워야 한다. 감정 조절을 배울수록 그리고 덕 있는 삶을 영위할수록 우리는 불필요한 고통을 피할 수 있으며 더 나은 행복을 유지할 수 있다.

> "선과 악은 실로 그 자체로 고려되는 사물 안의 적극적인 것이 아니라
> 우리가 사물을 서로 비교하기 때문에 형성되는
> 사유의 양태들 혹은 개념일 뿐이다."
>
> 〈윤리학〉

고트프리트 빌헬름 폰 라이프니츠

Gottfried Wilhelm von Leibniz | 1646-1716

여섯 살 때 라이프치히 대학 도덕 철학 교수였던 아버지가 돌아가시면서 남긴 장서들 덕분에 매우 이른 나이에 읽고 학습하기 시작했다. 열세 살에 300헥사미터(육각운)가 넘는 독창적 시를 지을 정도로 라틴어 구사에 능했다고 한다.

열다섯 살에 라이프치히 대학에 입학해 1662년 학사 학위를 받았다. 고전, 철학, 신학 분야에 특화된 아버지의 장서들 접할 수 있었기에 이미 형이상학 분야와 관련한 탁월한 논문을 쓰고 있었다. 1664년 석사 학위를 받았다. 이때 논문을 세상에 공개하고 자신의 주장을 옹호했다. 1년 만에 법학을 전공하고 1666년《결합술에 관한 논고》로 박사 학위를 받는다.

물리학과 수학을 독학했다. 물리학자 크리스티안 하위헌스(1629-1695), 뉴턴 등과 함께 미적분을 발전시켰다. 논리학과 형이상학에 중요한 기여를 했으며 베를린 과학 아카데미를 설립해 초대 원장이 되기도 했다. 주요 저서로《형이상학 논고》(1686),《신정론》(1710),《단자론》(1714) 등이 있다.

위대한 천재성과 업적을 남긴 철학자 고트프리트 빌헬름 폰 라이프니츠는 수학과 물리학, 철학, 심지어 지질학에도 중요한 기여를 했다. 라이프니츠는 **충족 이유율**principle of sufficient reason의 원리를 이용하여 **우주론적 논증**cosmological argument을 발전시켰는데, 이를 《단자론》에서 논했다. 충족 이유율의 원리는 다양한 형식을 취하는데, 우선 무無는 무에서 기인한다는 것을 포함한다. 사물은 존재하므로 그들을 존재하게끔 하는 무언가가 틀림없이 존재해야 한다. 달리 말하면 무언가가 존재하는 이유가 있어야 한다는 것이다.

충족 이유율의 원리를 가지고 라이프니츠는 왜 사물이 존재하는지를 설명할 충분한 이유가 있어야 한다고 주장했다. 심지어 어떤 것이 무작위로 보일지라도 그것이 왜 일어났는지 설명할 수 있는 원인이 있을 것이다. 모든 사건은 앞선 사건에 의존하고 있기 때문에, 라이프니츠는 모든 일련의 사건들에 바탕이 되는 그리고 전 우주의 실존을 지지하는 기본 원리가 있어야 한다고 추론했다. 이 원리는 자기 원인이어야 한다. 그렇지 않으면 우리는 앞선 원리에 소급하여 창조를 설명해야 할 것이고, 이 경우 우리는 무한 소급에 빠지게 될 것이다. 또한 존재하는 모든 것을 창조할 수 있어야 할 것이다. 라이프니츠에 따르면 그 원리는 신이다.

《신정론》에서 라이프니츠는 신이 우주를 창조했다는 믿음에서 세 가지 신의 속성을 도출한다. 첫째, 신은 의지를 가지고 있어야 한다. 결국 신은 무한하게 많은 다른 것들을 창조할 수 있었을 때, 즉 다르게 창조할 수도 있었을 때 이 특별한 우주를 창조했다. 둘째, 신은 엄청난 힘을 소유하고 있음이 분명하다. 셋째, 신은 지적이다. 그렇지 않다면 이 우주가 존재할 수 있는 최상이라는 것을 결정할 수 없었을 것이다.

> **"나는 우리보다 더 나은 악이 없는 세계가 가능하다고 믿지 않는다."**
>
> 루이 부르게에게 보내는 편지

• 볼테르는 《캉디드》(1759)를 통해 라이프니츠의 이와 같은 낙관론을 풍자했다. 이 소설은 우리 세계가 모든 가능한 세계 중 가장 최상이라고 믿는 순진한 젊은이에게 닥친 엄청난 불행을 추적한다. 라이프니츠를 떠올리게 한다. 만약 신이 전지하고omniscient, 전능하고omnipotent, 자비롭고 omnibenevolent, 편재한다omnipresent면 이 세계는 그의 창조물로 모든 가능한 세계 중 최상의 것이어야만 한다.

볼테르는 라이프니츠의 형이상학에서 가장 순진하게 해석한 대목을 조롱한다. 볼테르는 《캉디드》에서 **악의 문제**에 초점을 맞춘다. 만약 이 세계에 악이 있다면, 악이 없는 가능한 세계보다 어떻게 더 나을 수 있는가? 이 문제는 우리에게 형이상학을 수정하거나 유대교와 기독교의 신이 전지전능하지도 자비롭지도 않았을 가능성을 고려하도록 요구한다.

찰스 하츠혼

Charles Hartshorne | 1897-2000

미국 펜실베이니아에서 목사의 아들로 태어났다. 1915년에 해버포드 칼리지에 입학하여 1917년 졸업했다. 2년간 군에서 복무했고, 이후 하버드 대학에 진학하여 1921년 학사, 1922년 석사, 1923년 박사 학위를 받았다. 박사 과정을 마쳤을 당시 이미 상당 수준의 형이상학 논문을 쓰고 있었다. 독일의 프라이부르크 대학에서 현상학자 후설에게 배웠고 마르부르크 대학에서는 하이데거 밑에서 공부했다. 1925년 하버드 대학으로 돌아와 연구원 생활을 했다. 이때 폴 와이스Paul Weiss와 함께 찰스퍼스 전집(전 6권)을 편집하기도 했으며, 한 학기 동안 화이트헤드의 조교로 있기도 했다. 시카고 대학과 에모리 대학을 거쳐 생을 마감하기 전까지 텍사스 대학에서 가르쳤다.

화이트헤드가 과정 신학을 개척했다면 하츠혼은 제2차 세계 대전 이후 과정 신학을 발전시켰다. 신을 세계와 함께 진화하고 성장하는 역동적인 힘으로 인식함으로써 이 분야에서 수준 높은 독창적인 결과물을 내놓았다. 주요 저서로《신에 관한 인간의 설명과 유신론의 논리Man's

Vision of God and the Logic of Theism》(1941), 《안셀무스의 발견 Anselm's Discovery》(1965) 등이 있다.

■

하버드 대학에서 공부한 찰스 하츠혼은 신은 영원불변 '최고' 존재(전지, 전능, 자비, 편재의 능력 가진 존재)라는 견해에서 촉발되는 문제를 정확하게 알고 있었다. 하츠혼은 이른바 **과정 신학**process theology에 공헌했다. 과정 신학은 어떤 의미에서 신은 영원하고 불변한 존재임을 받아들였지만 신을 시간과 우주 전개 밖에 두지 않는다. 신이 '영원하다'는 의미는 신은 항상 되어 가는 과정에 있다는 것이다.

중세 스콜라 철학·297/305에서는 아리스토텔레스의 용어로 신을 이해했다. 즉 무한하고 고요하게 불변인 '실체'로 보았다. 하지만 하츠혼은 어떤 의미에서 신은 창조와 분리할 수 있으면서도 우주의 진화하는 역학에 연결되어 있다고 논한다. 신은 실체가 아니라 '시간 안에서 전개되는 과정'이라는 것이다. 이와 같은 견해는 스피노자에게서도 발견되는데 이른바 **범신론**pantheism이라 불린다.·309 이제 하츠혼이 해결하고자 했던 다른 기초 철학적 퍼즐의 렌즈를 통해 범신론을 검토해 보자.

데카르트·68에게 우주는 정신(영혼)과 물질로 이루어진 것이다. 하지만 여기서 발생하는 문제는 이 둘 사이에 근본적인 차이가 주어진다면 어떻게 그 둘이 상호 관계하는지 설명할 수 없다는 것이다. 예를 들어 사과 한 개는 특정 좌표에 위치하지만,

'1+1=2'가 특정 좌표에 있다는 믿음은 이상할 것이다. **정신과 신체 문제**로 불리는 현대 철학 논쟁의 한 주제이다.

하츠혼에 따르면, 이 문제는 세 가지 가능성을 갖는다. (1) 우리는 정신과 신체의 상호 관계를 이해하는 방법을 발견한다. (2) 정신을 순수하게 물질적 용어로 환원한다. (3) 우리는 물질적, 신체적인 것들을 고쳐된 기본적인 영혼적 혹은 정신적 원리들로 환원한다. 하츠혼은 (3)을 지지하는 근거들을 제기하는데, 이는 **범심론**panpsychism(범신론의 한 형태)으로 알려져 있다. 이 견해에 따르면, 모든 사물은 결국 정신적 원리에 의해 만들어진다.

악의 문제*313에 관하여 하츠혼은 신의 전지를 포함한 신의 완벽성에 관하여 생각하는 방식을 수정했다. 만약 신이 되고 있다면 어떤 식으로든 창조물에 의해 영향을 받는다. 아직 기능하지 못하는 사물들은 생성 중이다. 따라서 신은 그것들을 아직 '알 수 없다.' 그는 이미 일어난 모든 일은 알 수 있다. 그리고 현재 자연의 법칙 등도 알 수 있지만 오직 미래의 '가능성이고' 실현되지 않는 한 신은 그것을 결정할 수 없다.

따라서 우리는 오직 개연성의 의미에서 미래를 말할 수 있을 뿐이다. 이는 신을 제한하는 듯하지만 미래가 가능성에 열려 있다는 사실은 현실적으로 신의 창조성의 산물이며, 이런 의미에서 결점은 아니다. 신은 미래의 모든 가능성을 알지만 이를 '확정'하지 않을 뿐이다.

간략히 말해 하츠혼은 안셀무스의 존재론적 논증을 소생시켜 더 정교하게 발전시켰다. 하츠혼은 유대교와 기독교 사상을 연상시키는 기초 신학 원리 중 일부를 유지했지만 (신이 기본적으로 선하다는 믿음을 포함하는) 신과 세계의 관계를 이해하는 형이상학적 용어들은 철저하게 수정했다.

> "모든 사물은 모든 관점에서 오로지 '영혼'…
> 혹은 경험하는 통일체로 이루어진다."
>
> 《신에 관한 인간의 설명과 유신론의 논리》

앨런 와츠

Alan Watts | 1915-1973

영국 켄트에서 태어났다. 중산층 가정의 목회자적 분위기에서 검손하게 성장했다. 특히 영적 성향은 외가로부터 영향을 받았다. 캔터베리에 있는 킹스 스쿨에서 종교 교육을 받았다. 방학 동안 프랑스를 여행하면서 가까운 동료를 통해 정기적으로 불교 철학을 접했다.

뛰어난 성적에도 옥스퍼드 대학에서 장학금을 받지 못하자 은행과 인쇄소에서 일했다. 일하는 수년간 철학에서 동양 종교에 이르기까지 광범위한 독서에 집중했다. 런던에 있는 절에 다녔으며 후에 선불교의 열렬한 수행자가 되기도 했다. 중국어, 사이버네틱스, 과정 신학, 인도 베단타 철학의 문헌 등을 공부했다.

1943년 미국 시민이 되었고 1945년 성공회 신부가 되었다. 동양적 사유에 전념하기 위해 1950년 잠시 교회를 떠나기도 했다. 지역 라디오 진행자로 자신의 종합적인 생각들을 대중화했다. 학문적으로 개성이 강했으나 많은 강의와 저술 활동으로 1960-1970년대 비교 철학 분야에 괄목할 만한 영향을 주었다. 주요 저서로《행복의 의미The Meaning of

Happiness》(1940),《최고의 정체성The Supreme Identity: An Essay on Oriental Metaphysic and the Christian Religion》(1957),《자연, 남자, 여자Nature, Man, and Woman》(1958) 등이 있다.

■

앨런 와츠는 학문적 주변인으로 최근 서양 신비주의의 한 예이다. 1945년 영국 성공회 신부였던 그는 선불교를 좋아하게 되어 1950년 샌프란시스코 성직을 포기했다. 와츠는 대중적이고 철학적인 자신의 책들을 통해 1960-1970년대 유럽과 미국의 전반에 대하여 우려의 목소리를 냈다. 주류 학자는 아니었지만 하버드 대학에서 연구비를 받았고, 샌프란시스코 캘리포니아 대학California School of Integral Studies에서 비교 철학을 가르쳤다. 주로 힌두교, 불교, 과정 신학'316의 관점을 종합하여 강의했다.

와츠는 신에 관한 전통적 유신론에서 인간과 자연 세계, 우주에 관한 좀 더 통합된 범심론으로 이동하는 데 영향을 끼쳤다. 와츠는 환경 운동가들과 힘을 합쳐 자연과의 공생적 상호 의존과 균형을 이루며 살아야 한다고 강조했다. 또한 점점 더 세계화하는 오늘날의 세계에서 인간의 비인격적 소외에 저항했다. 와츠는 영적 철학의 실천이야말로 서로의 관계와 자연환경과의 보다 긍정적인 관계를 위한 관건이라고 믿었다.

신과 이른바 실재의 영적 본성을 숙고할 때 와츠는 힌두교와 불교적 요소에 호소한다. 개별 자아의 현실에 대한 믿음은 우주에 관한 ('신비적'이기 때문에) 기술記述 불가한 진리 경험에 의해 뒷받침되지 않는다고 주장했다. 우주로부터 분리되어 있다는 느낌은 결국 잘못된 것이다. 현실은 유일하고 자유롭고 무한한 능력의 원리로 구성되어 있다. 그리고 그 원리가 작동해 현실이 되는 것이다.

와츠는 이 '우주 자아Cosmic Self'의 항구적 생성과 창조력을 강조할 뿐 아니라 언젠가는 소멸한다고 가정하면서 자신을 '망각하는' 능력을 강조한다. 그러므로 우리가 경험하는 세계의 다양성은 우주 자아가 배우이자 관객인 연극과 같은 것이다. 이 유일 자아의 실재 측면인 우리는 신비 경험에서 '각성'할 때만 소외된 분리 상태에서 벗어나 그 우주 자아와 자신의 정체성 일치를 체험한다.

우리는 기술 불가하고 따라서 겉보기에 전통적 논리 논쟁과 증거 제시밖에 없는 존재를 옹호하는 것이 정당한지 의문을 가져야 한다. 하지만 동양파 와츠는 자신의 저술에서 우주 자아의 경험 의미를 합리적 논의로 이끌기 위해 지속적으로 전통 부분을 종합한다. 이는 와츠와 그가 기대고 있는 전통으로 볼 때 전적으로 가능하다. 스피노자의 합리적인 일원론·309의 도움으로, 그리고 복잡하지만 사려 깊게 고려한 하츠혼·316의 도움으로 철학적 성찰은 언어의 틀로 완전히 포착할 수 없는 상태를 이해하기 위한 노력을 시도할 수 있었다.

"삶에서 실존에 대한 공포와 놀라움에 대한
종교적 태도의 자리는 명백하게 존재한다."

〈신의 이미지Images of God〉

리처드 도킨스

Richard Dawkins | 1941-

진화 생물학자로 케냐 나이로비에서 태어나 1949년 영국으로 돌아왔다. 부모는 성공회 기독교 신자였지만 두 사람 모두 자연 과학에 관심이 많았다. 이는 나중에 도킨스가 현실에 관한 형이상학적 설명에 반대하며 물리학적 설명을 더 선호하는 데 영향을 끼쳤다. 노골적인 무신론자로 자신의 초기 기독교 신앙은 '신의 설계'와 삶의 복잡성에 대한 매력에 끌렸던 것이지만 다윈에 대한 독서와 이후 이어진 과학 연구는 창조자에 대한 자신의 믿음을 무너뜨렸다고 고백했다.

옥스퍼드 대학에서 동물학을 전공했고 1966년 같은 대학에서 박사 학위를 받은 후 연구 조교로 일했다. 1967년부터 1969년까지 버클리 대학(캘리포니아)에서 동물학을 가르쳤고 1970년 자신의 모교로 돌아와 강의했다. 1995년에서 2008년까지 옥스퍼드 대학에서 과학의 대중적 이해를 위한 찰스 시모니 교수직을 역임하기도 했다. 주요 저서로《이기적 유전자》(1976),《확장된 표현형The Extended Phenotype》(1982),《만들어진 신》(2006) 등이 있다.

．

　리처드 도킨스는 열렬한 무신론자다. 진화 생물학에 관한 중요 저작들로 공헌했으며 유신론적 신앙을 향한 거친 공격을 하는 데 있어서도 매우 사려 깊은 수준을 보여 주었다.《이기적 유전자》로 이기심과 이타심에 관한 유전자 중심의 생물학적 견해를 진척시켰다. 최근작인《만들어진 신》에서는 신의 존재를 옹호하는 논의를 검토하고 비판했다. 특히 신의 설계설'305을 배제했다.

　도킨스는《만들어진 신》의 첫 부분에서 점잔빼는 어구들 없이 유대교, 기독교, 힌두교에서 말하는 신은 모두 존재하지 않는다고 확실히 주장한다. 신에 대한 믿음은 모순된 증거 앞에 놓여 있으므로 망상에 불과하다고 한다. 망상의 집착은 적어도 제정신이 아님을 의미하므로 신에 대한 고집스러운 믿음은 정신 이상에 가까운 것이다.

　도킨스는 지금도 우리에게 친숙한 신 존재 증명에 반대하는 몇 가지 주장을 했다. 유신론자는 가끔 신 존재를 옹호하기 위해서 충족 이유율의 원리'313에 호소한다. 하지만 도킨스는 만약 질서 정연한 우주가 설계자를 요구한다면 누가 정확히 설계자를 설계했는지를 물어야 한다고 주장한다. 반면에 설계에서 나온 주장은 미세 조정된 우주같이 불가능한 것이 어떻게 존재하도록 설계

● 오컴의 면도날Occam's Razor은 서로 경쟁하는 어떤 현상에 관한 설명 혹은 가설 중 반박 불가능한 추정이 가장 적은 설명이 나머지 설명보다 더 나은 설명이라는 원리이다. 역설적이게도 이 원리를 개진시킨 사람은 기독교 신학자인 오컴의 윌리엄William of Ockham(1287-1347년경)이다(신학적인 설명들은 단지 추정일 뿐이어서 홍역을 치루는 경향이 있다).

되는지를 설명한다. 그러나 그렇게 함으로써 똑같이 불가능한 것(즉 신의 존재)을 상정한다.

도킨스는 단순히 부정적 주장만 내놓지 않는다. 이를 위해 자신의 우주관을 뒷받침하는 최신의 과학적 증명을 제시한다. 자연 선택과 적응은 생물이 결국 생존에 적합한 방식으로 자신을 어떻게 조직하는지 설명한다. 다윈의 자연 선택 이론은 우주가 맹목적 우연의 문제라고 터무니없이 주장하지 않는다. 대신에 자연 선택 이론은 다음과 같은 주장을 포함시킨다. 일정한 시간과 유전 물질의 무작위적 변이가 주어지면 유기체는 환경에 따른 속성을 발전시키는데, 그 속성을 재생산하거나 소멸하게 한다는 것이다. 존재하는 생물들은 자신의 재생산에 유리한 정돈된 복잡성을 성취한 유기체들이다. 물론 우리는 애초에 그렇게 된 다른 이유들도 생각할 수 있다. 하지만 모든 조건이 같다면 가장 단순한 설명이야말로 최선의 설명이다.

우리는 도킨스의 이른바 '황량한' 다윈주의가 우리의 도덕성을 위협한다고 반대할지도 모른다. 하지만 《만들어진 신》과 《이기적 유전자》에서 도킨스는 감정 이입을 선택적 이점이라고 언급함으로써 도덕성을 설명한다. 감정 이입은 현명한 전략이다. 즉 특정 유형의 자연조건에서는 재생을 위한 더 나은 전략이며 도덕성은 이런 자연적 이익을 주는 감정 이입에서 기인하는 복잡한 문화의 인공물이다. 좀 더 일반적으로 삶의 의미와 목적은 풍부한 개인적, 문화적 환경과 관련되어 있다. 우리는 구태여 이를 설명하기 위해 신에 의존할 필요가 없다.

"누군가가 삶에 의미와 목적을 준다는 가정에는 유치한 점이 있다."

《만들어진 신》

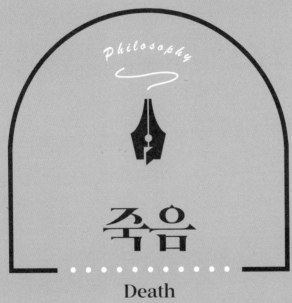

죽음

Death

"나는 죽음이 두렵지 않다.
다만 죽었을 때 그 자리에 있고 싶지는 않다."

우디 앨런

많은 사람은 죽음이 실존에 마침표를 찍을 것이라고 믿는다. 우리는 죽음을 예상하거나 두려워하거나 죽음에 대한 생각을 무시하려 할 수 있다. 그런데 왜 죽음을 먼저 불유쾌한 것으로 생각하는 경향이 있을까? 남겨진 가족과 친구들에게는 불유쾌할 수도 있지만(사실 끔찍하게 고통스러운 것이다) 우리에게 존재가 멈춘다는 것이 문제가 될까? 이제 살펴볼 내용들은 바로 이와 같은 문제에 답하기 위해 노력한다.

일부 사람들은 비존재는 선도 악도 아니라고 주장해 왔다. 그러므로 죽음 뒤에 존재의 멈춤은 우리에게 나쁜 것이 아닐 수 있다. 누군가는 죽음을 궁극의 '모욕'으로 간주한다. 우리는 삶의 가치 창조에 많은 에너지를 쏟지만 삶 뒤에 무언가가 있다고 믿지 않는다면 삶은 궁극적으로 무가치한 것처럼 보인다. 죽음은 과연 삶을 부조리하게 만드는 걸까?

물어야 할 또 다른 질문은 무엇이 삶이며 언제 죽음이 실제로 일어나는가 하는 것이다. 물론 우리의 몸은 생명 기능을 유지하고 결국 그 과정은 끝나기 마련이다. 그러나 한 '인격'은 단지 신체 이상이다. 당신은 기한이 있는 신체에 깃들어 있는 영혼이라고 믿는다. 비록 그렇지 않더라도 아마 단순한 동물적 생태 이상의 어떤 것이 존재한다고 생각할 것이다. 우리는 역사, 기억, 성향, 삶에 의미를 주는 계획을 가지고 있다. 이와 같은 것이 증발할 때 한 인격이 죽었다고 말할 수 없을까? 이런 중요 심리적 연결 고리가 없다면 몸이 무슨 소용이 있을까? 언제 이 연결 고리가 미래에도 살아남아 있다고 말할 수 있을까? 죽음이라는 개념은 삶, 인격의 동일성, 의미에 관한 생각에 스며든다.

기원전 600-500년대경
소크라테스 이전 철학 – 자연의 순환으로서의 죽음
죽음은 순환적인 존재의 자연스러운 일부로 여겨진다. 인간은 소멸하지만 인간을 만든 궁극의 요소와 힘은 존재와 우주 질서로 영원히 순환된다.

기원전 260년경
에피쿠로스와 죽음의 공포
에피쿠로스는 무언가가 해가 되려면 우리가 나쁜 영향을 경험할 때까지 존재해야 한다고 주장한다. 죽음은 죽어 가는 사람에게 나쁜 것이 아니다. 그러므로 죽음을 두려워할 이유가 없다.

대칭과 루크레티우스
기원전 60-55년경
루크레티우스와 같은 에피쿠로스의 추종자는 죽음을 나쁘게 보는 것은 합리적이지 않다고 주장한다. 당신은 이미 지나간 비존재를 한탄하지 않는다. 그렇다면 미래의 비존재를 왜 한탄하는가? 과거와 미래의 비존재는 대칭적이다.

몽테뉴와 죽음의 의미
1580년대경
죽음의 조명 아래서 산다는 것은 삶에 목적을 준다. 우리는 죽음의 가능성을 직시하고 용기를 내서 죽음에 대처해야 한다. 삶의 시간을 당연시하지 않고 능동적으로 살아야 한다.

실존주의와 죽음
1880-1950년대경
카뮈 같은 실존주의자는 삶을 궁극에는 무의미하고 부조리한 것으로 본다. 모든 삶의 계획은 죽음과 공허 앞에서 결국 가치를 잃는다. 하지만 우리는 자신의 가치를 창조해야 하고 잘못된 신념과 자살로 부조리를 탈출해서는 안 된다.

'죽음을 향한 존재' ● 1920년대

마르틴 하이데거는 죽음을 '진정성 있게'(자신에게 진실 되게) 살
라는 동기를 줄 수 있는 기투 가능성으로 간주한다. 자신의 유
한성으로 중요한 것에 한계를 설정한다. 죽음은 불안을 조성
한다.

버나드 윌리엄스 ─ 살아야 할 이유와 불멸 ● 1970년대

인간은 삶의 의미를 주는 계획을 성취할 수 없는 한
죽음을 두려워할 이유가 있다. 우리가 본질적으로
추구하는 가치 있는 계획이 바닥나면 불멸은 좋지
않을 것이다.

토머스 네이글 ─ 삶에 내재한 가치

심지어 많은 재화를 뺏긴다 해도 삶은 죽음
보다 더 가치 있다. 삶이란 본디 좋은 것이
다. 불멸은 이 좋은 것을 최대한 즐기도록 허
락할지도 모른다. 죽음은 당신에게서 이런 최대
치의 즐거움을 뺏는다.

1980-2000년대 ● **셸리 케이건**

영혼이 존재한다는 확실한 근거는 없다. 우리는 복잡
한 유기적 기계일 뿐이다. 그리고 그 기계가 더 이상 작
동하지 않을 때 우리는 죽는다. 죽음은 우리가 삶에서 더
많은 재화를 얻을 수 있는 한 상대적으로 나쁜 것이다.

1990-2000년대 ● **죽음의 모호성**

한 인간의 죽음이 무엇을 의미하는지 분명치 않다. 스티븐 루퍼와
같은 현대 연구자는 기술, 가사 상태, 신체와 죽음의 과정에 관한
모호함이 언제 어떤 것을 '죽음'이라 불러야 할지에 대한 불확실성을
어떻게 안겨 주는지 보여 준다.

헤라클레이토스

Heraclitus | **기원전 535?–475?**

서양 철학의 탄생지라고 주장되는 밀레투스 근처 에페수스(오늘날 터키)에서 살았다. 피타고라스의 저작을 비판했다는 사실은 헤라클레이토스를 가끔 기원전 6세기경 인물이라고 유추하게 한다.《단편들》(기원전 6-5세기경)로 전해지는 철학적 논쟁과 주장 외에는 생애에 관해 알려진 바가거의 없다.

3세기경 그리스 전기 작가인 디오게네스 라에르티오스에 따르면 헤라클레이토스는 어렸을 때부터 이미 재능을 보였다. 후에 엘리트가 되어아테네와 사회적 사건에 비판적이었고, 황야에서 보잘것없는 음식으로연명하며 은둔자로 삶을 마감했다. 자기 성찰과 철학적 탐구의 중요성을강조했고 독단적인 믿음과 여론을 조롱했다.

자연은 끊임없이 흐른다고 믿었다. 그러나 그가 로고스라 부른 자연에서 대립되는 힘을 움직이는 근본적인 통일성을 동시대인들이 인정하지 않자 그들을 비판했다. 파르메니데스 저술의 많은 부분은 이런 힘에대한 헤라클레이토스의 강조에 응답한 것이다.

소크라테스 이전 철학자들은 우주를 자연적인 용어로 설명하길 원했고,'17 우주를 통해 작용하는 다양한 요소와 힘을 이론화했다. 파르메니데스'203와 달리, 헤라클레이토스는 만물은 유전한다고 믿었다. 실재는 항상 변화하고 있다는 것이다. 또 모든 사물은 대립물과 충돌하는데, 이는 기초적인 태고의 원리logos에서 생겨난다는 유명한 말을 했다. 우주에 있는 모든 요소는 다른 것의 소멸에서 생성된다. 죽음이 없다면 삶도 있을 수 없다.

헤라클레이토스는 영혼의 존재를 믿었다. 자연 철학자로서 헤라클레이토스는 영혼이 우주를 구성하는 물, 불, 땅과 같은 자연 요소와 연결되어 있다고 믿었다. 불은 근본적인 통일체에서 나온 제1원리이자 모든 우주 순환이 종결되는 원리이다. 하지만 영혼은 물로 만들어진다. 덕 있는 삶을 영위해야만 영혼이 '신성한 불꽃'에서 살아남을 수 있다.

소크라테스 이전의 이 설명에 따르면 죽음은 우주 순환 과정에 일조하는 한 중요하다. 죽음은 이야기의 종결이 아니라는 것이다. 그 종결은 대다수에게 희망과 목적의 더 깊은 의미를 가져다준다. 죽음 후에도 어떤 형식으로든 지속된다는 믿음은 삶에서 도덕적 역할을 한다. 현재 우리가 사는 방식이 미래의 우리 영혼이 거주할 삶의 형태를 결정하기 때문이다. 이런 믿음은 매우 중요한 질문을 던진다. 우리가 죽으면 우리 존재에서 정확히 무엇이 사라지는가? 이를 이해하기 위해서 먼저 우리가 무엇인지, 우리가 살아 있다는 것이 어떤 의미인지를 이해해야 한다.

"우리가 깨어 있을 때 보는 모든 것은 바로 죽음이다.
우리가 잠에서 본 모든 것이 자고 있는 것처럼 말이다."

《단편들》

루크레티우스

Lucretius │ 기원전 99?–55

철학 지향적인 로마 시인으로 내전과 정치적 암살, 반란, 폭동 등으로 혼란한 시대를 살았다. 그리스어와 라틴어에 능통했고 철학에 조예가 깊었다는 사실 외에 생애에 대해 알려진 바가 전혀 없다. 일부 전하는 것은 키케로와 같은 철학자나 유명 로마 웅변가의 글에서 언급된 그의 저술 정도다.

에피쿠로스의 추종자로 규율, 평정, 균형 잡힌 행복한 삶이 우리가 추구해야 할 가장 가치 있는 목적이라고 가르쳤다. 유일하게 알려진《사물의 본성에 관하여》에서 원자론적, 유물론적 생성과 삶의 구조 이론을 제시한다.《사물의 본성에 관하여》는 20세기 철학자 앙리 베르그송과 알프레드 화이트헤드 같은 서양 역사의 수많은 철학자에게 영향을 주었다.

■

루크레티우스의 생애는 별로 알려진 바 없다. 하지만 그의 철학적 시는 로마 제국의 많은 중요 사상가에게 영향을 끼쳤다. 루크레티우스는 또한 현대 철학자들이 **대칭 논증**symmetry argument이라 부르는 퍼즐을 남겼다. 이 논증에서 직관적인 부분은 바로 다음과 같다. 당신은 과거에 존재하지 않았다는 사실에 속상해하지 않는다. 중요한 것은 당신이 지금 존재한다는 것이다. 그렇지 않은가? 당신이 약간 탐욕스럽고 가끔 좀 더 일찍 존재해 있었으면 하고 바란다고 가정해 보자. 좋다. 하지만 사실은 과거의 비존재는 해가 된다고 믿지 않는다. 확실히 과거의 비존재를 두려워하거나 무서워하지 않는다. 그런데 어떤 이유에서인지 당신은 미래의 비존재를 걱정한다. 왜일까? 과거의 비존재와 미래의 비존재는 어떻게 다를까? 루크레티우스는 다르지 않다고 주장한다. 그러므로 당신은 죽음을 걱정할 필요가 없다고 한다.

만약 이에 동의하지 않는다면(우리 대부분 그럴 것이다) 과거의 비존재와 미래의 비존재를 동일하게 취급해서는 안 된다는 믿음을 정당화해야만 한다. 즉 이러한 비존재는 '비대칭적'이라는 것이다. 이는 그 둘이 정확히 같은 성격이 아니라는 의미이고 바로 그때 우리는 그들이 동일하다고 주장할 수 없다.

태어나기 이전의 비존재와 죽음 이후의 비존재는 어떤 차이가 있을까? 현대 철학자인 셸리 케이건[353]은 살아 있을 때 실제로 잃을 것, 즉 생명을 소유한다고 주장한다.* 반면 과거의 비존재는 단지 얻을 수 있는 것이 있을 뿐이다. 우리가 존재할 가능성은 우리의 상태를 특별한 것으로 만들기에 충분하다.

"그러므로 죽음은 우리에게 아무것도 아니다. 또 죽음은 우리에게
조금도 관심이 없다. 영혼의 본성은 소멸될 것을 알고 있다."

《사물의 본성에 관하여》

• 현대 철학자 토머스 네이글은 태어나기 이전의 비존재와 죽음 이후의 비존재는 다르다는 케이건
의 의견에 동의한다. 논문 〈죽음Death〉(《죽을 운명에 관한 질문들Mortal Questions》, Cambridge, 1974)에
서 마지막 죽는 날짜는 우연적이라고 논한다. 달리 말하면 다른 날 죽을 수도 있는 것이다(당신은 한
달 일찍 혹은 2년 뒤에 죽을 수도 있다). 반면에 당신이 태어난 날은 필연적이다. 왜일까? 특정한 당신의
존재로 이어진 임신은 특정한 정자에 의해 수정된 특정한 난자에서 비롯되었기 때문이다. 다른 정
자와 난자의 조합은 당신의 존재로 이어질 수 없다. 이는 죽음은 이후의 비존재와 태어나기 이전의
비존재가 다른 또 다른 이유다.

미셸 드 몽테뉴

Michel de Montaigne | 1533-1592

프랑스 르네상스 시대 가장 영향력 있는 철학자이자 문학가이다. 그의
에세이들은 일화가 담긴 자서전과 문학적 수식들, 진지한 철학으로 가득
차 있다. 데카르트, 루소, 에머슨(1803-1882), 니체 같은 19세기 중요 인
물들에게까지 광범위한 영향력을 발휘했다.

　　보르도 근처의 부유한 귀족 집안에서 태어났다. 아버지는 평범한 삶
을 체험하도록 그를 여러 해 동안 농가에 보냈다. 라틴어와 고전 공부를
위해 개인 교습을 받게 하는 것도 잊지 않았다.

　　1539년 보르도 명문 기숙 학교인 콜레쥬 드 기옌느에 다니기 시작
했다. 이 학교에서 법을 공부했고 후에 고등법원 참사관이 되었다.

　　1581년부터 1585년까지 보르도 시장으로 있었고, 프로테스탄트와
가톨릭 사이에서 벌어진 논쟁을 완화하는 역할도 했다. 1571년과 1580
년 사이《수상록》(1580)을 집필하기 시작했고 만년을 대부분 이 책을 수
정하며 보냈다.

죽는 과정은 끔찍하고 고통스러울 수 있다. 하지만 죽음은 정말 나쁜 것일까? 프랑스 고전 연구가이자 에세이 작가인 미셸 드 몽테뉴는 에피쿠로스·[225]와 같이 죽음을 나쁘게 생각하지 않았다. 《수상록》 중에서 그는 "왜 우리는 어떤 것의 상실을 두려워하고 슬퍼하지 않을 수 없는가?"라고 묻는다. 여기서 우리는 어떤 주체도 죽음 후에는 현실적으로 존재하지 않는다는 그의 생각을 읽을 수 있다. 그것이 사실이라면 누구도 죽음을 걱정하지 않을 것이다.

일종의 에피쿠로스와 루크레티우스·[336]를 종합한 듯한 몽테뉴는 "젊은이나 늙은이나 똑같은 방식으로 세상을 떠난다. 누구라도 지금 당장 인생에 들어온 것처럼 다른 모습으로 인생에서 나가지 않는다"라고 말했다. 다시 말해서 우리의 죽음은 나이와 상관이 없다. 왜일까? 몽테뉴는 나이가 적든 많든 죽음을 경험할 수 없다는 점에서 우리의 죽음 전 비존재와 죽음 후의 비존재가 정확히 같다고 추론하는 것 같다. 죽음은 진정 위대한 균등자다.

어떤 면에서 몽테뉴의 주장은 사소한 것이다. 만약 자신의 죽음을 곰곰이 생각해 보려 하지 않는다면, 당신이 어리든 늙었든 그것은 중요한 일이 아니다. 하지만 삶에서 얻을 수 있는 모든 가치에서 삶의 가치가 발아한다면, 더 많은 재화를 갈망하고 즐기는 일은 더 나은 삶을 이룩한다는 추론이 가능하다. 죽음은 그런 삶을 빼앗는 한 나쁜 것이다. 오늘날 이 설명은 **죽음의 박탈 이론** Deprivation Account of Death으로 알려져 있다. 만약 당신이 그런 가치를 빼앗기지 않으려고 할 경우, 무엇이 어떻게 '박탈될' 수 있는지가 수수께끼로 남는다. 이 문제는 앞으로 간략히 다룰 것이다.'[253]

   몽테뉴의 죽음에 관한 생각은 어느 정도 파생적이지만 태도는 경탄할 만한 것이었다. 하이데거'[140]같은 실존주의자의 원조인 몽테뉴는 현실에서 한정된 시간을 매일 상기해야 한다고 믿었다. 이와 같은 상기야말로 우리 삶에 목적을 부여한다. 인간의 유한성에서 생성된 의미로 무장할 때 우리는 잘 사는 데 그리고 사소한 것에 저항하는 데 자신의 에너지를 쏟을 수 있다. 예를 들어 우리는 온종일 텔레비전을 보는 것보다는 철학책을 읽거나 소중한 사람들과 함께 시간을 보내는 데 더 열심일 것이다.

알베르트 카뮈

Albert Camus | 1913–1960

알제리의 가난한 집안에서 태어났다. 아버지는 어렸을 때 돌아가셨고 어머니는 가정집 청소부로 일하면서 그를 키웠다. 어려서부터 지적 능력과 운동 능력을 보여 주었다. 알제 대학에 들어가 축구팀 골키퍼로 있었지만 1930년 폐결핵에 걸리고 그만두었다. 1936년 신플라톤학파의 플로티노스에 관한 논문으로 철학 학위를 받았다.

이른 나이에 정치에 참여했다. 1935년 프랑스 공산당에 가입했고 유럽 알제리인과 원주민 사이에 존속했던 불평등을 비판했다. 극작가로 활동했고 같은 해 유명 극단을 설립했다. 결혼하여 아이는 있었으나 일찍이 결혼에 실패했다. 여러 차례의 불륜으로도 잘 알려져 있다. 47세라는 젊은 나이에 프랑스에서 교통사고로 사망했다. 제2차 세계 대전 중 소설 《이방인》(1942)과 철학 에세이 《시지프 신화》(1942)를 집필했다.

■

죽음에 대한 생각은 삶의 목적과 의미를 사라지게 하는 듯하다. 당신이 매일 진행하는 프로젝트를 죽기 전에 완성할 수 없거나 완성하고 죽어 버린다면, 당신의 에너지와 투자는 가치가 있을까? 죽음을 혐오하거나 비존재로 생각하면 생이 끝나기도 전에 삶을 도둑맞는 기분이 들 것이다. 사후의 삶에 대한 희망이 없다면 삶은 그 자체로 완전히 부조리한 것으로 나타날지도 모른다. 누군가에게 이러한 깨달음의 부담은 자살을 정당화하기에 충분하다. 소설가이자 실존주의 철학자인 알베르트 카뮈는 삶의 **부조리**를 깨달았다. 하지만 그와 같은 깨달음이 자살을 정당화시키지 않는다고 믿었다.

카뮈는 고통 뒤에 따르는 순간의 행복을 경험하리라는 생각을 즐기는 것과 삶의 가치 없음을 깨달았을 때 삶을 더 소중히 여기는 것은 별개의 문제라고 말했다. 후자는 인지 부조화를 낳는다. 반복되는 고통과 쾌락을 포용하는 생각은 존재하지 않는다는 점에서 모순이다. 카뮈는 우리가 다양한 방식으로 이 부조화를 해체하려고 노력한다고 주장했다. 그 한 방식은 종교인데 종교는 삶을 정당화하는 매우 중요한 목표를 만들어 준다. 다른 방식은 자살인데, 이는 도피에 불과하다고 카뮈는 지적한다. 이 두 가지 도피 방식 말고 그는 부조리를 직시하는 방식을 권한다. 즉 원대한 의미를 버릴 수 있다면, 자살 충동에서 벗어 날 수 있다는 것이다.

카뮈는 사르트르와 다른 실존주의자들[72]처럼 인간은 궁극의 본성이나 목적을 지니지 않는다고 믿었다. 인간은 자신의 본성과 목적을 창조해야 한다. 심지어 삶이 부조리한 투쟁처럼 여겨질지라도 계속 살아 나아가야 한다. 카뮈는 이런 태도를 《시지프 신화》에서 설명한다. 시지프는 어깨에 바위를 메고 산 정상까지 오르지만 이내 바위는 산 아래로 굴러 내려가 끊임없이 이 과정을 되풀이한다. 시지프의 행동에는 궁극의 목적이란 없다. 그런데도 카뮈는 "투쟁 그 자체만으로도 인간의 마음을 가득 채울 수 있다. 행복한 시지프를 상상하지 않을 수 없는 것이다"라고 피력한다. 오히려 죽음은 삶의 종류에 집중하라고 강요한다. 어떤 종류의 투쟁은 삶을 가치 있게 만든다.

"정말로 진지한 철학적 문제는 단 하나, 그것은 바로 자살이다."

《시지프 신화》

버나드 윌리엄스

Bernard Williams | 1929-2003

영국 에섹스에서 태어났다. 옥스퍼드 발리올 칼리지를 수석으로 졸업하고 영국 왕립 공군에서 복무했다. 38세의 젊은 나이로 케임브리지 대학 철학 석좌 교수를 역임했다. 버클리 대학(캘리포니아)의 독일 철학 교수로 있으면서 옥스퍼드 대학에서 도덕 철학 석좌 교수로서 다양한 지위를 맡기도 했다.

연구 초기에는 고도로 기술적이고 엘리트 중심적이고 몰역사적인 도덕 철학을 다시 활성화했으며, 인류학, 심리학, 역사, 분석 철학, 유럽 철학을 종합한 저술로 그 공로를 인정받았다. 페미니즘을 옹호하여 케임브리지 킹스 칼리지에 여성들이 입학할 수 있게 된 데 큰 역할을 했다고 한다. 주요 논저로 〈마크로풀로스의 비밀The Makropulos Case: Reflections on the Tedium of Immortality〉(1973), 《도덕적 행운Moral Luck》(1981), 《윤리학과 철학의 한계Ethics and the Limits of Philosophy》(1985), 《수치심과 불가피한 일Shame and Necessity》(1993) 등이 있다.

죽음은 우리가 살면서 누릴 수 있는 모든 재화를 앗아 가므로 나쁠 수도 있다는 생각을 탐색해 왔다. 그렇다면 무한한 삶이 좋은 것일까? 삶의 조건들이 조금이라도 나쁘다면 어떨까? 아니면 시간이 흐르면서 삶을 빛나게 했던 모든 것이 사소해졌는데도 여전히 불멸의 존재로 남아 있어 지루해진다면 어떨까?

토머스 네이글[245] 같은 철학자는 삶이란 본디 좋은 것이라고 주장한다. 〈죽음〉에서 네이글은 "삶이란 나쁜 경험 요소들이 너무 많아 좋은 경험 요소들이 그것들을 능가하기에 역부족일지라도 살 만한 가치가 있다. 부가되는 긍정의 비중은 내용이 아닌 경험 자체에 의해 보충된다"라고 말한다. 네이글의 견해에서 본다면 아주 나쁜 삶이라도 전혀 존재하지 않은 것보다 낫다. 삶의 경험에 내재하는 무언가가 삶 그 자체를 위해 삶을 가치 있게 만든다. 만약 영원히 산다면 가치 있는 것들을 무한히 소유하게 될 것이다. 좋지 않을까?

옥스퍼드 대학의 도덕 철학자인 버나드 윌리엄스는 이 의견에 동의하지 않은 것으로 유명하다. 윌리엄스는 정체성은 욕망, 추구하는 계획의 종류에 따른다고 논한다. 배고픔 때문에 우리는 곧바로 음식을 욕망한다. 이 욕망은 그다지 흥미롭지 않다. 만약 당장 한 조각의 토스트만 먹는다면, 네이글이 삶이 좋다고 생각하는 방식으로 토스트가 좋은 것은 아닐 것이다. 토스트는 '조건적'으로 좋은 것이다. 토스트는 단지 나쁜 것, 즉 배고픔을 없애 주기 때문이다. 하지만 우리는 환경 공학과 환경 지속성에 획기적인 발전을 이루려는 목표를 가질 수도 있다. 당신은 무언가를 설계하고 만드는 것을 좋아하고, 현재 기후 변화의 위기를 해결하는 데 열정적이라고 하자. 이 열정은 윌리엄스가 말한 '범주적 욕망categorical desire'과 좀 더 유사하다. 그리고 이 범주적 욕망은 당신의 정체성과 당신에게 중요한 것이 무엇인지를 규정한다. 그러므로 무조건적으로 좋은 것이다. 당신은 다른 것을 얻기 위해 행동하지 않는다. 성취되지 못한 범주적 욕망이 있는 한 당신은 살 이유를 갖게 되기 때문에 죽음은 이 범주적 욕망의 성취를 빼앗는 것이다. 미리 죽음의 가능성을 두려워하는 것은 합리적이다.

윌리엄스는 너무 오랜 삶은 그런 욕망을 성취하거나 새로운 욕망을 전개하는 결과를 가져온다고 논한다. 먼저 우리는 문자 그대로 살 이유를 상실할 것이다. 범주적 욕망이 당신의 삶에 의미를 준다는 것을 상기하라. 그다음 우리는 이미 본질적으로 죽어 있는 것이다. 새로운 욕망을 전개하는 것은 우리의 정체성을 변화시키기 때문이다. 범주적 욕망이 특정의 정체성을 제공하고 있음을 상기하라. 그리고 마지막으로 좀 수상쩍지만, 범주적 욕망이 시간 소비의 방법을 형성하며 자신의 계획을 되돌아보고 지지하는 전체 관계망을 형성한다는 것이다. 당신에게 중요한 것의 '변화'는 쉬운 일이 아니다. 윌리엄스는 만약 삶이 무의미해지면 삶의 의미는 '유통 기한'을 갖게 된다는 점과 마주한다. 그렇다면 (네이글이 믿는 것과는 반대로) 그 어떤 것도 단지 살아남는다는 것에 이득을 남기지 않는다.

우리는 이점을 조금 생각해 볼 필요가 있다. 무한의 시간이 주어진다면, 중요한 욕망과의 관계를 점차 바꿀 수 없을까? 그렇다면 왜 정체성의 점차적인 변형이 일종의 죽음인가? 영혼 불멸의 가능성[339]을 논했을 때와 똑같이 지속하는 삶의 한 단계가 끝날 때 실제로 당신은 죽은 것이 아니라고 주장할 수 있다. 물론 모든 것이 당신에게 의미 있는 것에 달려 있고 지속적으로 살아남는 것의 의미에 달려 있다.

> "만약 영원히 산다면 더 많이 소유하고 싶은 바람직하거나
> 의미 있는 재화는 없을 것이다."
>
> 〈마크로풀로스의 비밀〉

데릭 파핏

Derek Parfit | 1942–2017

중국 청두에서 태어났지만 영국에서 성장했다. 아버지는 선교사이자 의사였다. 이튼 칼리지에 다니면서 시인을 꿈꾸었다. 하지만 옥스퍼드 대학에서 역사를 공부하고 컬럼비아 대학과 하버드 대학에서 장학생으로 있는 동안 철학으로 전공을 바꾸었다. 옥스퍼드 올 소울스 칼리지의 연구원으로 돌아와 학생들을 가르쳤고, 러트거스 대학, 뉴욕 대학, 하버드 대학의 방문 교수로 있기도 했다.

《이유와 인격Reasons and Persons》(1984)은 윤리학, 메타 윤리학, 실천적 합리성 및 가치 이론 분야의 기념비적인 저작이다. 이후 파핏은 인격의 동일성의 실존과 적합성을 논쟁적으로 부인하며 해당 논쟁의 출발점이 되어 왔다. 사실 그는 인격 문제에서 '환원주의자'다. 동일성은 결국 유일무이한 핵심을 결여한 다양한 정신 상태들 사이에 존재하는 심리적, 인과적 관계로 구성된다고 믿었기 때문이다. 그는 거의 15년간 《무엇이 중요한가On What matters》(전 2권, 2011)를 쓰는 데 매달렸다.

죽음이 죽는 사람에게 나쁜 것인지'[336/339] 그리고 불멸이 살아 있는 사람에게 좋은 것인지를'[345] 살펴보았다. 하지만 죽음이 좋은 것인지 아닌지를 판단할 때 우리는 죽음이 어떤 종류의 지속적인 존재의 끝이라고 생각한다. 만약 지속하는 존재가 무엇으로 이루어졌는지를 다시 기술한다면 어떨까? 그것이 죽음의 중요성에 영향을 줄까? 데릭 파핏은 그렇다고 믿는다.

앞에서 우리는 변화의 문제와 시간이 흐름에 따라 지속된다는 것이 무엇을 의미하는지 살펴보았다.'[187] 하지만 당신에게는 어떤가? 이 장을 읽기 시작했을 때의 당신은 지금 이 부분을 읽고 있는 당신과 동일한 인물인가? 동일하다면 어떻게 그럴 수 있는가? 수많은 대답이 가능하지만 크게 세 가지 일반적인 유형으로 요약된다. 당신은 당신의 몸이거나 당신의 영혼이거나 혹은 당신의 인성 특성, 기억, 감정, 희망, 욕망의 연속이다. 마지막의 경우(인성론personality theory) 신체(특히 뇌)가 중요할 수 있지만, 당신의 특징과 기억의 실마리를 이어갈 수 있는 다른 매체에 데이터가 업로드되면서 인성은 살아남을 수 있다.

이 이론에 관한 파핏의 해석은 **환원주의**reductionism 혹은 **R 관계**relation R로 알려져 있다. 이 이론에 따르면 시간이 흘러도 당신의 연속성을 보장한다고 생각할 수 있는 어떤 단 하나(예를 들어 영혼)가 무엇이든 간에, 당신은 관련된 한 묶음의 특성과 올바른 방법들로 관계된 심리적 모습으로 환원될 수 있다. 당신이 누구인지에 대한 더 심오한 사실은 없다. 따라서 당신은 실제로 하나가 아니라 시간을 통해 변화하는 일련의 관계이다.

무슨 의미일까? 예를 들어 당신을 복제하고 원본인 당신을 죽인다면 그래도 당신은 살아 있다고 말하는 것이 옳을 것이다. R 관계가 온전하여 모든 당신의 희망, 기억 등이 보존되어 있기 때문이다. 하지만 생존을 판단하기가 어려운 경우도 있다. 어니스트 헤밍웨이를 이루는 모든 데이터를 어떤 미친 과학자들이 보존하고 있는 SF의 한 장면을 상상해 보자. 당신의 세포를 헤밍웨이의 세포로 서서히 바꾸기 시작한다. 그 과정에서 당신은 여전히 대부분 당신이지만 스페인의 태양에 대한 기억을 갖기 시작한다. 갑자기 투우가 좋아지고 멋진 남성적인 것들을 좋아하게 된다. 조금 더 진행되면 당신이라고 말하기 힘들 정도로 당신의 육체는 바뀐다. 이런 점차적인 변화로 당신은 살아남아 있는지도 명백하지 않다. 관계의 다발은 서서히 흐릿해진다. 인성론에 따라 당신을 한 묶음의 심리적 관계라고 가정하는 것임을 기억하라.

파핏은 이 이론을 받아들기 전에 자신의 삶은 심란했었다고 말한다. "내 삶은 유리 터널과 같았다. 그 터널을 통하여 나는 매년 더 빨리 달렸다. 그리고 그 끝에는 어둠이 있었다." 하지만 환원주의를 채택하자 죽음은 보다 덜 위압적인 방식으로 다시 기술될 수 있었다. 당신이 다음날에도 살아 있다는 것은 당신의 특정한 심리적 특성들이 올바른 방식으로 연결되었다는 의미다. 나이가 들수록 이 특성들 사이의 관계는 점점 더 무너질 것이다. 그러므로 생존은 정말 정도의 문제일 뿐이다. 당신의 죽음은 현재와 미래의 경험 사이에 존재하는 관계가 무너지는 최종 형식이 될 것이다. 어쨌든 매일 생존하는 하나는 존재하지 않는다.

파핏의 환원주의가 왜 죽음을 덜 나쁘게 하는지는 완전히 명확하지 않다. 기억과 희망 등의 사이에 있는 일반적인 관계 프레임을 즐긴다면, 무한히 이어 가고 싶지는 않을까? 충분히 그 실이 뻗어 간다면 사람은 현재 죽음을 두려워하고 삶을 연장하려는 노력과 무관해질 것이라는 게 아마 파핏의 요점이 아닐까 한다. 우리가 볼 수 있듯이 죽음에서 살아남는 것에 대한 이해는 인격의 동일성에 관한 견해와 연결되어 있다.

"실존은 그 이상의 사실이라고 믿었을 때,

나는 나 자신에 갇혀 있는 느낌이었다."

《이유와 인격》

셸리 케이건

Shelly Kagan | 1956–

미국 일리노이에서 태어났다. 1976년 웨슬리언 대학을 졸업하고 1982
년 프린스턴 대학에서 박사 학위를 받았다. 당시 지도 교수가 토머스 네
이글이었다. 그 후 피츠버그 대학, 일리노이 대학(시카고)을 거쳐 현재 예
일 대학 철학 교수로 있다.

규범 윤리학 분야에 중요한 저술로 기여했다. 《죽음》(2012)은 열린
예일 강좌 시리즈(2007)를 바탕으로 집필한 것이다. 주요 저서로《도덕
의 한계The Limits of Morality》(1989) 등이 있다.

∎

예일 대학 교수 셸리 케이건은 죽음을 죽는 사람에게 전반적
으로 나쁜 일이라고 생각한다. 하지만 우리는 여기서 '전반적으
로'를 이해할 필요가 있다. 죽음의 '박탈 이론'에 따르면 죽음은
삶의 좋은 것에 접근을 차단하기 때문에 나쁘다.'[340] 그러나 죽음

의 해악에 대한 에피쿠로스의 반대 의견은 죽음을 경험하지 못한 누군가에게 어떻게 죽음이 나쁠 수 있는지 궁금하게 했다. 우리는 어떤 것이 누군가에게 나쁜 것이 되기 위한 '실존 조건'이 있다고 말할 수 있다. 따라서 에피쿠로스의 의견에 동의하지 않고 죽음은 죽는 사람에게 나쁘다는 것을 믿는다면 우리는 실존 조건을 거절해야만 한다. 더 이상 존재하지 않는 사람에게 어떤 것들은 나쁠 수 있다는 것이다. 케이건은 이런 거절에서 발생하는 문제를 콕 집어 이야기한다. 문제의 본질을 알기 위해서 우리는 박탈 이론을 더 명확하게 이해해야 한다.

박탈 이론을 가동하기 위해 우리는 본질적으로 좋은 것(예를 들어 그 자체로 좋은 사랑)과 도구적으로 좋은 것, 즉 단지 본질적으로 좋은 것을 얻기 위한 수단이기에 좋은 것을 구별해야 한다. 그런데 세 번째 범주도 있다. 케이건은 이를 '상대적으로 좋은 것'이라고 명명한다. 케이건은 온종일 텔레비전 앞에서 느긋하게 쉬는 예를 든다. 그것은 반드시 나쁜 일은 아니다. 하지만 그것이 결국 삶을 보다 낫게 하는 다른 것을 빼앗기 때문에 상대적으로 나쁜 것이다. 죽음은 상대적으로 나쁘다. 그것은 살아 있는 동안 '얻을 수 있는' 좋을 것을 빼앗기 때문이라고 논한다. 다른 말로, 일단 죽으면 죽음은 해로울 수 있다는 것이다.

하지만 만약 우리가 실존 조건을 거절하면 우리는 이 세상에 존재할 수 있었던 모든 사람이 평등하게 박탈당한다는 것을 받아들여야만 한다. 물론 그렇지는 않다. 가능한 섹스 파트너를 생각해 보자. 우리는 수많은 사람과 관계할 수 있다. 엄청난 수다. 거기서 태어나는 수많은 아이도 생각해 보라. 만약 우리가 박탈을 나쁘다고 생각하고 실존 조건을 거부한다면 비극을 손에 넣은 것이다. 그렇다면 무엇을 해야 할까?

케이건은 실존 조건에 자격을 부여한다. 어떤 것은 단지 당신이 어느 시점에 존재했을 '때만' 당신에게 나쁠 수 있다. 이것은 존재했던 사람들에 대한 관심을 배제한다. 물리주의자[*] 케이건은 또한 영혼을 믿을 만한 확실한 이유가 없다고 주장한다. 우리는 복잡한 유기적 기계다. 몸의 일부와 그 메커니즘이 멈추면 죽는 것이다.

> **"결국 죽음은 램프나 컴퓨터가 고장 나는 것과 다른 바 없는 현상이다."**
>
> 〈죽음〉

• 우주의 모든 것은 물질적인 사물이다. 인간은 복잡하고 지적인 물질적 창조물이고 오직 물질적인 사실만 인간의 실존을 이해한다는 견해가 물리주의physicalism다.

스티븐 루퍼

Steven Luper | 1956-

1977년 미국 베일러 대학에서 철학과 역사를 전공했다. 하버드 대학에 진학하여 1982년 정치 철학과 인식론에 기여한 로버트 노직(1938-2002) 밑에서 박사 학위를 받았다. 현재 텍사스 샌안토니오에 있는 인문학 칼리지인 트리니티 대학에서 철학 교수로 재직 중이다.

《죽음의 철학The Philosophy of Death》(2009)을 썼고 이와 관련한 주제로 많은 글을 써 기고하기도 했다. 지도 교수 로버트 노직처럼 인식론에 관한 책을 썼으며 윤리학을 연구하기도 했다. 주요 저서로《불사신Invulnerability: On Securing Happiness》(1996),《핵심 지식Essential Knowledge》(2003) 등이 있다.

■

누군가 죽는다는 것은 무엇을 의미하며, 죽었다는 것을 어떻게 확신할 수 있을까? 스티븐 루퍼는 미국과 영국에서 사용하는 기준은 불충분하다고 주장하며 죽음의 개념을 둘러싼 모호성을 명백히 밝히는 데 도움이 되는 개념들을 제시한다.

신체적 측면에서 루퍼는 노화와 죽음을 구별한다. 노화는 세포가 점차 자신을 복제하거나 유지하는 능력이 소실될 때 일어난다. 불가역한 고장은 사슬 반응으로 혹은 유전적으로 미리 프로그램된 방식으로 일어날 수 있다. 하지만 죽음은 자연적으로 생명의 종말을 의미하는 듯하다. 죽음은 과정인가, 마지막 순간인가 아니면 분명한 경계가 없는 어떤 것인가?

루퍼는 죽음에 대한 세 가지 견해를 제시한다. '대단원의 관점'은 죽음을 죽어 가는 과정의 완결이라고 주장한다. '문턱의 관점'은 신체가 더 이상 생명 기능을 유지할 수 없는 순간에 도달할 때 죽었다고 한다. 죽음을 우리가 불을 끌 때 도달하는 문턱 같은 것이라고 본다. 불씨가 여전히 남아 있어도 그 과정은 불가역한 완료의 문턱에 도달한다. 마지막으로 '통합의 관점'은 죽음은 생명을 지지하는 체계가 불가역적으로 통합된 전체로서의 기능을 멈출 때 일어난다는 견해이다. 비록 개별적으로 여전히 작동할지라도 그렇다.

여러 방식으로 죽음을 볼 수 있지만 기술과 상상은 죽음이 영구적인 종료인지 아닌지를 결정하려 할 때 문제들을 제기한다. 예를 들어 우리는 유기체의 기능들을 '정지시킨' 후 다시 '살릴' 수 있다. 유기체는 잠시 죽었지만 지금은 아니라고 말한다면 이는 이상하게 들린다. 육신을 원자에 이르기까지 완전히 분해한다면 어떨까? 이는 소멸을 포함한다. 생명도, 인격도, 육체도 아니다. 하지만 SF는 원자 하나하나까지 그 사람을 재조립할 수 있음을 상상하게 한다. 이 경우 생명을 회복시킨 것이다. 중지 시나리오와 반대로 소멸될 때는 죽었지만 재조립될 때 다시 살아 있다는 것은 이상한 일이 아닌 것 같다. 따라서 틀림없이 죽음은 영구적인 것이 아니라고 생각할 수 있다.

미국에서 죽음의 법적 기준은 모든 뇌 기능의 불가역한 상실이다. 영국에서의 기준은 간뇌의 불가역한 상실이다. 하지만 기술은 이런 기준에 진지하게 도전한다. 육체는 뇌사 이후에도 기능이 유지될 수 있다. 반면에 정신은 대뇌와 같은 뇌의 다른 부분들의 기능 상실로 멈출 수 있다. 이는 식물인간이 되는 결과를 낳기도 한다. 그렇다면 여전히 살아 있는 것일까?

죽음을 결정하는 기준은 여전히 명확하지 않지만 죽음의 의미는 우리가 생각하는 생명과 분명히 결부되어 있다. 더 중요한 것은 삶의 본질에 대한 우리의 생각이다. 죽음은 해로운 것인가? 우리는 단지 복잡한 물질적 신체인가? 혹은 우리의 인성, 기억 그리고 개인의 계획이 우리가 누구인지를 결정하는가? 만약 그렇다면 육체는 단지 도구적인 선일뿐이다. 아마 우리는 축적된 심리적 데이터로 살아갈 수 있을지도 모른다. 어쨌든 죽음은 일종의 결말을 나타내는 듯하다. 우리는 바로 무엇이 정확하게 끝나고 왜 그것이 중요한지를 명백히 밝혀야 한다.

"당신과 내가 존재하는지 아닌지는 우리의 존재와 시간이 지남에 따라 지속하는 조건에 달려 있다."

〈죽음의 철학〉

옮긴이의 말

칼 야스퍼스는 보편사의 관점으로 현재를 만들고, 현재까지 지속하는 정신 활동의 원형이었던 '축의 시대'를 이야기한다. 야스퍼스에 따르면 축의 시대는 기원전 8세기에서 2세기 사이에 인도와 중국, 그리스에서 상호 교류 없이 생성된 인간됨을 자기반성하고, 자연의 본성과 우주를 논하고, 좋은 삶이 무엇인지를 성찰한 뮈토스에서 로고스로 넘어간 인류 최초의 보편적 계몽 시대였다. 바로 이 시기에 철학사는 시작된다. 철학은 과학이 태동하기 전 형이상학을 포함한 인간 정신 활동의 중심축이었다. 무엇보다도 인간의 삶과 정신 활동, 자연, 우주, 신에 관한 질문 형식이었으며 그 대답이었다. 우주란 어떻게 형성되었으며 무엇으로 구성되어 있을까? 인간의 참된 본성은 무엇일까? 진리는 무엇이며 어떻게 도달할 수 있을까? 어떤 삶이 좋은 삶일까? 미美와 그렇지 못한 것의 구별 기준은 존재할까? 철학적 질문이란 인간의 삶과 세계에 관계한 기초 개념을 품고 있는 근본적인 질문이다.

이런 질문에 대한 대답은 오늘날까지 의미가 있지만, 몇몇 질문의 대답은 과거 형이상학의 사변적 대답보다는 과학에 의존하기도 한다. 생명의 구성 요소, 우주의 운동 법칙, 인간의 마음에 대한 뇌 과학의 발견뿐만 아니라 19세기에 물리학, 심리학, 사회학, 역사학 등 개별 과학의 분리는 철학의 위상을 위태롭게 했다. 세계의 본질과 구조를 제시하려는 철학의 정체성 위기에 직면하여 마르크스, 빈학파, 비트겐슈타인은 철학의 형이상학적 사변을 극복하려고 했다. 특히 빈학파와 비트겐슈타인은 철학이 걸린 병은 언어의 혼란에서 비롯된다고 진단하기도 했다. 이는 과학의 발전이 철학적 질문의 형이상학적 대답을 무의미한 것으로 비판할 수 있는 근거가 된다는 것이다. 이런 의미에서 철학은 과학이 차지하는 부분을 제외한 미학이나 윤리학을 자신의 영역으로 확보해야 한다는 견해가 있기도 했지만, 무엇보다도 철학은 근거의 타당성과 관련된 합리성과 언어 분석이라는 데 의견의 일치가 있기도 했다. 다시 말해 철학적 사유의 본성은 관찰과 실험 및 측정에 입각한 경험 과학이 아니라 인간 사고의 기본 개념들을 분석하여 사고를 더 명료하게 하는 것이라는 것이다.

이와 함께 철학의 독자성은 칸트가 구별한 순수 사변의 강단 철학과 달리 세상의 철학에서 삶의 의미에 관한 성찰을 확보하기도 한다. 즉 유한 존재인 인간에 대한 실존적 자각과 함께 좋은 삶을 이루기 위해 무엇이 필요하며, 좋은 삶이란 도대체 어떤 삶인지에 대한 근본 문제가 제기된다. 이 책은 이 문제를 최초의 문제로 제기한다. 서두에서 저자가 말했듯이 삶의 의미 문제가 철학의 가장 중요한 문제이기 때문이다. 인간의 삶은 문제 상황으로 점철된다. 정체성, 사랑, 직업, 인간관계, 종교, 죽음 등 여러 다양한 문제와 부닥치며 자신이 암암리에 가진 인간관, 세계관, 가치관이 문제의 해답을 추구하는 과정에서 그 모습을 드러내기도 한다. 그리고 그런 관점은 비판, 수정되기도 한다.

이 책은 80명의 철학자와 함께 인간이 알려고 하는 기본적인 10개의 주제와 관련된 인간관, 세계관, 예술관, 지식론의 철학사적 흐름을 살피고 있어 해당 관점들의 기본적 차이를 일목요연하게 알 수 있다. 또 우리의 현존재를 새롭게 만들고 있는 과학의 발전을 주목하고 있는 현대 철학자는 물론 페미니즘에 관한 문제도 다수 포함하고 있어 현실의 변화를 이해하는 데 도움이 된다. 전체 철학사를 대변하기에는 너무 단순화한 측면도 있다. 하지만 간략히 주제별로 정리했기 때문에 철학적 사유의 다양한 관점들을 쉽게 비교하여 서로 대립하는 요소 및 공통점을 발견할 수 있다. 왜 이런 차이점이 제시되었는지 좀 더 생각해 본다면 철학적 사유가 무엇을 전제로 삼고 있는지를 알 수 있게 되고, 이러한 발견을 통해 자신이 더욱 알고 싶은 주제를 깊이 있게 발전시킬 수 있다. 그러므로 이 책을 첫 페이지부터 시작할 필요는 없다. 자신이 보고 싶은 주제를 먼저 읽을 수 있다.

누구나 자신의 삶을 자유롭고 의미 있게 살기를 바란다. 그리고 무엇보다도 자신을 더욱 잘 이해하고 싶으며 타인과 현실 세계를 더욱 잘 이해하길 바랄 것이다. 그러기 위해 우리는 무엇보다도 열린 마음을 가져야 한다. 열린 마음은 자신과의 솔직한 대화이며 동시에 자기비판이자 타자에 관한 더 깊은 이해를 가능하게 한다. 이런 과정에서 이해와 사고된 것의 논거를 따지게 되며, 결국 좀 더 나은 대답을 위해 비판적 사고를 하게 된다. 서문에서 크리츨리가 강조했듯이 의심과 비판은 철학적 사고의 핵심이기도 하다. 독단과 도그마는 철학이 지양하는, 인간의 합리성이 피해야 하는 오류일 것이다. 이런 의미에서 이 책은 주제별로 철학적 사고의 흐름과 다양성을 경험할 기회를 제공하며, 여러 주제에 대한 자신의 관점을 되돌아볼 수 있는 사고 공간을 제공한다. 결국 철학은 삶의 주체로서의 자각과 이를 방해하는 요소들에 대한 비판적 통찰을 가능하게 하는, 더 나은 삶을 스스로 생각하게 하는 촉매제다. 그리고 이 책은 분명 그 의미를 충족시켜 줄 것이다.

찾아보기

10가지 주제로 본 철학사

철학의 대답들

초판 1쇄   펴낸 날 2021년 6월 11일
초판 2쇄   펴낸 날 2022년 9월 14일

지은이   케빈 페리
옮긴이   이원석
발행인   이원석
발행처   북캠퍼스

등 록   2010년 1월 18일(제313-2010-14호)
주 소   서울시 마포구 양화로 58 명지한강빌드웰 1208호
전화   070-8881-0037
팩스   02-322-0204
전자우편   kultur12@naver.com

편집   신상미
디자인   책은우주다
마케팅   임동건

ISBN   979-11-88571-12-3 03100

이 도서의 국립중앙도서관 출판시도서목록(CIP)은 서지정보유통지원시스템 홈페이지 (http://seoji.nl.go.kr)와
국가자료공동목록시스템(http://www.nl.go.kr/kolisnet)에서 이용하실 수 있습니다.